普通高等职业教育“十三五”规划教材

跨境电子商务专业（方向）成果导向 · 行动学习系列教材

跨境电商营销推广

KUAJING DIANSHANG YINGXIAO TUIGUANG

主　编　周佳明

副主编　杨　兴　黄夏舒

中国人民大学出版社

· 北京 ·

跨境电子商务专业（方向）成果导向·行动学习系列教材

编委会

总 序

综观21世纪全球教育创新的实践可以发现，成果导向教育（outcomes-based education，OBE）理念在1981年由斯帕迪（Spady W）率先提出，目前已经形成了比较完整的理论体系，并且呈现不同的实践类型，例如全球基于认证的成果导向工程教育实践类型、美国基于学历资格框架（DQP）的成果导向高等教育实践类型、欧盟基于高等教育区资格框架和调优（Tuning）的成果导向高等教育实践类型、澳洲和英国基于国家资格框架（AQF、QCF）的成果导向职业教育实践类型等。

英国“博洛尼亚进程”研究专家斯蒂芬·亚当（Stephen Adam）认为，成果导向是教育的一种新范式，是追求卓越教育的正确方向。正由于如此，我国向国际工程联盟大会积极申请成为《华盛顿协议》的正式成员，并于2016年6月2日获得了批准，这标志着我国工程教育专业认证从形式和内容上由输入与过程导向开始向成果导向转化。另外，2012年10月，中国政府和欧盟委员会共同启动了中欧调优（Tuning）联合研究项目，在项目第一阶段选择了管理学、土木工程学和比较教育学三个专业进行试点研究，旨在推动中国高等教育向成果导向教育这一新范式转化。

在中国高职教育领域，自2016年年底以来，以成果导向教育为核心理念的《悉尼协议》逐步成为我国高职教育有关专家、学者讨论的热点和焦点。通过知网以“悉尼协议”为关键词进行检索，截至2018年7月6日，共找到51篇有关文章，其中2017年共发表20篇，2018年22篇；出版的相关著作有三部：严中华编著《国外职业教育核心理念解读——学习成果导向职业教育课程开发理论与实践》(2017，清华大学出版社)、何静编著《基于DQP成果导向的人才培养探索与实践：美国学历资格框架中国化的应用实践》（2017，中山大学出版社）、王晓典等著《成果导向高职课程开发》(2016，高等教育出版社)；通过百度进行有关搜寻，发现近一年来，在全国以《悉尼协议》认证标准及其核心理念为主题的大大小小研讨会超过百场。究其动因包括以下三方面：

第一，经济全球化不断发展和我国“一带一路”“国际产能合作”等产业发展战略，需要高等（职业）教育提高人才培养质量和人才的国际流动能力。高等（职业）教育在专业建设上对接国际相关标准，参与国际认证成为必然趋势。

第二，教育部发布的《高等职业教育创新发展行动计划（2015—2018年）》提出，开展优质学校建设，实质性扩大国际交流合作，争创国际先进水平；引进境外优质资源，支持专科高等职业院校学习和引进国际先进成熟适用的职业标准、专业课程、教材体系和数字化教育资源，等等要求，使得《悉尼协议》认证标准及其核心理念成为高等职业教育理论界和实践者探讨的热点话题之一。

第三，《悉尼协议》是工程教育与工程师国际互认体系的重要组成部分，主要针对学制三年培养工程技术专家的工程技术教育，与我国高职教育的人才培养规格相匹配；《悉尼协议》所提出的“以学生为中心、以成果为导向、质量持续改进”的理念和体系化构建、常态化监测、第三方质量评价的专业建设范式，对破解当前中、高、本衔接，内部质量体系构建，专业教育和素质教育一体化融入课程，产教融合，学分制改革以及新一轮的示范院校（优质院校）建设面对的困境和挑战带来了新思路、新路径和新工具，对高职（工程）教育专业的建设具有很强的指导性和适用性。

当然，2016年发生的以下两大事件也较大地影响和推动了《悉尼协议》有关研讨活动的开展：一是2016年6月2日，国际工程联盟大会一致同意我国成为《华盛顿协议》正式成员；二是2016年12月26—27日，“《悉尼协议》应用研究高职院校联盟”在南京信息职业技术学院成立。

广东科学技术职业学院，一直践行“理念保持先进、实践逐步推进”的高职教育改革策略，在课程开发创新的道路上进行了不懈的努力。特别是外贸与旅游学院国际经济与贸易（跨境电商）专业，自2015年有幸被广东省列入优质院校“高水平建设专业”以来，更是进一步加强与国际专业认证标准对接工作。具体而言，微观上立足“工作过程导向”、宏观上立足《悉尼协议》核心理念——“学习成果导向”，开展跨境电商专业的课程开发与实施工作。2016年12月—2017年9月，跨境电商专业的教职员工多次参加由广东省高职教育管理类专业教学指导委员会、广东省高职教育公共事业与管理分指委主办的“基于《悉尼协议》核心理念的品牌专业建设战略思考”高峰论坛和“基于DQP学分制成果导向理念与课程设计”实操专题研修班学习；2017年3月22日，跨境电商专业基于《悉尼协议》核心理念以及DQP成果导向的教学与课程改革专业委员会成立，并且与中国人民大学出版社以及相关行业企业签订了共同开发和出版“跨境电商专业（方向）成果导向·行动学习系列教材”协议书。在多方的合作努力下，历经一年多，本套教材即将付梓出版。此时，作为本套教材的总编，我对本套教材的特点做以下梳理，以便广大读者更好地使用。

1.“术”与“道”的结合。本套教材的最大特点是力图将“术”的培训和“道”的培养紧密结合起来。前者主要是满足跨境电子商务专业学生从事当前职业就业岗位对技术技能水平资格的要求，后者主要是满足跨境电子商务专业学生个性发展和终身学习诉求的需要。

高等教育教学用书必须解决“教什么”和“如何教”两大问题。综观世界职业教育发展的历史可知，职业教育与学科教育的最大差别是：前者强调“教职业任务”而不是教学科知识，重点诉求“做中学”即“行动学习”而不是“学中做”。目前，开发“任务”课程与教材有两种模式：一是20世纪60年代末由加拿大区域经济发展部开发的DACUM模式，其主要是针对职业资格培训的工作任务分析模式。本套教材采用该方法，其目的是梳理出以任务形式描述的胜任跨境电子商务各就业岗位能力的培训主模块和次单元，其最终结果形成了每本教材前几个项目基于DACUM职业技能培训的编写结构；二是20世纪90年代由德国不来梅大学技术与教育研究所（ITB）开发的BAG模式，其主要是针对综合职业行动能力教育的典型工作任务分析模式。本套教材采用该方法，其目的是梳理出跨境电子商务职业的典型工作任务，并对此进行教学情境设计，形成一系列学习性项目，其最终结果形成了每本教材后几个项目基于BAG职业行动能力教育的编写结构。DACUM模式能解决单项技能的培训问题，而BAG模式不仅仅如此，其更关注的是跨职业核心能力的培养。因此，本套教材借助DACUM和BAG两种课程开发模式，实现跨境电子商务专业学生“术”的培训和“道”的教育的结合。

2.“成果导向”与“行动学习”的结合。澳大利亚学者约翰·比格斯（Biggs）教授（1999，2003，2014）提出了“建构性对准”（constructive alignment）的理念和原理，成为实施成果导向教育各高等（职业）院校教师们开发课程及其教学大纲和教材的基本原理。

“建构性对准”包括两个方面：第一，教师将课程中的教学与学习活动、评估活动与预期学习成果精确对准而开展设计，并且课程预期学习成果精确对准专业的学习成果。第二，学生在其开展的学习活动中即“行动学习”中建构意义。换句话说，教与学的质量并不是通过课程受欢迎程度来衡量，而是该课程如何让学生通过学习活动和评估任务来达到预期的学习成果。对于高职院校而言，“行动学习”成为重要的教与学活动，充分体现高职教育培养高素质技术技能型人才培养规律的要求。本套教材充分运用“建构性对准”原理和工具，实现跨境电子商务专业课程教材编写“成果导向”与“行动学习”的结合。

3. 学校和行业企业的结合。本套教材编写从构思、开发到实施，每一阶段所取得的成果，都是校企双主体共同努力的结果。我们依托广东省跨境电子商务协会、佛山橙道网商会、珠海市外贸电子商务商会、珠海双业电子科技有限公司、深圳他拍档电商集团、JX首饰有限公司、珠海市华源电子有限公司、广东巨人电子商务有限公司等，就本套教材的编写形式和内容开展多次调研和访谈，使本套教材的内容以及学习情境和学习项目的设计能与跨境电子商务行业先进的标准对接。

他山之石，可以攻玉，希望“跨境电子商务专业（方向）成果导向·行动学习系列教材”不但成为跨境电子商务专业开展“行动学习”教学实践的用书和服务社会的培训教材，也为拟基于《悉尼协议》核心理念——学习成果导向开展专业与课程开发以及教材建设的相关高职教育专业提供有益的借鉴。

学习成果导向课程开发及其教材建设是高职教育的最新理论与实践领域，加上编者水平有限，本套教材难免存在许多不足之处，敬请读者朋友批评指正。

是为序！

广东省人才开发与管理研究会副会长
广东省高等职业教育管理类专业教学指导委员会副主任委员
麦迪士国际职业教育研究与评估中心主任
广东科学技术职业学院国际合作学院院长
严中华教授
2018年7月6日

前言

随着国际贸易的转型升级，近年来跨境电商已进入到行业以及相关高职院校的视野。围绕高等职业教育国际经济与贸易专业跨境电商方向的探索与定位，做好人才培养模式、课程体系、专业师资队伍、教学条件等方面的建设，已成为高职院校跨境电商相关专业领域改革发展的重要任务。

本教材采用 DACUM 和 BAG 两种国际职业教育课程和教材开发先进理念和方法。首先，对跨境电商营销推广学习领域进行了描述；其次，采用 DACUM 方法，对跨境电商营销推广的关键技能点进行了梳理，并设计了相应的训练项目和学习的方法步骤，以培养学生的高技能水平；最后，采用 BAG 方法，对跨境电商营销推广的典型工作任务与学习情境进行了梳理，并设计了相应的教育项目和学习的方法步骤，以培养学生不仅具有适应岗位的能力，还具有设计和创新岗位的能力。

教学实施中探索在《悉尼协议》指导下开展成果导向教学，同时结合职业教育规律与跨境电商营销推广专员职业成长规律，锤炼工作内容，序化形成学习内容。以满足学生多样化、个性化、国际化成长需求为导向，以学生发展为中心，学生通过达成“跨境电商营销推广”课程的预期学习成果（course learning outcome，简称 CLO），印证其达到的毕业资格要求（知识、技能和素养），即专业预期学习成果（program learning outcome，简称 PLO）。

本教材共包括九个项目，项目一对跨境电商营销推广学习领域进行描述；项目二介绍相关市场营销理论基础；项目三介绍对跨境电商平台、行业、竞争者及消费者开展市场调研与分析的方法；项目四介绍营销推广内容策划；项目五介绍各主流跨境电商平台站内推广的方式、技巧；项目六对站外引流方式进行介绍；项目七、八、九分别针对初创型、成熟型及创新型企业跨境电商营销推广设计任务，配合综合实训教学。

本教材由广东科学技术职业学院周佳明担任主编，广东科学技术职业学院杨兴及深圳多点家具有限公司总经理黄夏舒担任副主编，大连艺术学院孙萃、大连软件职业学院刘鑫、广东科学技术职业学院翟小可参与了教材编写的相关工作。

深感荣幸并由衷感谢通拓科技集团合伙人、中国跨境电商50人论坛副秘书长、行业畅销书《揭秘跨境电商》《进口跨境电商启示录》《B2B跨境电商》作者李鹏博对教材编写的深刻有益的指导与建议。感谢珠海双业电子科技有限公司总经理、珠海市外贸电子商务商会会长姚水攀，珠海国佳新材有限公司营销总监黄涛，深圳他拍档电子商务有限公司业务总监高轩，深圳他拍档应用研究中心负责人程浩为教材编写提供的大量行业、企业支持。在编写过程中，我们参考了大量著作、文献及网络资源，并尽可能在引用处或参考文献中列明，在此对资料所有者表示衷心的感谢！

编者

2018年8月

目 录

项目一 跨境电商营销推广学习领域描述

任务一 跨境电商营销推广行动领域认知 ………… 1
任务二 跨境电商营销推广学习领域描述 ………… 4
任务三 跨境电商营销推广课程设计 …………… 13

项目二 市场营销理论基础

任务一 市场营销核心概念 ……………………… 20
任务二 市场营销观念 ………………………… 21
任务三 目标市场营销 ………………………… 24

项目三 市场调研与分析

任务一 跨境电商平台分析 ……………………… 33
任务二 宏观环境与行业发展分析 ……………… 42
任务三 微观环境与竞争者分析 ………………… 44
任务四 消费者分析 …………………………… 49

项目四 营销推广内容策划

任务一 营销组合策略设计 ……………………… 63
任务二 专题推广活动策划 ……………………… 99
任务三 视频、图片、文案运用 ………………… 102

项目五 站内推广

任务一 阿里巴巴国际站平台站内推广 ………… 119
任务二 全球速卖通平台站内推广 ……………… 132
任务三 亚马逊、eBay、Wish 平台站内推广 ……………………………… 147

项目六　站外引流

任务一　搜索引擎营销 …………………………… 173
任务二　社交媒体营销 …………………………… 182
任务三　电子邮件营销 …………………………… 207

项目七　初创型企业跨境电商营销推广

任务一　基于 B2B 平台的初创型企业跨境电商营销推广 …………………………… 215
任务二　基于 B2C 平台的初创型企业跨境电商营销推广 …………………………… 218

项目八　成熟型企业跨境电商营销推广

任务一　基于 B2B 平台的成熟型企业跨境电商营销推广 …………………………… 221
任务二　基于 B2C 平台的成熟型企业跨境电商营销推广 …………………………… 224

项目九　创新型企业跨境电商营销推广

任务一　基于 B2B 平台的创新型企业跨境电商营销推广 …………………………… 227
任务二　基于 B2C 平台的创新型企业跨境电商营销推广 …………………………… 230

参考文献 ………………………………………… 233

项目一

跨境电商营销推广学习领域描述

项目背景

本书是国际经济与贸易专业、国际商务专业、商务英语专业、电子商务专业跨境电子商务方向的系列教材之一。跨境电商业务操作中的营销推广环节是整个链条的核心和关键，包括对营销推广内容的设计及营销推广工具的运用两部分。本书选取互联网＋外贸和跨境电商实战过程中的真实工作任务，以阿里巴巴国际站、全球速卖通、亚马逊、eBay 等平台为载体，根据学习成果导向教育理念（outcomes-based education，简称 OBE）、职业教育规律与跨境电商营销推广专员职业成长规律，锤炼工作内容，序化形成学习内容，以满足学生多样化、个性化、国际化成长需求为导向，以学生发展为中心，学生通过达成“跨境电商营销推广”课程的预期学习成果（course learning outcome，简称 CLO），印证其达到的毕业资格要求（知识、技能和素养），即专业预期学习成果（program learning outcome，简称 PLO）。这种课程设计的路径指引，使得学生通过对跨境电商营销推广中常用操作规则与实务的学习，能正确设计及运用跨境电商营销推广方案，能熟练应对跨境电商营销推广岗位人员在日常工作中涉及的关键问题，胜任外贸和跨境电商领域营销推广相关岗位。

任务一 跨境电商营销推广行动领域认知

一、岗位职责描述

根据对目前各大招聘网站资料的整理，跨境电商营销推广相关岗位的“岗位职责”及“任职要求”描述如下。

（一）岗位职责

（1）对市场及竞争者开展调研、分析；

（2）进行营销活动策划；

（3）深度研究全球速卖通、亚马逊等各平台规则、特点，通过站内广告等方式开展站内推广；

（4）通过 Facebook、YouTube、折扣网站等途径对产品进行推广，开展社交媒体营销；

（5）对企业官网进行搜索引擎优化，开展搜索引擎营销；

（6）基于数据进行精准的电子邮件营销；

（7）扩大品牌在目标市场中的品牌影响力，加强客户黏性，提升品牌口碑。

（二）任职要求

（1）大专及以上学历，CET4 及以上英语水平，英语听说读写能力优秀，能用英语与外国客户流利沟通；

（2）具备亚马逊、eBay、Wish、全球速卖通等平台跨境电商运营经验；

（3）熟练使用各主流跨境电商平台的营销工具，并对推广效果进行评估分析；

（4）熟悉 Facebook、Twitter 等社交媒体营销；

（5）熟悉公司国际官网的优化及运营；

（6）具备较好的数据分析能力，善于从数据中提炼信息；

（7）具有良好的沟通协作能力及逻辑思维能力、强烈的责任心和积极主动的工作态度。

二、岗位任务描述

跨境电商营销推广岗位任务描述如表 1-1 所示。

表 1-1　跨境电商营销推广岗位任务描述表

任务名称	任务描述
1. 跨境电商平台分析	熟悉主流跨境电商 B2B 及 B2C 平台，对其各自特点进行比较、分析。
2. 行业发展分析	进行跨境电商营销推广宏观环境分析，针对中国卖家优势产品进行行业发展分析。
3. 竞争者分析	进行跨境电商营销推广微观环境分析，基于调研了解竞争者的信息，开展竞争者分析。
4. 消费者分析	熟悉消费者购买行为模式，通过对全球市场的分析，理解各主要目标市场消费者的特点。

续前表

任务名称	任务描述
5. 营销组合策略设计	基于市场营销相关理论，开展包括产品策略、价格策略、分销策略、促销策略等全方位的营销组合策略设计。
6. 专题推广活动策划	结合跨境电商相关节日、活动，开展专题推广活动策划，并合理借助视频、图片、文案。
7. 站内推广	基于阿里巴巴国际站、全球速卖通、亚马逊、eBay 等平台规则及营销工具开展站内推广。
8. 站外引流	开展搜索引擎营销（SEM）、社交媒体营销（SNS）、电子邮件营销（EDM）等多种途径的站外引流。

跨境电商营销推广典型工作任务描述如表 1－2 所示。

表 1－2　　跨境电商营销推广典型工作任务描述表

<table>
<tr><th colspan="3">典型工作任务描述</th></tr>
<tr><td colspan="3">1. 工作范畴：完成各平台店铺的搭建及产品推广工作。
2. 工作主体：跨境电商中小型企业的运营专员，或跨境电商大型企业的推广专员。
3. 工作过程：调研与内容准备，建站，站内引流，站外引流，数据分析。
4. 工作要求：“曝光”“点击”“反馈”各项数据达标。</td></tr>
<tr><td>工作对象：
1. 调研与内容准备（平台、产品、店长、策划专员）；
2. 站内引流（客户、店铺、产品、店长、客服专员）；
3. 站外引流（客户、店铺、产品、店长、客服专员）；
4. 数据分析（平台、店铺、店长）；
5. 移动营销（平台、店铺、产品、店长、客户）。</td><td>工具、材料、设备与资料：
电脑、网络、Excel、Word、Ps。
工作方法：
调研、平台操作、客户沟通。
劳动组织方式：
接受店长/运营专员的领导，与策划专员、客服专员存在工作衔接。
由策划专员向推广专员提供产品属性信息、详细信息、交易信息，用于平台发布；由客服专员跟进推广专员获取客户后的客户服务工作。</td><td>工作要求：
根据平台规则操作，实现“曝光”“点击”“反馈”各项数据达标。</td></tr>
<tr><th colspan="3">职业能力要求</th></tr>
<tr><td colspan="3">1. 能进行平台、行业、竞争者、消费者调研及分析，确定平台及产品；
2. 能结合平台活动进行推广活动及内容的策划；
3. 能完成产品发布、产品优化、产品推广等站内引流工作；
4. 能完成搜索引擎、社交媒体、电子邮件营销等站外引流工作；
5. 能进行站内及站外数据分析；
6. 能操作移动端营销推广。</td></tr>
<tr><th colspan="3">代表性工作任务</th></tr>
<tr><th>任务名称</th><th>任务描述</th><th>工作时间</th></tr>
<tr><td>1. 平台及市场调研；
2. 推广活动及内容策划；</td><td>1. 进行平台、行业、竞争者、消费者调研及分析，确定平台及产品；
2. 结合平台活动进行推广活动及内容的策划；</td><td>1. 一周
2. 一周</td></tr>
</table>

3. 店铺站内引流；	3. 完成产品发布、产品优化、产品推广等站内引流工作；	3. 两周
4. 店铺站外引流；	4. 完成搜索引擎、社交媒体、电子邮件营销等站外引流工作；	4. 一个月
5. 数据分析；	5. 进行站内及站外数据分析；	5. 每天
6. 移动营销。	6. 操作移动端营销推广。	6. 每天

任务二 跨境电商营销推广学习领域描述

成果导向职业教育要求做到以下几个“精准对接”：一是课程预期学习成果（CLO）精准对接专业预期学习成果（PLO）和课程学习目标；二是课程教学和学习活动精准对接课程预期学习成果（CLO）；三是评估方法任务精准对接课程预期学习成果（CLO）。

一、学习领域的总体目标和分项目标

（一）总体目标

本课程的主旨是学生通过对跨境电商营销推广理论及工具的学习，能熟练应对跨境电商营销推广岗位人员在日常工作中涉及的关键问题，具备市场分析能力，具备跨境电商营销推广方案设计能力，具备跨境电商专题推广活动策划能力，具备跨境电商平台站内推广能力，具备跨境电商站外引流能力，具备一定的互联网＋思维和创新创业思维和能力，具备跨境电商营销推广从业人员的综合技能和基本素养，以适应未来的跨境电商营销推广相关岗位工作。

本课程涉及国际贸易基础、电子商务基础、市场调研与分析等多门课程的专业知识和技能，为培养学生从事跨境电商营销推广相关岗位的工作能力提供综合性的训练。本课程基于阿里巴巴国际站、全球速卖通、亚马逊、eBay 等平台，以实际跨境电商营销推广任务为载体组织教学，使学生掌握跨境电商营销推广岗位工作的基本业务技能，完成市场分析、营销方案设计、专题推广活动策划、站内推广、站外引流以及跨境电商营销推广岗位创新创业等跨境电商营销推广流程中主要环节的实际操作。跨境电商营销推广学习领域总体目标及内容体系如图 1－1 所示。

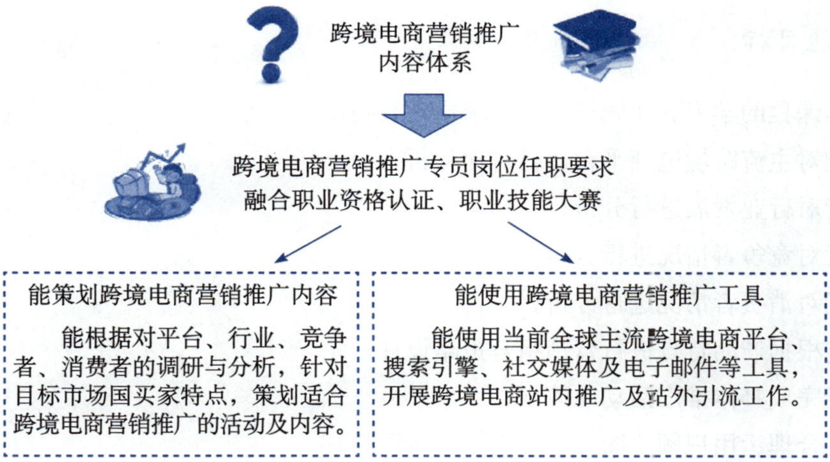

图 1-1 跨境电商营销推广学习领域总体目标及内容体系图

（二）分项目标

1. 知识目标

通过本课程的学习和实践操作，要求学生知道、领会并能运用以下知识：

（1）各主流跨境电商平台的特点；

（2）宏观环境成员及其特点；

（3）微观环境成员及其特点；

（4）竞争战略分析的波特五力模型；

（5）消费者购买行为模式；

（6）4P、4C、4R、4I 营销组合策略；

（7）产品策略；

（8）价格策略；

（9）分销策略；

（10）促销策略；

（11）阿里巴巴国际站平台店铺推广工具及平台活动；

（12）全球速卖通平台店铺推广工具及平台活动；

（13）亚马逊平台店铺推广工具及平台活动；

（14）eBay 平台店铺推广工具及平台活动；

（15）搜索引擎营销（SEM）常用工具及技巧；

（16）社交媒体营销（SNS）常用工具及技巧；

（17）电子邮件营销（EDM）方法与技巧。

2. 技能目标

通过本课程的学习和实践操作，要求学生具备以下技能：
(1) 能对主流跨境电商平台进行对比分析；
(2) 能对行业发展进行分析；
(3) 能对竞争者情况进行分析；
(4) 能对消费者情况进行分析；
(5) 能根据产品特点进行营销组合策略设计；
(6) 能完成具体推广活动的策划；
(7) 能合理运用视频、图片、文案等宣传资料；
(8) 能开展阿里巴巴国际站平台店铺及产品站内推广；
(9) 能开展全球速卖通平台店铺及产品站内推广；
(10) 能开展亚马逊平台店铺及产品站内推广；
(11) 能开展 eBay 平台店铺及产品站内推广；
(12) 能运用搜索引擎实现站外引流；
(13) 能运用社交媒体实现站外引流；
(14) 能运用电子邮件实现站外引流。

3. 素质目标

通过本课程的学习和实践，要求学生具备以下素质：
(1) 能够利用计算机等工具进行日常办公和信息收集处理；
(2) 能合理运用翻译、视频编辑等相关工具辅助工作；
(3) 具备一定的创新能力和学习能力，善于发现和解决问题；
(4) 遵守职业道德，服从公司规章制度；
(5) 具备创新意识、思路开阔；
(6) 能主动表达意愿、沟通想法、协调关系；
(7) 能吃苦耐劳、承受压力。

二、专业预期学习成果（PLO）和课程预期学习成果（CLO）

（一）专业预期学习成果（PLO）

学习成果是学生在完成一个学习过程后，预期知道、理解和能做什么的陈述，是所获取和能够证明的一系列知识、技能和能力。在对跨境电商行业企业进行调研的基础上，确定跨境电商专业（方向）预期学习成果（PLO），如表 1－3 所示。

表 1－3　跨境电商专业（方向）预期学习成果（PLO）

<table>
<tr><td rowspan="3">PLO 1　专业知识（specialized knowledge）</td><td colspan="2">PLO 1.1　用跨境电商专业领域的相关术语来描述跨境贸易业务操作、国际市场调研与分析、跨境电商选品与文案处理、图形图像处理、跨境电商营销推广、跨境电商客服、跨境电商物流操作等专业领域的核心理论和实践，并且提供至少一个与专业领域相关的案例。</td></tr>
<tr><td colspan="2">PLO 1.2　应用跨境电商专业领域的平台、工具、技术和方法（如阿里巴巴国际站、全球速卖通、亚马逊、eBay、Photoshop、Google 搜索、Facebook、Skype 等）完成店铺开设、产品信息化及上架、店铺装修、站内推广、站外引流、客户服务等领域内给定的任务。</td></tr>
<tr><td colspan="2">PLO 1.3　基本上无差错地做出国际市场调研与分析、产品选品、跨境电商营销与推广、跨境电商运营，以及涉及跨境电商企业人、财、物管理等领域的方案或计划，如制定选品方案、店铺运营方案、产品促销计划、站内外引流方案等，并能够进行演说展示。</td></tr>
<tr><td rowspan="4">PLO 2　广泛和融合的知识（broad and integrative knowledge）</td><td colspan="2">PLO 2.1　描述所学习的每一项核心领域（如跨境贸易业务操作、国际市场调研与分析、跨境电商选品与文案处理、图形图像处理、跨境电商营销推广、跨境电商物流操作等）现有知识或现有实践的研究进展（包括怎样向前推进、怎样验证和怎样更新）。</td></tr>
<tr><td colspan="2">PLO 2.2　就所学习的每一项核心领域描述一个关键性的争议问题（如跨境电商运营模式的选择、选择自建平台或第三方平台等），解释该争议问题的意义，并且应用该领域的概念来阐述自己对该争议问题的见解。</td></tr>
<tr><td colspan="2">PLO 2.3　在实施分析性、实操性或创造性的任务基础技术技能训练、专业技术技能训练、综合技术技能训练中，使用所学习的多项核心领域（跨境贸易业务操作、国际市场调研与分析、跨境电商选品与文案处理、图形图像处理、跨境电商营销推广、跨境电商客服、跨境电商物流操作等）的方法（SWOT、4P、统计分析等），包括依据的收集与评估。</td></tr>
<tr><td colspan="2">PLO 2.4　从经济、社会、科技等角度，同时采用至少两个领域的知识，描述如何界定与解释特定问题（如中东地区消费者网上购买行为、海外仓等）对社会的重要意义，并对此做出评述。</td></tr>
<tr><td rowspan="4">PLO 3　智力技能（intellectual skills）</td><td colspan="2">PLO 3.1　在特定的学习领域提出并界定一个问题（如社交媒体营销、客户关系维护等），并能厘清涉及该问题的各种观点、概念、理论及其解决方法。</td></tr>
<tr><td colspan="2">PLO 3.2　对于多种资源进行辨识、分类、评估和引用，来完成跨境电子商务领域的项目、方案或展示。例如，能对跨境电商企业的选品、产品销售、客户服务、网店运营等方面进行相应的市场调研，能收集有效信息，并对信息进行加工整理和分析，形成调查方案或报告，为跨境电商企业管理与决策提供帮助。</td></tr>
<tr><td rowspan="2">PLO 3.3　应注重灵活性（开放性）与知识的广博，理解并应用不同的文化、地域、政治、时代及技术因素，具备多元化视角。</td><td>PLO 3.3.1　描述不同文化如何影响人们对于政治、社会、艺术和国际关系中突出问题（如语言、环境保护、职场生活、公共服务、知识产权保护、国家税收制度等）的理解。</td></tr>
<tr><td>PLO 3.3.2　对于文化、社会、政治、艺术或国际关系方面的问题的根源，做出描述、解释和评估，提出自己的观点，并与他人的见解进行理性的比较。</td></tr>
</table>

PLO 3　智力技能（intellectual skills）	PLO 3.4　描述政治、经济、医疗、法律、技术或艺术等方面问题中的伦理道德问题，并说明这些伦理道德原则如何影响相关问题的决策。例如，对于知识产权侵权、产品质量安全、环境保护、网络个人隐私、网络诈骗等问题，分析道德准则或框架如何产生影响或作用。	
	PLO 3.5　定量表达	PLO 3.5.1　对政治、经济、健康或技术等方面的问题中使用到的量化信息（如曝光率、点击率、成交量、转化率、SKU、好评率等）进行准确的诠释，并能够介绍如何在论述时有效地利用量化信息（如怎样进行选品）。
		PLO 3.5.2　利用现有的数据创建图表或其他更好的视觉效果表现方式，来诠释跨境电商相关领域发展趋势、关联或状态变化。
	PLO 3.6　沟通技巧	PLO 3.6.1　在与跨境电商客户、跨境电商平台、综合服务商及其他相关部门的职场沟通中，写出令人信服的、流畅的、基本无笔误的方案、策划书、报告等文案。
		PLO 3.6.2　能够在课内、课外一些专业活动或竞赛活动中进行中英语口头交流。
		PLO 3.6.3　就跨境电商岗位工作中的任务（如国际货物买卖合同、跨境电商综合服务商选择等）的行动计划进行商谈，并对商谈结果进行中英文书面或口头总结陈述。
		PLO 3.6.4　使用英语进行跨境电商专业领域的交流，翻译一篇该专业领域的文章。
	PLO 3.7　创新创业思维	PLO 3.7.1　就一个跨境电商领域创新创业的实践案例（如跨境电商代运营），分析或阐述该案例中涉及的创新、创业特征及关键要素，并给出自己的评判。
		PLO 3.7.2　运用跨境电商相关知识与技能，就社会、经济、技术、文化等领域的某一方面的实践活动，或提出疑问，或指出其存在的问题，或提出一个新思路、新方法。
PLO 4　应用和协作学习（applied and collaborative learning）	PLO 4.1　书面汇报至少一个跨境电商企业商业模式案例，说明自己是怎样将所学的学术性知识与技术技能应用于实践的，并提出证据或案例，用来证明自己在应用过程中学到新的知识或其他收获。	
	PLO 4.2　分享或教会同学们至少一个自己在课堂外学来的重要概念或方法（如跨境电商企业融资、跨境电商企业风险控制等）。	
	PLO 4.3　对于一个超出课上所学内容的实践难题（如跨境电商代运营），独立或与他人协作，对难题准确定位，收集相关线索与信息，进行组织与分析，并提出多种解决方案。	
	PLO 4.4　参与一个跨境电商领域创新创业性活动或项目（如互联网＋国际贸易综合技能竞赛、中国大学生跨境电商创新创业大赛等），展示或讲解实践成果，并就其过程做出书面的总结（至少能重点突出这次经历中个人对创新创业精神与创新创业管理的感悟，进而能阐明其应用前景或价值）。	

PLO 5　公民和全球学习（civic and global learning）	PLO 5.1　清晰地介绍自己的个人背景、文化背景及职业发展规划，如信仰与价值观、人生观，并能结合自身专业学习情况进行职业生涯规划。
	PLO 5.2　就中华民族优良传统精神、社会主义核心价值观、“一带一路”倡议、中国梦等及相关行为实践，清晰地介绍其意义与作用，列举一个包含这些价值观或行为实践的特殊事件，阐述自己的观点。
	PLO 5.3　运用至少三项方法或技能，锻炼与改善身体及心理素质。
	PLO 5.4　参与一个社团（例如跨境电商技能拓展协会、义工、社会实践等）项目，就其过程做出口头或书面的总结（报告），重点突出这次经历中自己主动性和责任心的体现，以及这次经历中个人的感悟。
	PLO 5.5　识别影响至少世界两个大洲的经济、环境或公共卫生领域的挑战，并且对所谓的挑战进行有理有据的分析评述，表明自己的观点和立场。

（二）课程预期学习成果（CLO）

“跨境电商营销推广”课程设计总学分为 4 学分，课程预期的学习成果是学生在学习过程中学习意图和目标的精确陈述和表达，同时也是学生在完成全部具体跨境电商营销推广情境的学习过程之后，能够达成的知识目标、技能目标、素养目标以及知识、技能和素养的综合运用成果。每一个课程预期学习成果均支撑和精准对接专业预期学习成果。“跨境电商营销推广”课程预期学习成果表如表 1－4 所示。

表 1－4　“跨境电商营销推广”课程预期学习成果表

编号	具体内容	参考学分	支撑 PLO
CLO 1	能对主流跨境电商 B2B 及 B2C 平台进行比较、分析。	0.4	PLO 1.2 PLO 1.3
CLO 2	能进行跨境电商营销推广宏观环境分析，能针对中国卖家优势产品进行行业发展分析。	0.4	PLO 1.1 PLO 1.3
CLO 3	能进行跨境电商营销推广微观环境分析，能基于调研了解竞争者的信息，开展竞争者分析。	0.5	PLO 1.1 PLO 1.3
CLO 4	能对全球市场进行分析，理解各主要目标市场消费者的特点。	0.5	PLO 1.1 PLO 3.5.2
CLO 5	能基于市场营销相关理论，开展包括产品策略、价格策略、分销策略、促销策略等全方位的营销组合策略设计。	0.5	PLO 1.1 PLO 4.1 PLO 3.7.1
CLO 6	能结合跨境电商相关节日、活动，开展专题推广活动策划，并合理借助视频、图片、文案。	0.5	PLO 1.1 PLO 1.2

续前表

编号	具体内容	参考学分	支撑 PLO
CLO 7	能基于阿里巴巴国际站、全球速卖通、亚马逊、eBay 等平台规则及营销工具开展站内推广。	0.6	PLO 1.2 PLO 3.6.3
CLO 8	能开展搜索引擎营销、社交媒体营销、电子邮件营销等多种途径的站外引流。	0.6	PLO 1.1 PLO 5.1
合计		4	

（三）学习方法对准教学与学习活动

“跨境电商营销推广”课程各教学项目、任务的学习方法均合理对准教学与学习活动，具体如表 1－5 所示。

表 1－5　课程学习方法对准教学与学习活动

教学与学习活动	学习方法					
	案例分析	问题导向	任务导向	情境模拟	现场实训	分组讨论
根据教师指定产品进行主流跨境电商平台销售对比分析，及该产品所在行业、竞争者、消费者情况分析，团队完成某指定产品跨境电商营销推广市场分析报告，并进行 PPT 演示汇报。	√	√	√		√	√
根据教师指定产品进行营销组合策略设计，团队完成某指定产品跨境电商营销策略设计，并进行 PPT 演示汇报。		√	√		√	√
根据教师指定产品及“黑色星期五”等时机，进行推广活动策划，团队完成某指定产品“黑色星期五”推广活动策划。	√		√		√	√
在跨境电商营销推广活动中合理运用视频、图片、文案等宣传资料，团队完成系列宣传资料制作。			√	√	√	√
团队完成“虚拟仿真教学系统”站内推广及站外引流实训操作。	√		√	√	√	√
团队参与“跨境电商协同育人中心”教学企业所承接的真实企业项目，完成其所选用跨境电商平台店铺及产品的站内推广工作，并运用适合的搜索引擎、社交媒体及电子邮件开展站外引流工作。		√	√	√	√	√
为完成作业任务进行免费线上学习（精品在线开放课程、职教云、蓝墨云班课等）。		√	√	√	√	√

（四）课程评估方法任务

“跨境电商营销推广”课程的评估类型包括形成性评估和总结性评估，均精准对接课程预期学习成果，且评估任务的设置要可测可评。课程评估任务对准课程学习成果如表1－6所示。

表1－6 课程评估任务对准课程学习成果

编号	学习成果	评估任务	评估类型
CLO 1	能对主流跨境电商B2B及B2C平台进行比较、分析。	设计包括目前主流跨境电商平台名称、特点、优势、劣势、案例的表格，并进行展示讨论。表格设计合理、内容真实具体、思路清晰、语言流畅、分析得当。	形成性评估和总结性评估
CLO 2	能进行跨境电商营销推广宏观环境分析，能针对中国卖家优势产品进行行业发展分析。	阐述市场营销宏观环境成员及其各自对营销的影响；针对服装、3C产品等中国卖家跨境电商优势产品进行行业分析，团队撰写行业分析报告，并演示讨论。	形成性评估和总结性评估
CLO 3	能进行跨境电商营销推广微观环境分析，能基于调研了解竞争者的信息，开展竞争者分析。	阐述市场营销微观环境成员及其各自对营销的影响。根据教师指定店铺及产品开展竞争者分析，撰写竞争者分析报告，并演示讨论，思路清晰、语言流畅、分析得当、有理有据。	形成性评估和总结性评估
CLO 4	能对全球市场进行分析，理解各主要目标市场消费者的特点。	团队任选一个目标市场，了解该目标市场消费者的特点，并向全班同学进行演示介绍。思路清晰，语言流畅，合理借助PPT、视频、图片等资料，富有吸引力。	形成性评估和总结性评估
CLO 5	能基于市场营销相关理论，开展包括产品策略、价格策略、分销策略、促销策略等全方位的营销组合策略设计。	根据教师指定店铺及产品，进行市场营销4P策略设计，团队撰写营销组合策略设计方案，并进行PPT演示。设计合理，思路清晰，语言流畅，合理借助PPT、视频、图片等资料，具有创意，富有吸引力。	形成性评估和总结性评估
CLO 6	能结合相关节日、活动，开展专题推广活动策划，并合理借助视频、图片、文案。	团队选择亚马逊平台任一产品，结合任一跨境电商推广时机，开展专题推广活动策划，并分享展示。合理借助视频、图片、文案等资料，具有创意，设计合理。	形成性评估和总结性评估
CLO 7	能基于阿里巴巴国际站、全球速卖通、亚马逊、eBay等平台规则及营销工具开展站内推广。	团队完成“虚拟仿真教学系统”站内推广实训操作；团队参与“跨境电商协同育人中心”教学企业所承接的企业真实项目，完成其所选用跨境电商平台店铺及产品的站内推广工作。评估包括系统评分、企业教师评分、业绩得分。	形成性评估和总结性评估
CLO 8	能开展搜索引擎营销、社交媒体营销、电子邮件营销等多种途径的站外引流。	团队完成“虚拟仿真教学系统”站外引流实训操作；团队参与“跨境电商协同育人中心”教学企业所承接的企业真实项目，运用适合的搜索引擎、社交媒体及电子邮件开展站外引流工作。评估包括系统评分、企业教师评分、业绩得分。	形成性评估和总结性评估

三、课程内容与安排

课程内容是课程的核心，是用于支撑课程预期学习成果（CLO）的具体学习内容，包括技能点、知识点及其他组成的模块或单元。“跨境电商营销推广”课程内容的选择充分考虑到课程学习目标与课程预期成果的关系，坚持教学内容与 CLO 直接对应的原则，所有的教学内容都围绕 CLO 学习目标出发进行选择。本课程教学内容的参考课时数是根据此项目所支撑的 CLO 的完成水平来确定的，包括 CLO 的完成时间长短、完成的难易程度、完成的具体形式等。具体课程内容与安排如表 1－7 所示。

表 1－7　“跨境电商营销推广”课程内容与安排

模块名称	教学内容	参考学时	对应 CLO
项目二 市场营销理论基础	任务一　市场营销核心概念 任务二　市场营销观念 任务三　目标市场营销	4	CLO5
项目三 市场调研与分析	任务一　跨境电商平台分析 任务二　宏观环境与行业发展分析 任务三　微观环境与竞争者分析 任务四　消费者分析	16	CLO1/CLO2/CLO3/CLO4
项目四 营销推广内容策划	任务一　营销组合策略设计 任务二　专题推广活动策划 任务三　视频、图片、文案运用	12	CLO5/CLO6
项目五 站内推广	任务一　阿里巴巴国际站平台站内推广 任务二　全球速卖通平台站内推广 任务三　亚马逊、eBay、Wish 平台站内推广	8	CLO7
项目六 站外引流	任务一　搜索引擎营销 任务二　社交媒体营销 任务三　电子邮件营销	12	CLO8
项目七 初创型企业跨境电商营销推广	任务一　基于 B2B 平台的初创型企业跨境电商营销推广 任务二　基于 B2C 平台的初创型企业跨境电商营销推广	6	CLO1/CLO2/CLO3/CLO4/CLO5/CLO6/CLO7
项目八 成熟型企业跨境电商营销推广	任务一　基于 B2B 平台的成熟型企业跨境电商营销推广 任务二　基于 B2C 平台的成熟型企业跨境电商营销推广	6	CLO1/CLO2/CLO3/CLO4/CLO5/CLO6/CLO7/CLO8

续前表

模块名称	教学内容	参考学时	对应 CLO
项目九 创新型企业跨境电商营销推广	任务一 基于 B2B 平台的创新型企业跨境电商营销推广	6	CLO1/CLO2/CLO3/CLO4/CLO5/CLO6/CLO7/CLO8
	任务二 基于 B2C 平台的创新型企业跨境电商营销推广		
	期末复习	2	

任务三 跨境电商营销推广课程设计

一、基于 DACUM 职业技能培训的课程设计

DACUM（develop a curriculum）是通过职务分析或任务分析从而确定某一职业所要求具备的各种综合能力及相应专项技能的系统方法。任何职业的工作内容，都能有效而充分地用优秀工作人员工作中所完成的各项任务来描述，任何任务与完成此任务的人员所需的理论知识、工作态度和技能又都有着直接的联系。

本课程根据 DACUM 开发方法的要求，经过认真分析跨境电商营销推广职业岗位所需能力，选取市场调研与分析、营销推广内容策划、站内推广、站外引流共四个项目。由于跨境电商的本质为“互联网＋外贸”，所以学生需要具备“互联网＋”和创新创业的基本要素、原则和方法，能将其应用到四个项目的学习中去，从而更好地适应跨境电商营销推广岗位的工作，在此基础上尽可能实现对现有某些岗位环节的优化和创新，紧跟跨境电商行业最新发展趋势，从“适岗”“优岗”到“创岗”，实现自身职业成长。跨境电商营销推广专员岗位 DACUM 技能图及 DACUM 项目构成如图 1－2、图 1－3 所示。

岗位职责	工作任务			
A 市场调研与分析	A-1 跨境电商平台分析	A-2 行业发展分析	A-3 竞争者分析	A-4 消费者分析
B 营销推广内容策划	B-1 营销组合策略设计	B-2 专题推广活动策划	B-3 视频、图片、文案运用	
C 站内推广	C-1 跨境电商平台站内推广			
D 站外引流	D-1 搜索引擎营销	D-2 社交媒体营销	D-3 电子邮件营销	

图 1－2 跨境电商营销推广专员岗位 DACUM 技能图

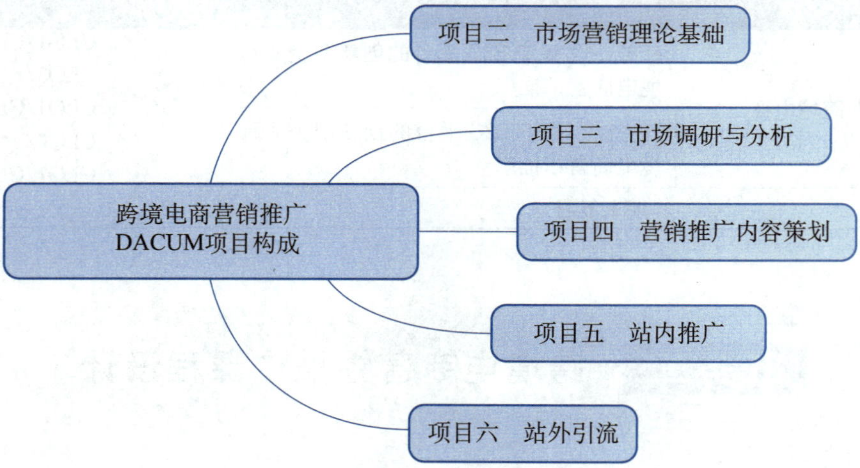

图 1－3　跨境电商营销推广 DACUM 项目构成

其中，项目三为市场调研与分析，在正式开展跨境电商营销推广前，首先需进行跨境电商平台及国际市场的分析，根据科学分析结果及企业自身特点设计并实施营销推广方案。开展跨境电商平台情况、行业发展情况、竞争者情况、目标消费者情况的分析，为下一步的营销推广活动及内容策划奠定基础。

项目四为营销推广内容策划，在市场分析的基础上，根据公司产品的特点进行营销组合策略的设计，并结合相关节日、活动开展具体推广活动的策划，准备视频、图片、文案等营销推广资料。

项目五为站内推广，在阿里巴巴国际站、全球速卖通、亚马逊及 eBay 等跨境电商平台开设店铺，完成建站、发布产品及产品描述，跨境电商营销推广专员可根据各跨境电商平台提供的不同推广工具及平台活动开展站内推广工作。

项目六为站外引流，除了运用各跨境电商平台推广工具及平台活动开展站内推广外，跨境电商营销推广还可同时开展搜索引擎营销、基于国外买家常用社交软件的社交媒体营销，及效果直接有效的电子邮件营销等站外引流工作。

二、基于 BAG 职业行动能力的学习领域设计

BAG 课程开发方法是德文 berufliche arbeitsaufgaben（典型工作任务）的缩写，其含义是实践专家研讨会与工作任务分析。其发展历程为：1996 年以德国不莱梅大学技术与教育研究所劳耐尔教授为首的研究团队与大众公司合作对机电一体化汽车维修课程进行改造，于 2002 年形成了完善的 BAG 开发技术。BAG 技术超越了 DACUM 技术中对于具体

岗位职业能力的分解，开发出考虑工作过程知识、设计取向等元素的学习领域课程，更加关注工作过程的整体性以及完成工作任务所需要的专业知识、广泛和融合的知识、智力技能、应用和协作学习、公民和全球学习融为一体的职业创造能力。因此，基于BAG课程开发方法的跨境电商营销推广这一学习领域的每一个学习项目都是一个完整的且融入职业素养和关键能力的工作过程。

（一）教学内容的选取

1. 基于跨境电商B2C、B2B平台店铺的跨境电商营销推广典型工作过程选取教学内容

跨境电商营销推广岗位的工作过程是：开展市场分析—进行营销推广方案策划—开展站内推广—进行站外引流。从跨境电商营销推广的工作过程可以看出，本岗位必须具备的职业能力是市场分析能力、营销推广方案策划能力、站内推广能力、站外引流能力。另外还需要学生具备解析探究、定量分析、吃苦耐劳、团队协作、学习能力、创新思维能力等职业素养和关键能力。因此本学习领域的内容就是针对跨境电商营销推广岗位的能力和素养要求，通过完整的跨境电商B2C、B2B平台店铺营销推广工作过程来培养学生的职业能力和职业素养，以帮助学生达成学习成果。

2. 教学内容载体的选择

在合作跨境电商企业、行业协会、校企协同育人中心的积极参与和大力支持下，本学习领域可以获得来自跨境电商企业第一线的真实营销推广工作任务，基于对上述跨境电商营销推广工作任务进行的综合分析，结合跨境电商行业的特点和学生认知规律，按照工作内容和教学内容选取的针对性和适应性原则，最终确定以跨境电商初创型、成熟型、创新型企业所运营的B2C及B2B平台店铺作为教学载体，并基于跨境电商营销推广的典型工作过程进行提炼和序化，从而达成学习跨境电商营销推广的学习成果。

3. 学习项目的设计

在确定好教学内容载体之后，本课程以跨境电商初创型、成熟型、创新型企业所运营的B2C及B2B平台店铺作为载体组织教学工作，由企业专家和专业教师共同选取真实对

象设计三个学习项目：初创型企业跨境电商营销推广、成熟型企业跨境电商营销推广、创新型企业跨境电商营销推广。每个学习项目中又包含两个工作任务，以完成学生岗位工作基本技能的学习，项目设计如图 1－4 所示。

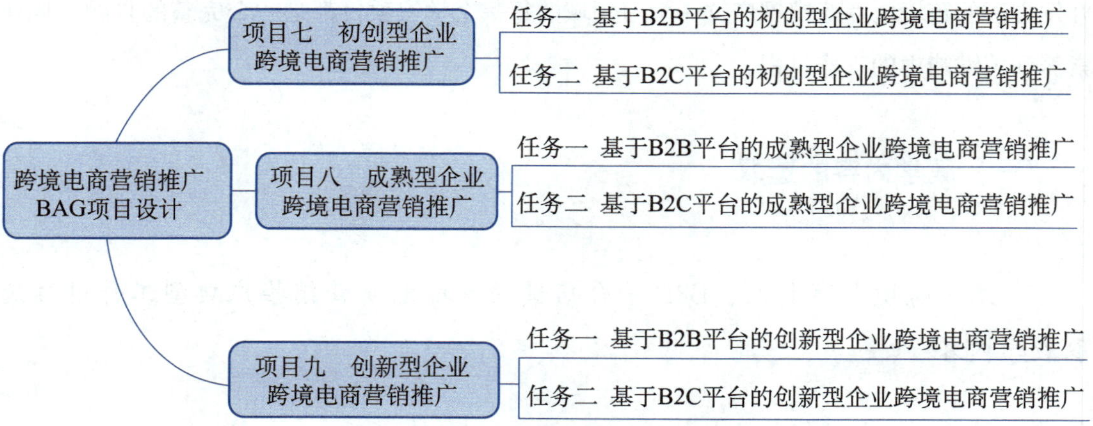

图 1－4　跨境电商营销推广 BAG 项目设计

（二）教学内容的组织与安排

1. 基于学习成果导向和职业能力培养的三个学习项目的特点

本学习领域的三个 BAG 学习项目均采用企业真实的店铺和工作任务，项目六初创型企业跨境电商营销推广是相对比较简单的工作项目，是学习项目七的基础；项目七成熟型企业跨境电商营销推广项目操作的复杂性逐渐加大；项目八创新型企业跨境电商营销推广在前两个综合项目的基础上重视学生创新创业能力和意识的培养，从而实现项目由简单到复杂、由单一到综合的过程。每个学习项目都是一个完整的跨境电商营销推广工作过程，都包含咨询、计划与决策、实施、检查与评估等步骤，可以系统培养学生的专业能力、方法能力、社会能力，从而实现专业五大学习领域中专业知识、广泛和融合的知识、智力技能、应用和协作学习、公民和全球学习中的一个或者多个领域参照点要求。每个课程学习项目都有相同的工作步骤，但内容各不相同，从而实现工作过程系统化。学生学习成果的累积，有利于学生知识的迁移和职业技能素养的综合提升。跨境电商营销推广 BAG 学习项目特点如图 1－5 所示。

2. 教学组织与实施

跨境电商营销推广学习领域课程的教学分团队实施，每 5～6 个同学组成一个团队，

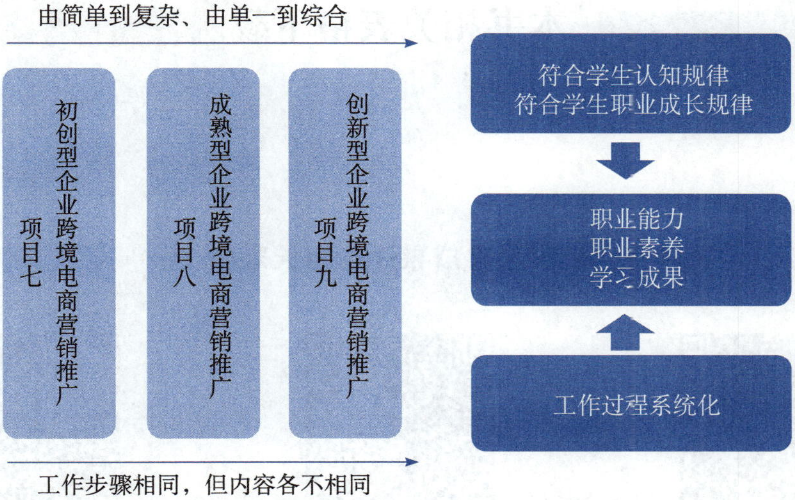

图 1-5　跨境电商营销推广 BAG 学习项目特点

每个团队需独立完成所有学习项目。学习过程中，学生可以通过教师指导、小组讨论、演示汇报等方式，完成各学习项目的工作任务，从而达成各学习项目的学习成果，掌握不同类型企业跨境电商营销推广的方法。对于学生的指导由校内专任教师和行业企业兼职教师共同完成。学习项目的任务完成之后，学习成果的评价由学生自评、指导教师评价、小组互评、企业教师评价组成。这种教学组织与实施方法，使学习过程变成学习性工作过程，学生的职业能力、职业素养的培养都贯穿其中，最终实现通过学习成果的逐渐累积达成课程学习成果要求。

本书相关表格下载

一、 项目二至项目六项目学习成果评价相关表格

课堂表现评价表

任务实战演练评价量表

项目学习成果评价汇总表

二、 项目七至项目九 BAG 项目任务单

BAG 项目任务单

项目二

市场营销理论基础

项目背景

刚刚毕业的小李成为思拓跨境电商科技有限公司的一员，他作为营销推广团队的成员开始跟老业务员们一起结合公司产品的特点积累市场营销理论，为日后的工作开展做好准备。

学习目标

◎ 知识目标

1. 说明市场营销及国际市场营销的含义；
2. 阐述国际市场营销的重要概念；
3. 阐述目标市场营销战略。

◎ 技能目标

能根据产品特点进行目标市场营销战略策划。

◎ 素养目标

1. 能够利用计算机等工具进行日常办公和信息收集处理；
2. 能合理运用翻译、视频编辑等相关工具辅助工作；
3. 具备一定的创新能力和学习能力，善于发现和解决问题；
4. 遵守职业道德，服从公司规章制度；
5. 具备创新意识、思路开阔；
6. 能主动表达意愿、沟通想法、协调关系；
7. 能吃苦耐劳、承受压力。

◎ 预期学习成果及支撑 CLO

项目预期学习成果	课程预期学习成果（CLO）	参考学时
1. 能理解并合理运用市场营销相关理论	CLO 5	4
2. 能开展目标市场营销战略策划	CLO 5	4

任务一 市场营销核心概念

知识储备

一、市场营销的含义

市场营销是企业以顾客需要为出发点，有计划地组织各项经营活动，为顾客提供满意的商品和服务而实现企业目标的过程。

二、国际市场营销的重要概念

国际市场营销即企业在国际环境中开展市场营销的行为。

（一）国际市场营销的主体

最典型的国际市场营销主体是国际企业，主要包括外向出口型企业、跨国公司、全球性跨国公司。

（二）国际市场营销的客体

国际市场营销的客体即“市场”。人们通常认为市场是买方和卖方进行商品交易的地点；经济学认为市场是商品交换的总和，是商品生产者和消费者，通过买卖关系实现产品与货币交换关系的总和；市场营销理论认为市场是各种不同需求的现实的、潜在的顾客群，即市场＝人口＋购买力＋购买欲望，人口决定市场，购买欲望决定目标市场，购买力决定有效目标市场。

市场可分为个人市场与组织市场两种类型。个人市场，即消费者市场，是消费者为了满足个人和家庭生活需要，购买商品或使用劳务而形成的市场。组织市场，是指组织为了生产、加工盈利而购买商品或使用劳务而形成的市场。

（三）国际市场营销的对象

国际市场营销的对象即“产品”。产品包含消费品和产业用品两大类。消费品即个人或家庭为了最终生活性消费而购买的产品。产业用品即组织或团体为了满足生产产品或提供服务的生产性需要而购买的产品，主要包括原材料、半成品、机器设备、消耗品等生产资料。

（四）国际市场营销的流程

企业的国际市场营销需解决以下问题，并依次做出决策，最终建立起企业的国际营销战略，指导企业在国际市场获得最大利润：

（1）对国际市场及营销环境进行针对性的调研；

（2）根据调研结果及企业自身情况确定目标市场；

（3）根据目标市场的需求、特点进行营销方案的设计与实施。

实战演练

请结合思拓跨境电商科技有限公司的具体情况阐述其国际市场营销流程。

任务二 市场营销观念

知识储备

一、市场营销观念概述

市场营销观念即企业实施及管理其营销活动的基本指导思想。不同时代，不同人眼中的“市场营销”是在不断发展、变化的（见表 2-1）。

表 2-1　　市场营销观念

序号	营销观念	经营哲学	基本策略	组织特点	关键点
1	生产观念	生产导向	注重生产率	生产部门（大量生产）	
2	产品观念	产品导向	产品优化	生产部门（研发、优化）	
3	推销观念	推销导向	推销技术	销售部门（推销队伍）	
4	市场营销观念	顾客需求导向	满足顾客需求	销售部门（生产经营全过程）	4P（product、price、place、promotion）
5	社会营销观念	社会营销导向	参与社会	各部门合作	兼顾企业利润、消费者需求和社会利益
6	大市场营销观念	合作导向	多方合作	内部、外部合作	6P（4P、political power、public relations）

微课：市场营销观念

（一）生产观念

市场背景为短缺经济，卖方市场。生产者生产什么，就销售什么，忽视消费者个性以及产品质量。

（二）产品观念

市场背景表现为产品相对过剩。企业致力于生产高质量、技术独到的产品，忽略顾客的需求而一味把目光放在自己产品上。

（三）推销观念

市场背景为产品供过于求，竞争日益激烈。需要强力推销来刺激顾客的购买欲望，上门推销、电话推销等各种推销手段涌现。

(四) 市场营销观念

市场背景为市场经济进一步发展，消费者和企业都日趋成熟。顾客需要什么，就生产什么。

在此观念指导下，总结出市场营销组合策略，即企业对可以控制的各种营销因素的综合运用策略。尽管企业的市场营销手段很多，但归纳起来主要是以下四方面：产品策略（product）、价格策略（price）、分销/渠道策略（place）、促销策略（promotion），即 4P。

(五) 社会营销观念

企业兼顾企业利润、消费者需求和社会利益的市场营销观念。

(六) 大市场营销观念

由于国际市场贸易保护的存在，企业想要成功进入某一目标市场，仅靠传统的市场营销 4P 策略已经很难奏效，而必须同时采取政治、经济、心理以及公共关系等手段赢得若干参与者的合作，从而进入市场。即将市场营销 4P 策略延伸至 6P，增加了政治力量（political power）和公共关系（public relations）。

二、国际市场营销观念

国际市场营销观念如表 2-2 所示。

表 2-2 国际市场营销观念

序号	营销阶段	营销观念	管理导向
1	出口营销	国内市场延伸观念	本国导向
2	国际市场营销	国别市场营销观念	东道国导向
3	全球营销	全球营销观念	区域/世界导向

实战演练

请针对思拓跨境电商科技有限公司的现状，对其国际市场营销观念开展讨论、分析。

任务三 目标市场营销

知识储备

知识链接

同质市场与异质市场

同质市场是指消费者对商品的需求大致相同的市场；异质市场是指消费者对商品的具体需求具有差异的市场。

大众化营销与目标市场营销

由于同质市场与异质市场的存在，即出现了大众化营销与目标市场营销的区别。大众化营销的前提是市场为同质市场或忽视消费者需求的差异，将市场看作同质市场；而目标市场营销的前提则为市场是异质市场。

一、目标市场营销战略（STP）

目标市场营销战略即有效实行目标市场营销的三个步骤，依次为国际市场细分（segmenting）、国际目标市场选择（targeting）、国际市场定位（positioning）。

微课：目标市场营销 STP 战略

案例

福特野马的目标市场营销战略

1964 年，福特汽车公司推出的新产品“野马”汽车轰动一时，购买人数打破了历史纪录，在不到一年的时间里风行整个美国。为什么“野马”汽车如此受人欢迎？这与时任福特公司副总裁的李·艾柯卡的独特周密的营销策划是分不开的。

李·艾柯卡在仔细分析了市场状况之后，制定了一整套推出“野马”汽车的营销策略，令人瞩目的销售业绩使他获得了“野马之父”的称号。

1962年，李·艾柯卡就任福特汽车公司分部总经理后，便策划生产一种受顾客欢迎的新车，这一念头是他在对整个汽车市场营销环境做了充分调查研究之后产生的。

第一，福特公司的市场研究人员调查得知：第二次世界大战以后，生育率激增，几千万婴儿如今已长大成人，之后十年的人口平均年龄会急剧下降，购买新车的消费者中年轻人可望占到一半。根据这一信息，艾柯卡预见到之后十年的汽车销售量会大幅度增长，而对象就是年轻人。

第二，随着人们受教育程度的提高，消费模式也在改变。女性和独身者顾客数量增加，拥有两辆汽车的家庭也越来越多。人们愿意把更多的钱花在享受上，人们正在追求一种样式新颖的轻型豪华车。

第三，艾柯卡在欧洲了解福特汽车公司生产的“红雀”汽车销售情况时，发现“红雀”太小了，没有行李箱，虽很省油，但外形不漂亮，如不尽快推出一种新型车，公司就可能被竞争对手击败。

于是，艾柯卡根据上述信息提出了一个目标市场，适合这个市场的车应当是：车型要独树一帜；容易操纵，以吸引女性和新手购买；有行李箱，以便于外出旅行。

● 产品策略（product）

车型：有了新车的设计思路，福特的设计专家们便开始行动。样车一再改进，最后的形状为：方顶，流线形；前长后短，外形大方；整车显得既潇洒又矫健。

命名：艾柯卡把新车的命名也看作是产品设计的一部分。他委托广告公司代理人去底特律公共图书馆查资料，从A到Z列出成千个动物的名字，最后筛出“野马”，这是一个激动人心的地道的美国名字。美国人对第二次世界大战中野马式战斗机的名字印象极为深刻，用“野马”作为新型车的名字，不仅能显示出车的性能和速度，有着广阔天地任君闯的意味，而且很适合美国年轻人放荡不羁的个性。

● 价格策略（price）

接下来的工作是为新车制定价格。新车试制小组在底特律选定了52对中等收入阶层的青年夫妇，请他们到福特公司的展厅来品评新车，并为新车估价。几乎所有人都估价约10 000美元，并表示家中已有车，不考虑购买这种车。当艾柯卡宣布车价在 2 500 美元以内时，他们十分惊讶，都表示将购买这种能显示身份和地位的新车。在研究了消费者心理之后，艾柯卡把车价定在 2 368 美元，并开始设计下一步的营销策略，为打开新车的销路做精心的策划。

● 促销策略（promotion）

福特公司在正式推出"野马"之时，采用了多种多样具有轰动效应的促销手段：

"野马"汽车正式投放市场前四天，公司邀请了 100 多名新闻记者参加从纽约到迪尔本的 70 辆"野马"汽车大赛，这些车飞驰 700 英里无一发生故障，证实了"野马"的可靠性。于是，众多报纸都以显著的位置刊出了关于"野马"的大量文章和照片。表面上看，这是一次赛车活动，实际上是一次告知性广告，使"野马"成为新闻界的热门话题。

在"野马"投放市场的当天，福特公司在 2 600 余种报刊上登了全页广告，并在数家电视台播出广告短片。广告画面中一辆白色"野马"在奔驰，配有一行简单的字："真想不到"，副题是："售价 2 368 美元"。由于公关经理的努力，新车照片同时出现在《时代》和《新闻周刊》封面上，关于这两大杂志的惊人宣传效果，艾柯卡后来回忆说："《时代》和《新闻周刊》就使我们多卖出 10 万辆！"

福特公司还在全国 15 个最繁忙的机场和从东海岸到西海岸的 200 家假日饭店的门厅里陈列了"野马"。公司选择最显眼的停车场，竖起巨型的广告牌，引起消费者的注意，激发人们的购买欲望。

同时，福特公司向全国的小汽车用户直接寄发了几百万封推销信，既达到了促销的目的，也表示了公司忠诚为顾客服务的态度和决心。

此外，公司大量上市"野马"配套墨镜、钥匙链、帽子、玩具车，甚至在面包铺的橱窗里贴上广告："我们的烤饼卖得像'野马'一样快。"

由于从选定目标市场到市场营销的各个环节，福特公司均做了一系列精心的策划，使"野马"获得了汽车销售史上的巨大成功，创下了福特公司的销售纪录。

二、 市场细分

市场细分又称市场区隔、市场分片、市场分割等，就是营销者通过市场调研，根据消费者对商品的不同欲望与需求、不同的购买行为与购买习惯，把消费者整体市场划分为具有类似性的若干不同的购买群体子市场，使企业可以从中认定其目标市场的过程。

（一）市场细分的原则

1. 可衡量性

用来细分市场的标准以及细分后的市场应是可以辨识和衡量的。如果细分后无法界定、难以描述，市场细分就失去了意义。

2. 可进入性

指营销活动的可行性，企业能够进入细分市场，有能力满足目标市场的需求，能够为之服务。

3. 可盈利性

即规模性，细分市场的规模要大到足够获利的程度。一个细分市场应该是值得为之设计一套营销规划方案的尽可能大的同质群体。

4. 可分割性

即差异性，细分市场间消费者需求有差别，对营销组合方案的刺激也有不同反应。

5. 相对稳定性

即细分后的市场能够在一定时间内保持相对稳定，有较长的生命周期，企业值得为之花费较高成本专门设计、实施一套营销方案。

（二）市场细分的标准

凡是使顾客需求产生差异的因素都可以作为市场细分的标准。市场细分不一定只采用一个标准，也不需要采用所有标准，企业只需根据实际情况，并服从营销目标，侧重选择一个或若干个标准对市场进行细分即可。当然，标准不是一成不变的，有时也无法完全明确，只能进行模糊细分。常用的市场细分标准主要包括以下因素。

1. 地理因素

包括区域、地形、气候、城镇规模、交通运输条件、人口密度等变量。

2. 人口因素

包括年龄、性别、家庭人口、家庭收入、职业、受教育水平、文化、信仰、种族等变量。

3. 心理因素

包括生活方式、社交、个性、生活格调等。

麦当劳的市场细分

4. 购买行为因素

包括购买时间、购买数量、购买频率、购买习惯等变量。

三、目标市场选择

企业在细分市场的基础上，经过评价和筛选，确定作为企业经营目标的特定市场。对于国际企业最容易进入的是与本国市场环境条件类似，且市场正在扩大，与本国关系较好的国家的市场，尤其是周边、邻近国家的市场。

国际目标市场选择策略包括如下三种：无差异性目标市场营销策略、差异性目标市场营销策略、集中性目标市场营销策略。

四、市场定位

市场定位是指帮助消费者对本企业产品的重要特征进行定义的方法，即确定与竞争产品相比，本产品在消费者心目中的地位。市场定位的核心就是寻求不同品牌之间的差异。目标市场定位策略主要包括如下四种。

（一）对抗定位策略

与现有竞争者争夺同样的目标市场，适合在产品与竞争对手相比足够强劲或势均力敌的情况下采用。

（二）避强定位策略

避免与竞争对手的正面交锋，定位于市场“空白点”。

（三）高级俱乐部定位策略

将自己与行业中公认的最强的几家企业划为一个档次，借此提高自己的地位，适用于无法取得行业第一位置的企业。

（四）重新定位策略

企业改变市场对其原有印象，调整目标市场的策略。

五、目标市场进入

目标市场的进入指企业使其产品、技术、工艺、管理及其他资源进入国外市场的一种规范化的部署。目标市场进入模式包括出口进入模式、合同进入模式、投资进入模式、国际战略联盟四大类。

实战演练

请从市场细分、目标市场选择、市场定位三个方面，针对思拓跨境电商科技有限公司进行目标市场营销分析。

项目学习成果评价

一、 课堂表现评价

重点考查学生到课情况、回答问题情况、小组合作情况。将全班同学分成若干小组来组织教学，每个小组需要设计队名，每次课在黑板上画出下表。每次课都有评价，评价内容包括：只要本组同学回答问题并回答正确，就给全组加分；每组同一个人不能连续回答问题，必须换人回答才能给本组加分；如果回答错误，其他小组可以回答；小组讨论表现最好的（一组）和较好的（两组）加分；当堂课小组全勤的加分。每项分值由教师指定，每次课堂结束后由学习委员在分数记录册上进行记录，最终形成该小组分数。

课堂表现评价表

小组	回答或解决问题	小组讨论表现	小组全勤	合计
小组一				
小组二				
小组三				
小组四				
小组五				
小组六				
小组七				
小组八				
小组九				
小组十				

二、 任务实战演练评价

重点考查学生每个实战演练任务是否能按时全面完成、完成质量如何、是否提交可视化学习成果。任务实战演练的评价将作为项目学习成果评价的重要内容。

任务实战演练评价量表

评价标准	完全符合（90～100 分）	基本符合（70～89 分）	基本不符合（60～69 分）	完全不符合（59 分及以下）
任务全面完成，步骤无遗漏				
任务成果装订整齐，排版规范，无错别字				
任务完成步骤正确，逻辑清晰				
按时上交任务可视化成果（文档、照片、视频等）				
方案可实际操作				
演示陈述思路清晰、有条理				
符合法律与平台政策				
符合道德伦理要求				
成本较低				
有创新				
合计				

三、项目学习成果评价

项目学习成果评价汇总表分数将作为学生项目学习成果得分，每个小组完成项目学习的可视化学习成果将会存档。

项目学习成果评价汇总表

小组	任务一	任务二	任务三	课堂表现	总评
小组一					
小组二					
小组三					
小组四					
小组五					
小组六					
小组七					
小组八					
小组九					
小组十					

项目三

市场调研与分析

项目背景

在正式开展跨境电商营销推广前，思拓跨境电商科技有限公司首先对跨境电商平台及国际市场情况进行分析，决定根据科学分析结果及企业自身特点科学设计并实施营销推广方案。根据工作安排，小李与其他业务员共同开展了跨境电商平台情况、行业发展情况、竞争者情况、目标消费者情况的分析，为下一步的营销推广活动及内容策划奠定基础。

学习目标

◎ 知识目标

1. 说明各主流跨境电商平台的特点；
2. 阐述宏观环境成员及其特点；
3. 阐述微观环境成员及其特点；
4. 说明竞争战略分析的波特五力模型；
5. 阐述消费者购买行为模式。

◎ 技能目标

1. 能对主流跨境电商平台进行对比分析；
2. 能对行业发展进行分析；
3. 能对竞争者情况进行分析；
4. 能对消费者情况进行分析。

◎ 素养目标

1. 能够利用计算机等工具进行日常办公和信息收集处理；
2. 能合理运用翻译、视频编辑等相关工具辅助工作；
3. 具备一定的创新能力和学习能力，善于发现和解决问题；
4. 遵守职业道德，服从公司规章制度；
5. 具备创新意识、思路开阔；

6. 能主动表达意愿、沟通想法、协调关系；
7. 能吃苦耐劳、承受压力。

◎ 预期学习成果及支撑 CLO

项目预期学习成果	课程预期学习成果（CLO）	参考学时
1. 能对主流跨境电商 B2B 及 B2C 平台进行比较、分析	CLO 1	4
2. 能进行跨境电商营销推广宏观环境分析，能针对中国卖家优势产品进行行业发展分析	CLO 2	4
3. 能进行跨境电商营销推广微观环境分析，能基于调研了解竞争者的信息，开展竞争者分析	CLO 3	4
4. 能对全球市场进行分析，理解各主要目标市场消费者特点	CLO 4	4

任务一 跨境电商平台分析

知识储备

全球跨境电商发展迅猛，跨境电商平台百花齐放，包括世界最大的网络零售商、在线拍卖及购物网站 eBay、移动购物平台 Wish、阿里巴巴旗下面向全球的跨境电商平台阿里巴巴国际站及全球速卖通、美国 3C 起家的新蛋网（Newegg）、巴西最大的 C2C 平台魅卡多（MercadoLivre）、非洲知名电商平台 Jumia、东南亚领先平台 Lazada 等。

目前全球主流跨境电商平台包括 B2B 和 B2C 两种模式。跨境电商 B2B 模式即 business to business，此类平台买家及卖家均为企业，大多是每笔数量、金额较大的订单；跨境电商 B2C 模式即 business to customer，此类平台为企业卖家及个人消费者买家提供服务，相比 B2B 平台，跨境电商 B2C 平台单笔订单数量、金额相对较小，但订单量较大。对于中国跨境电商卖家，常用的 B2B 平台包括阿里巴巴国际站、敦煌网、环球资源、中国制造网等，常用的 B2C 平台包括全球速卖通、亚马逊、eBay、Wish 等。

一、主流跨境电商 B2B 平台比较

（一）阿里巴巴国际站

阿里巴巴国际站网址：www. alibaba. com。

阿里巴巴国际站网址

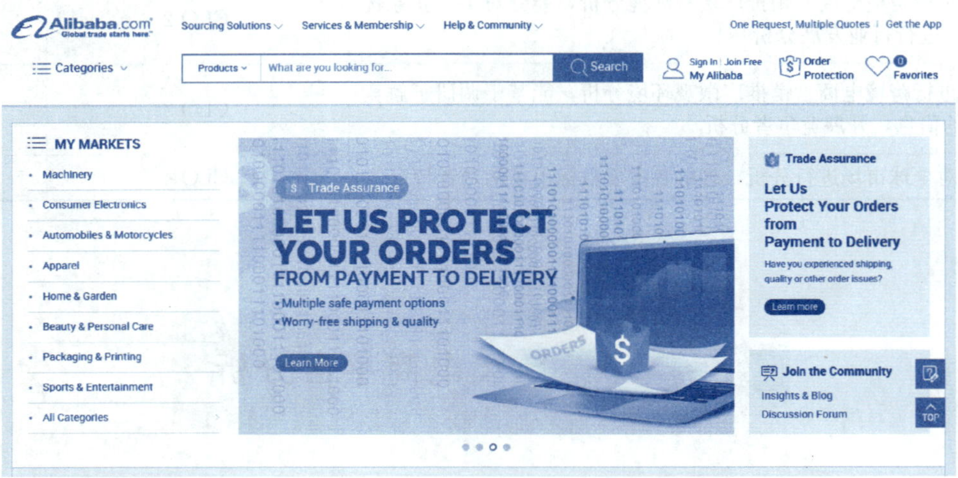

阿里巴巴国际站是阿里巴巴集团最早创立的业务，是目前全球领先的跨境电商 B2B 商务平台，服务于全球数以千万计的采购商和供应商。阿里巴巴国际站专注服务全球中小微企业，在这个平台上，买卖双方可以在线更高效地对接，并更快、更安心地达成交易。同时，阿里巴巴综合服务平台提供的一站式通关、退税、物流等服务，让外贸企业在出口流通环节也变得更加便利和顺畅。

阿里巴巴国际站的买家主要包括以下几种类型：

（1）创业型买家。在欧美、澳洲等成熟市场，这种创业型买家越来越多，它们对进口没有经验，对如何采购、清关并不熟悉，所以更需要合作伙伴，而不仅仅是供应商。

（2）自有品牌商。这类买家的规模已经达到一定级别，它们从外部采购一些非核心的部件，以降低成本；它们有一定的采购量，同时对价格敏感，要求合规和准时。

（3）贸易型买家。这类买家没有固定的销售品牌，它们对市场十分敏感，发现哪些产品好卖或具有潜力就立刻采购，再销售给个人消费者。

（二）敦煌网

敦煌网网址：www. dhgate. com。

敦煌网网址

敦煌网成立于2004年，是中国首个跨境电商B2B平台，致力于帮助中国中小企业通过电子商务平台走向全球市场。敦煌网CEO王树彤是中国最早的电子商务行动者之一，曾在1999年参与创立卓越网并出任第一任CEO。平台销售产品品类主要包括电子产品、手机及配件、计算机、婚礼用品等，主要目标市场为欧美发达国家市场。敦煌网开创了“为成功付费”的在线交易模式，突破性地采取佣金制，免注册费，只在买卖双方交易成功后收取费用。敦煌网开辟了一条全新的国际贸易通道，让在线交易变得更加简单、更加安全、更加高效。

作为中国B2B跨境电商平台的首创者，敦煌网致力于引领产业升级。敦煌网提出，真正的电子商务不仅要解决交易问题，还要提供专业化的，具有行业纵深、区域纵深、服务纵深的服务以及最好的客户体验。目前，敦煌网已经达到140多万国内供应商、4 000万种商品、遍布全球230个国家和地区的1 000万买家在线购买的规模。

（三）环球资源

环球资源网址：www. globalsources. com。

环球资源成立于1971年，2000年在纳斯达克上市，是一个B2B多渠道整合推广的媒体公司，致力于发展中国对外贸易，以有效的、多渠道的方式，向买家推广供应商信息。其核心业务是通过网站、展会、杂志等媒体推动出口贸易，包括环球资源网站、印刷及电子杂

环球资源网址

志、采购资讯报告、买家转场采购会、贸易展会等。环球资源拥有多年的国际贸易经验，利用全面的产品采购咨询，通过出口推广服务和贸易媒体连接供应商与买家，并提供良好的服务。平台对供应商诚信状况要求严格，并同时提供广告创作、网上内容管理等支持服务。

环球资源收费较高，但流量突出，查询稳定，供应商及买家实力均较强，买家多来自发达国家，利润空间较大。除了可以在平台首页通过产品关键词搜索买家之外，环球资源最具特色的即为可以提供市场资讯报告，帮助企业及时了解热门产品趋势、竞争对手动态，以及跟踪买家线索。

（四）中国制造网

中国制造网网址：www.made-in-china.com。

中国制造网址

中国制造网成立于 1998 年，由焦点科技开发运营，总部位于南京，分为国际站和内贸站。在国际站中，凭借庞大的信息数据库、高效便捷的服务，帮助买卖双方建立商业联系，为中国供应商和全球采购商提供中国产品的电子商务服务，目前已经成为全球采购商采购中国制造产品的重要渠道。中国制造网专注于服务买家和出口推广，弘扬中国制造产品，促进全球贸易发展，为全球买家提供优质的供应商和中国产品信息。

中国制造网创建以来以 made-in-china 的域名给全球采购商强烈的直观印象，利用互

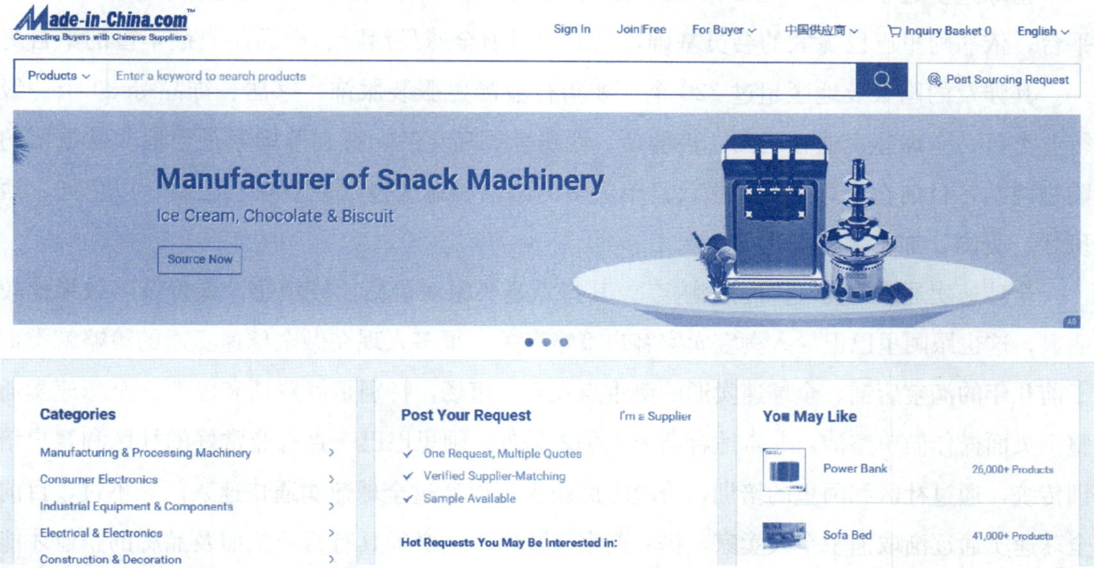

联网将中国产品推向全球买家，并帮助中国出口企业，特别是众多中小企业提升综合竞争力。同时，不断开拓及完善其境外仓储、物流系统，致力于为供应商提供整套供应链服务。

二、主流跨境电商 B2C 平台比较

（一）全球速卖通（AliExpress）

全球速卖通网址

全球速卖通网址：www. aliexpress. com。

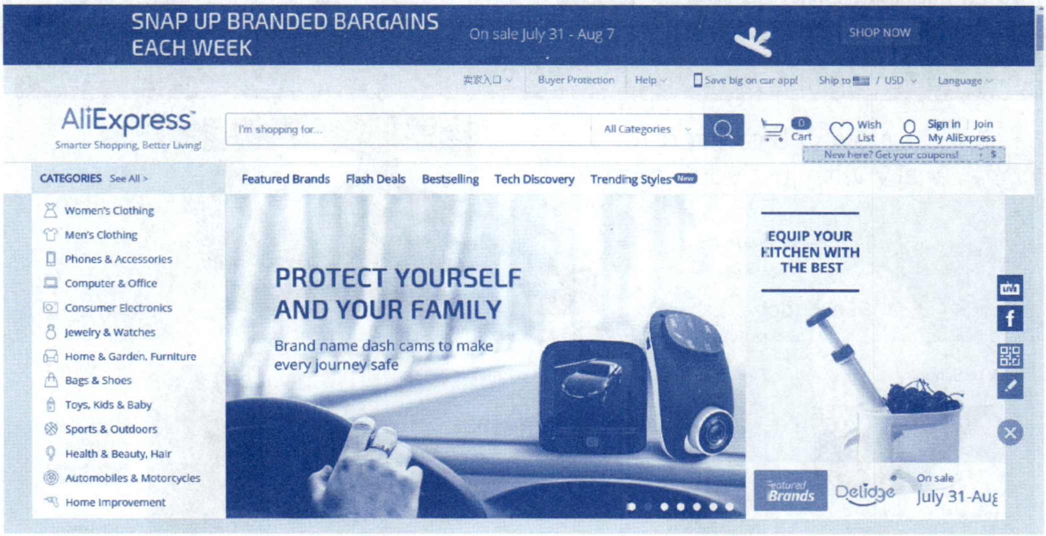

全球速卖通于2010年正式上线，是阿里巴巴旗下面向全球市场打造的在线B2C交易平台，依靠阿里巴巴庞大的会员基础，已成为目前全球最活跃、产品品类最丰富的平台之一。其涉及的国家及地区超过220个，涉猎行业涵盖服装服饰、家居、饰品等30个一级行业类目。全球速卖通在巴西、俄罗斯、西班牙、乌克兰、智利等国家是当地非常重要的购物网站，目前在全球速卖通平台订单最多的国家和地区包括俄罗斯、巴西、以色列、西班牙、美国、加拿大、法国等。

全球速卖通被称为“国际版淘宝”，其特点是买家对价格比较敏感，低价策略效果比较明显，这也跟阿里巴巴导入淘宝卖家客户策略有关，很多人现在做全球速卖通的策略就类似于前几年的淘宝店铺。全球速卖通的侧重点在新兴市场，特别是俄罗斯和巴西。全球速卖通整个页面操作简单整洁，非常适合新人上手。另外，阿里巴巴一直有非常好的社区和客户培训传统，通过社区和阿里的培训，跨境电商新人可以通过全球速卖通快速入门。不过，目前全球速卖通逐渐取消了个人卖家，提升商家入驻门槛，必须具有营业执照及品牌的企业才能入驻。全球速卖通推出年费制度和年费返还措施，即一方面按照经营大类设置年费，提高准入限制；另一方面通过年费返还等激励措施，提升优质中国品牌的收益和影响力。通过多项动态考核指标，确保全球速卖通卖家持续优胜劣汰。

（二）亚马逊（Amazon）

亚马逊网址：www. amazon. com。

亚马逊网址

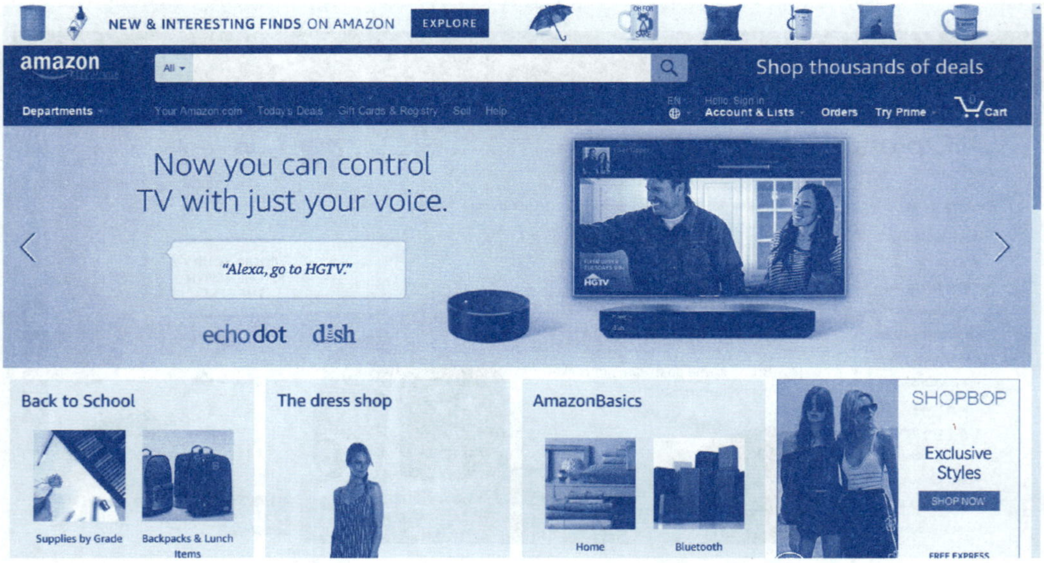

亚马逊总部位于美国华盛顿，1995 年亚马逊成立之初只经营书籍销售业务，目前已扩展到了范围相对广泛的各品类产品。作为全球电子商务的鼻祖，亚马逊对于整个世界的影响力是巨大的，中国外贸人选择跨境 B2C 平台首先认识的也是亚马逊。目前亚马逊拥有包括美国、加拿大、墨西哥 3 国的北美站，包括英国、法国、德国、意大利、西班牙 5 国的欧洲站，以及日本站等共 14 个国家站点，其“全球开店”计划为中国卖家提供各方面支持，帮助他们顺利开展跨境电商业务。另外，亚马逊推出 Amazon Business，面向企业客户，销售工厂、医院、学校和办公室需要的各类物品，拓展跨境电商 B2B 业务。

亚马逊对于卖家的要求是比较高的，比如对产品品质、品牌等方面的要求，手续也比全球速卖通等平台复杂。亚马逊卖家分为专业卖家和个人卖家两种，各国站点的收费标准有所不同，如美国站，专业卖家每月固定收取 39.99 美元；个人卖家则免收月租，按照每笔订单 0.99 美元手续费收取费用。对于成熟的亚马逊卖家，最好先注册一家美国公司或者找一家美国代理公司，然后申请联邦税号。注册成为亚马逊卖家需注意如下几点：卖家最好有比较好的供应商合作资源，供应商品质非常稳定，最好有很强的研发能力；亚马逊的开店比较复杂，并且有非常严格的审核制度，如果违规或者不了解规则，不仅会有封店铺的风险，甚至会有法律上的风险，因此开店前最好先接受专员培训，以了解开店政策及知识；亚马逊要求一台电脑只能登录一个亚马逊账号；亚马逊店铺产生的销售额全部保存在亚马逊自身的账户系统中，若需提现必须要有美国本土银行卡，一些代理机构可提供此项服务；卖家需要有较好的外贸基础和资源，包括稳定可靠的供应商资源、美国本土人脉资源等；卖家最好具有一定的资金实力，并且有长期投入的心态。

（三）eBay

eBay 网址

eBay 网址：www.ebay.com。

eBay 是面向全球的在线拍卖及购物网站，于 1995 年在美国加利福尼亚州创立，1997 年正式更名为 eBay。eBay 在全球的服务站点包括其美国主站点及中国、澳大利亚、加拿大、法国、德国、韩国、新加坡等 26 个全球站点，中国官网为 eBay.cn。eBay 平台市场面向全球，对于中国卖家，主要集中于美国和欧洲等较成熟的市场，因此该平台消费者具备一定的购买力，消费观念及习惯成熟，各流程服务及配套设施完善。相应的，消费者对产品及购物体验的要求也较高，因此卖家在选择产品时不仅仅要考虑质量、口碑等产品自身因素，还需提供高标准的服务。eBay 平台囊括的产品行业极为丰富，产品品质涉及各个档次，一般来说，具有特色或高性价比的产品

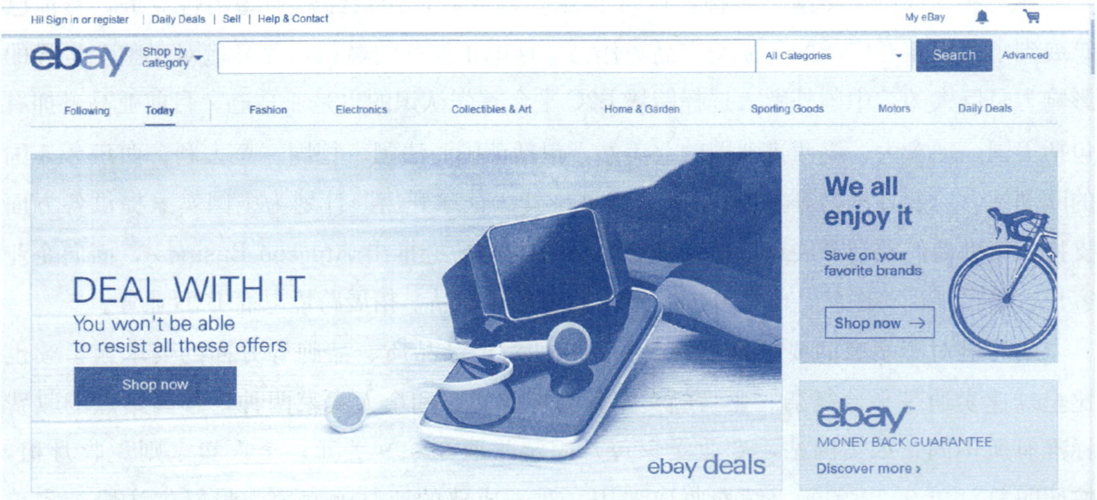

最能引起 eBay 买家的关注。

相对于亚马逊，eBay 的开店手续较为简单。同时，eBay 规则较为偏向买家，因此如果产品存在较大的售后隐患，很容易出现问题。在付款方式上 eBay 卖家通常选择 PayPal。eBay 的开店门槛较低，但是需要准备的资料和手续比较多，如发票、银行账单等。开店是免费的，但上架产品需要收费。eBay 的销售方式包括“拍卖”和“一口价”两种，针对不同的销售方式，eBay 向卖家收取的费用也有所不同。对于 eBay 的选择，可考虑产品在欧洲和美国市场是否具有优势。eBay 操作比较简单，投入不大，适合具有一定外贸资源的卖家选择。

（四）Wish

Wish 网址

Wish 网址：www.wish.com。

Wish 总部位于美国，是基于移动端的跨境电商平台，其移动端用户占比 95%以上，成功实现随时、随地、随心购物，更好地抓住了平台买家的碎片化时间。与其他平台相比，Wish 淡化了品类浏览及搜索元素，将更多的精力放在了关联推荐上。当新用户注册登录时，Wish 就会让其选择感兴趣的类目，之后对用户的浏览记录进行跟踪，了解用户的偏好和习惯，从而精准地向其推荐可能感兴趣的产品信息。Wish 买家一般倾向于无目的浏览，看到喜欢的产品便购买，因而 Wish 不涉及关键词流量。

Wish 平台核心品类包括服装、珠宝、手机、礼品等，大部分都是从中国发货。其主要吸引力是价格便宜，并且提供独特的推荐方式，产品品质较好。Wish 平台主要的

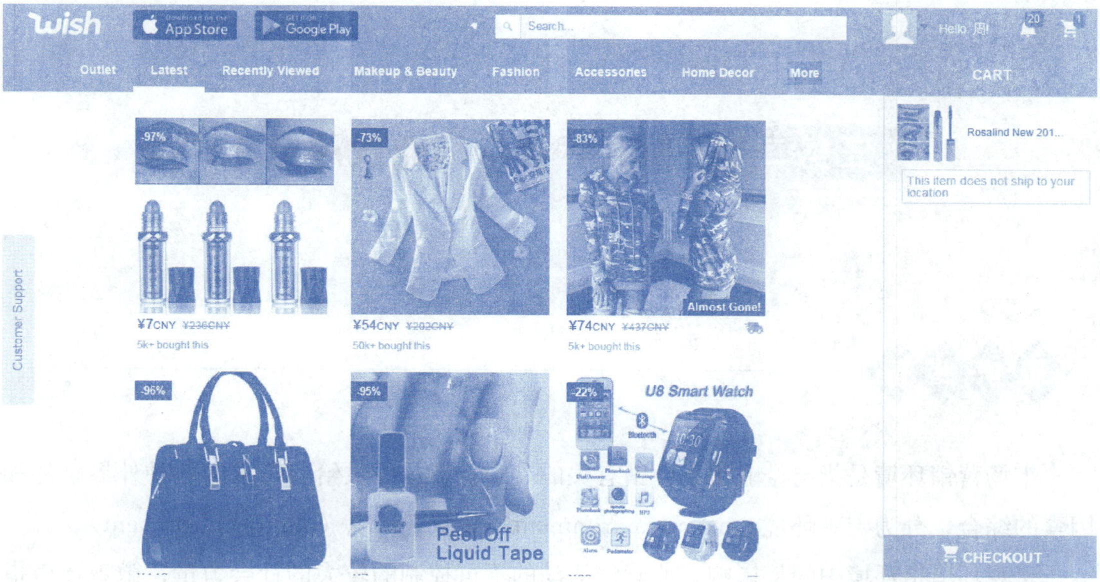

市场是欧美地区客户，以女性买家为主，约占 80%，年龄处于 18～30 岁。就目前的移动互联网优势来看，Wish 未来的潜力是非常巨大的。其特点包括：Wish 利用智能推送技术，为 App 客户推送他们喜欢的产品，真正做到点对点的推送，因此客户下单率和满意度较高；由于客户并不想花太多时间在自己不喜欢或者不需要的产品上，因此 Wish 一次显示的产品数量比较少，客户体验非常不错，通过这样的精准营销，卖家短期内可以获得销售额的暴增。目前，Wish 向卖家免费开放注册，对每笔成交的交易收取佣金。

跨境电商平台各具特点，中国出口卖家应根据自身产品属性及各平台优势、规模、推广能力、配套服务、费用等因素综合考量。如服装为阿里巴巴国际站的优势品类，平台具有会员众多、访问量大的优势；电子产品、礼品为环球资源的优势品类，该平台在欧美市场较具有优势；eBay 平台使用 PayPal 进行在线支付，具有收款便捷的优势，等等。

实战演练

1. 请从注册条件、品类范围、优势品类、平台特色几方面对目前主流跨境电商 B2B 及 B2C 平台进行比较。

2. 请对思拓跨境电商科技有限公司的产品及目标市场进行分析，选择合适的跨境电商平台。

任务二 宏观环境与行业发展分析

知识储备

市场营销环境是指与企业市场营销有关的，影响产品的供给与需求的各种外界条件和因素的综合，分为宏观环境（macroenvironment）和微观环境（microenvironment）。

宏观环境指环境中间接影响企业营销活动的不可控制的较大的社会力量；微观环境指环境中直接影响企业营销活动的各种行动者。跨境电商企业需了解自身所处环境及趋势，以避开和消除环境威胁，抓住和利用环境机会。

一、宏观环境分析

宏观环境包括政治环境、经济环境、法律环境、文化环境、自然环境、科技环境六大方面。

（一）政治环境

包括政治形势、重大或突发政治事件、政治稳定性、政府相关政策、国际关系、参加国际组织情况等都会对国际市场营销产生重大影响。

联想收购 IBM 全球 PC 业务的波折

（二）经济环境

跨境电商企业需综合关注本国、目标市场国及国际经济环境对企业经营发展的影响。

恩格尔定律

（三）法律环境

跨境电商企业需关注与企业国际市场营销推广相关的法律、条约、惯例、争端解决方式等。

日本“肯定列表制度”

（四）文化环境

跨境电商企业需关注目标市场国的语言文字、社会结构、宗教信仰、价值观念、风俗习惯等对产品营销推广的影响。

微软的教训

（五）自然环境

跨境电商企业需重视自然资源分布、自然条件、气候状况、地形地势、地理位置等对企业营销推广产生的影响。

（六）科技环境

科学技术是第一生产力，科技的发展为市场营销带来了新产品、新渠道。一种新技术的应用，可以为企业创造一个明星产品，产生巨大的经济效益；也可以迫使一种成功的传统产品退出市场。在国际贸易中，出口技术含量高的产品将为企业、国家创造更大的利润。

二、 行业发展分析

中国各行业产品在不同时期、不同国家及地区、不同平台跨境出口的状况各不相同，但具有一定的规律。从近年的情况来看，中国出口跨境电商卖家所售产品品类主要有：3C产品，包括手机、平板、电脑、电池、数据线、适配器、耳机、鼠标、键盘、散热架、外壳、贴膜、按键贴等周边产品，以及路由器、网卡、USB接收器、遥控器、监控器、蓝牙音箱、音频转换器、内存条、摄像头、电子烟、门铃等；服装服饰，包括服装、鞋子、手套、围巾、帽子等；珠宝首饰，包括项链、吊坠、戒指、耳坠、手表、头饰、美甲片等；玩具，包括毛绒玩具、电子玩具、成人玩具、动漫玩具、遥控赛车和飞机等；户外用品，包括小工具、水杯、帐篷、登山包等；家居园艺，包括家具、净水机、工艺品、收纳盒、相框、仿真花、家纺用品、衣架、烛台、陶瓷杯、闹钟、花园工具等；汽车周边产品，包括导航仪、行车记录仪、尾灯、氙气灯等；灯光照明，包括手电筒、激光笔、投光灯、装饰灯、水族灯、工作灯、手提灯、台灯、灯泡等。

从不同国家、地区来看，目前，美国市场最热门的五大细分品类依次为服装及配饰，手机及配件，珠宝首饰、手表，电脑，电子消费产品。英国市场最畅销的中国产品除了鞋服及配饰，还包括家装用品、电脑、通信类产品。澳大利亚市场中汽车配件则挺进了细分品类TOP5的榜单。从新兴市场来看，服装、手机、电子消费产品等仍是最主要的商品，基本与成熟市场重合，但在排名上有所差别。以色列市场中服装、鞋帽及配饰最畅销，其次为手机及其配件、电子产品、电脑、珠宝首饰。阿根廷市场前五大热门品类中还包括商业类产品，排在第四位，仅次于服饰、电子产品和电脑。北欧市场的代表挪威，汽配产品成为第二大受欢迎品类。

从不同跨境电商平台来看，其优势行业也各不相同，中国制造网的优势行业为机械类产品；阿里巴巴国际站则在轻工业产品方面更为专业；环球资源的优势行业为电子产品；全球速卖通所涉猎的行业仅一级类目就达30个，其中服装、鞋包、电子、手机通信、珠宝手表、电脑网络、家居、美容健康、灯具、汽车及摩托车配件等为其优势行业。

实战演练

1. 请从政治、经济、法律、文化、自然、科技六方面为思拓跨境电商科技有限公司进行宏观环境分析。

2. 请根据思拓跨境电商科技有限公司的产品，进行行业发展分析。

任务三 微观环境与竞争者分析

知识储备

一、微观环境分析

（一）微观环境成员

微观环境是环境中直接影响企业营销活动的各种行动者，主要包括供应商、竞争者、营销中介、顾客及公众（见图3-1）。

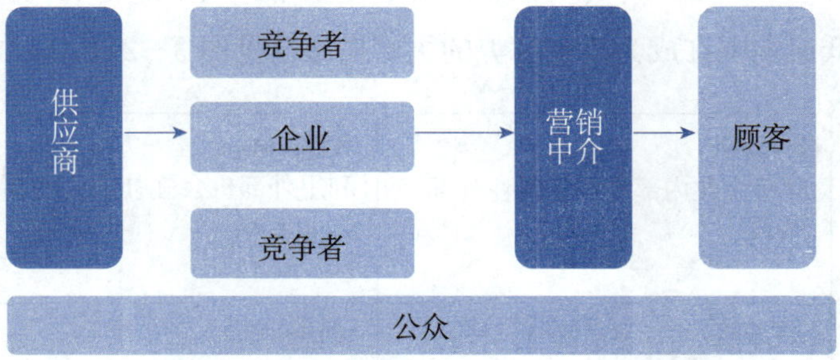

图 3－1　微观环境成员

（二）环境分析方法

环境分析即分析企业宏观环境和微观环境中的环境威胁和市场机会。环境威胁指环境中不利于企业发展的现实或潜在的特质和变化；市场机会指能为企业带来盈利可能的环境变化的特征和趋势。企业面对环境机会的对策即在环境中发现和创造商机；面对环境威胁的对策则包括减轻策略、转移策略和反抗策略。常用的环境分析工具包括 SWOT 分析、环境威胁矩阵图、市场机会矩阵图等。

1. SWOT 分析

SWOT 分析方法是一种企业战略分析方法，S 即 strength，代表优势；W 即 weakness，代表劣势；O 即 opportunity，代表机会；T 即 threat，代表威胁。其中优势、劣势为内部因素，机会、威胁则为外部因素。SWOT 分析包括如下三个步骤：

（1）分析环境因素。

运用各种调查研究方法，分析出企业所处的各种环境因素，即内部能力因素和外部环境因素。

（2）构造 SWOT 矩阵。

将调研得出的各种因素根据轻重缓急或影响程度等排序，构造 SWOT 矩阵。SWOT 分析可形成如下四种不同类型的战略：SO 优势-机会战略，是发展企业内部优势与利用外部机会的战略，是一种理想的战略模式。当企业具有特定方面的优势，而外部环境又为发挥这种优势提供有利机会时，可以采取该战略。WO 劣势-机会战略，是利用外部机会来弥补内部劣势，使企业改变劣势而获取优势的战略。当存在外部机会，但由于企业存在一些内部劣势而妨碍其利用机会，可采取措施先克服内部存在的劣势。ST 优势-威胁战略，是指企业利用自身优势，回避或减轻外部威胁所造成的影响。WT 劣势-威胁战略，是一种旨在减少内部劣势，回避外部环境威胁的防御性战略。当企业存在内忧外患时，往往面临生存危机，降低成本也许成为改变劣势的主要措施（见图 3－2）。

	优势S	劣势W
机会O	SO战略 利用企业内部优势去抓住外部机会	WO战略 利用外部机会弥补企业内部劣势
威胁T	ST战略 利用企业内部优势，避免或减轻外部威胁	WT战略 克服内部劣势和避免外部威胁

图 3－2　SWOT 矩阵

（3）制订行动计划。

在完成环境因素分析和 SWOT 矩阵的构造之后，便可以制订相应的行动计划了。制订计划的基本思路是，发挥优势因素，克服劣势因素，利用机会因素，化解威胁因素；考虑过去，立足当前，着眼未来。运用系统分析的方法，将排列与考虑的各种因素相互联系并加以组合，得出一系列企业未来发展的可选择对策。

2. 环境威胁矩阵图和市场机会矩阵图

任何企业都面临着若干的环境威胁和市场机会，然而，并不是所有的环境威胁都有同样的严重性，也不是所有的市场机会具都有同样的吸引力。企业可以利用环境威胁矩阵图和市场机会矩阵图来加以分析、评价。

环境威胁矩阵图的横轴代表出现威胁的可能性，箭头方向表示可能性增大；纵轴代表威胁潜在的严重性，表示企业面临的困境，箭头方向表示严重性加剧（见图 3－3）。市场机会矩阵图的横轴代表机会带来成功的可能性；纵轴代表机会潜在的吸引力，表示拓展市场的潜在能力（见图 3－4）。

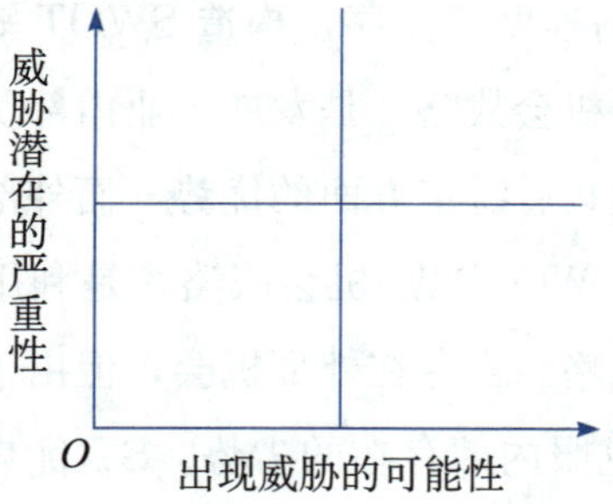

图 3－3　环境威胁矩阵图

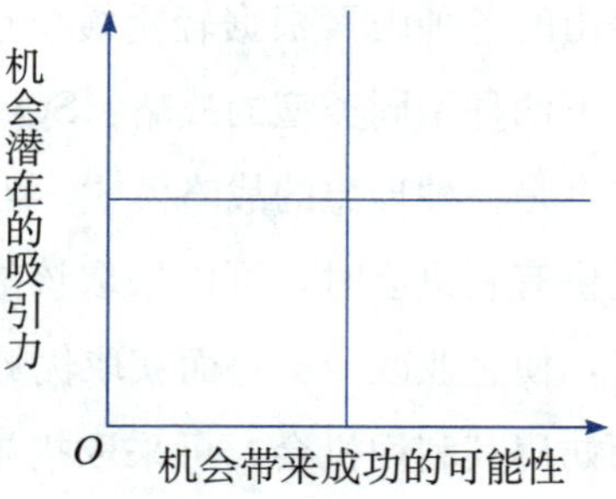

图 3－4　市场机会矩阵图

运用上述方法对企业面临的环境威胁及市场机会进行分析和评价，可能会出现四种不同的结果。理想的企业，处于理想的经营状态，即高机会、低威胁；冒险的企业，处于高机会、高威胁的状态；成熟的企业，处于成熟状态，即低机会、低威胁；困难的企业，处于困难状态，即低机会、高威胁（见图 3－5）。

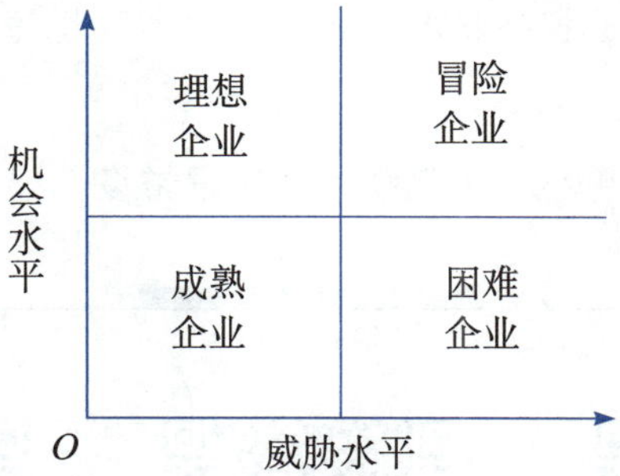

图 3－5　环境威胁与市场机会分析

案例

丰田公司环境分析

丰田汽车公司最初开拓美国市场时面临的国际市场营销环境及其动向如下，请判断其中的环境威胁与市场机会：

1. 美国几家汽车公司名声显赫，实力雄厚，在技术、资金方面有着其他公司无法比拟的优势。

2. 美国汽车公司的经营思想是：汽车应该是豪华的。其汽车体积大、耗油多。

3. 除了美国几家大型汽车公司外，较大的竞争对手还有已经先期进入美国市场的另一家日本汽车公司，该公司已在东海岸和中部地区站稳了脚跟。该公司成功的原因主要有：以小型汽车为主，汽车性能好，定价低；有一个良好的服务系统，维修服务很方便，成功地打消了美国消费者对外国车“买得起，用不起，坏了找不到零配件”的顾虑。

4. 该日本汽车公司忽视了美国人的一些喜好，汽车的许多地方还是按照日本人的习惯设计的。

5. 日美之间不断增长的贸易摩擦，使美国消费者对日本产品有一种本能的不信任和排斥。

6. 美国人的消费观念正在转变，他们将汽车作为地位、身份象征的传统观念逐渐减弱，开始转向实用化。他们喜欢腿部空间大、容易驾驶且平稳的美国车，但又希望大幅度减少用于汽车的耗费，如价格低、耗油少、耐用、维修方便等。

7. 消费者已意识到交通拥挤状况的日益恶化和环境污染问题，倡导乘公共汽车和骑自行车的人逐渐增多。

8. 美国家庭规模正在变小，小规模家庭数量增多。

柯达沉没，富士为何青春依旧　　身价百万的人　　发垃圾财的年轻人

二、竞争者分析

跨境电商企业在进行竞争者分析过程中，不能仅将眼光局限于现有竞争者，而应对企业整体竞争状况进行综合分析。

波特五力模型（five forces）是迈克尔·波特（Michael Porter）于20世纪80年代初在他的一本经典巨著《竞争战略》中首次提出的，并应用于竞争战略分析，可以有效地分析企业的竞争环境。波特五力模型中所指的五种竞争力量分别是：供应商讨价还价的能力、购买者讨价还价的能力、现有竞争者、潜在竞争者的威胁、替代品的威胁（见图3-6）。

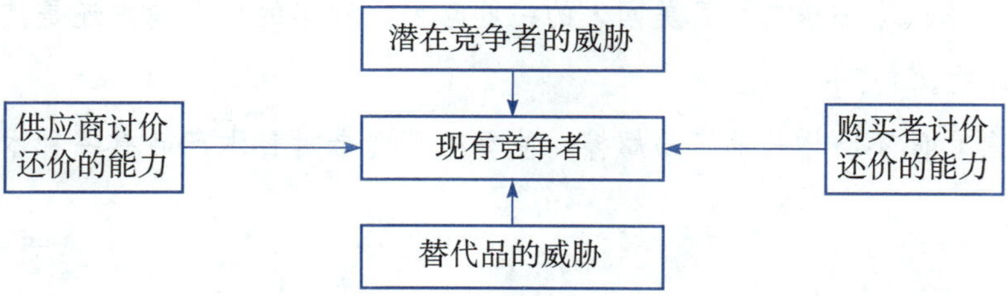

图3-6　波特五力模型

实战演练

1. 请利用 SWOT 分析法对思拓跨境电商科技有限公司在全球速卖通平台经营店铺所面临的优势、劣势、机会及威胁情况进行分析。

2. 请利用波特五力模型对目前思拓跨境电商科技有限公司在阿里巴巴国际站平台经营店铺的竞争状况进行分析。

任务四 消费者分析

知识储备

一、消费者购买行为模式

消费者可分为个人消费者和集团购买者两大类，其消费行为各具特点。个人消费者是指满足个人或家庭需要而购买商品或劳务形成的市场，即跨境电商 B2C 平台买家；集团购买者是指工商企业为从事生产、销售等业务活动以及政府部门和非营利组织为履行职责而购买产品和服务所构成的市场，即跨境电商 B2B 平台买家。

集团购买者包括产业用户、中间商及政府部门，其中产业购买者的购买行为最为复杂。与集团购买者相比，个人消费者具有购买目的的非营利性、选择商品的非专家性、消费需求的层次性、商品之间的可替代性、参与者的广泛性、消费需求的流行性等特点。

案例

可口可乐的配方更换行动

1981 年，罗伯托·郭思达就任可口可乐公司的首席执行官。他上任伊始便宣称：可口可乐已没有任何值得沾沾自喜的东西了，公司必须全面进入变革时代，突破口便是数十年来神圣不可侵犯，但如今已不适应时代的饮料配方。

1982 年，可口可乐开始实施代号为“堪萨斯计划”的划时代营销行动。2 000 名调查员在全美十大城市调查顾客是否愿意接受一种全新的可乐。其问题包括：如果可口可乐增加一种新成分，使它喝起来更柔和，你愿意吗？如果可口可乐将与百事可乐口味相仿，你会感到不安吗？你想试一试新饮料吗？调查结果显示，只有 10%～12%的受访者对新口味可口可乐表示不安，有一半人认为以后会适应新可口可乐。可口可乐公司受到鼓舞，技术部门在 1984 年拿出了全新口感的样品。新饮料采用了含糖量更高的谷物糖浆，更甜，气泡更少，柔和且略带胶粘感。在接下来的第一次口味测试中，品尝者对新可口可乐的满意度超过了百事可乐。调查人员认为，新配方的可口可乐至少可以将原有的市场占有率提升一个百分点，即增加 2 亿美元的销售额。

更换百年配方毕竟意义重大，为了万无一失，可口可乐公司又进行了一次由 13 个城市的 19.1 万名消费者参加的口味大测试。在众多未标明品牌的饮料中，品尝者更青睐新配方，新可乐以 61%∶39%的压倒性优势战胜老可乐。这使可口可乐公司下定了推出新配方可乐的决心。

在成功经营了 99 年后，1985 年 4 月 23 日，可口可乐公司在纽约市林肯中心举行了盛大的新闻发布会，主题为“公司百年历史中最有意义的饮料营销新动向”。郭思达豪情万丈地宣布：“最好的饮料——可口可乐，将要变得更好!”公司董事长伯特·戈伊朱埃塔说：“即使是最好的，也可以做得更好。”与此同时，新可乐取代老可乐上市。

共有 700 多名记者出席了新闻发布会。24 小时之内，81%的美国人知道了可口可乐改变配方的消息，这个比例甚至超过了 16 年前阿波罗登月时的 24 小时内公众获悉率。全美轰动。70%以上的美国人在新可乐问世的几天内品尝了它，规模之大超过了任何一种新产品面世时的尝试群体。对美国人来说，这是一件大事。然而，对于可口可乐公司而言，这却是一场噩梦的开始。

大出所料，新可乐上市 4 小时之内，可口可乐公司就接到抗议改变可乐配方的电话 650 个，并很快发展到每天接到上千个抗议电话；到 5 月中旬，抗议电话多达每天5 000 个；6 月，这个数字上升为 8 000 多个。数万封抗议信也随之而来，大多数美国人表达了同样的意见：可口可乐背叛了他们。“重写《宪法》合理吗？《圣经》呢？在我看来，改变可口可乐配方，其性质一样严重。”为此，可口可乐公司不得不新开辟数十条免费热线，雇用了很多公关人员来处理这些抱怨与批评。

人们的震惊与愤怒无法收拾。《新闻周刊》发表大标题为“可口可乐乱弹琴”的文章。人们纷纷表示，作为美国的象征、美国人的老朋友，可口可乐如今被抛弃了。有人建立了美国老可口可乐饮用者协会，身着印有抗议文字的T恤，公然将新可乐倒在大街上；在休斯敦棒球场，人们面对大屏幕上新可口可乐的广告嘘声四起；在更多的地方，人们开始囤积已停产的老可口可乐，导致其价格一涨再涨；歌词作者皮卡德因其《老可口可乐最好喝》的唱片畅销，一夜暴富。

老对头百事可乐幸灾乐祸，甚至宣布4月23日为公司假日，并称既然新可口可乐的口味更像百事可乐了，那么可口可乐的老顾客不如直接改喝百事可乐好了。

可口可乐公司大惑不解。市场调查部门紧急出动。新的市场调查结果显示，在5月30日前还有53%的顾客声称喜欢新可乐，可到了6月，一半以上的人说他们不喜欢了。到7月，只剩下30%的人说喜欢新可乐。1985年6月底，新可乐的销量仍不见起色，在传媒的煽风点火下，民众的愤怒情绪继续蔓延。焦头烂额的可口可乐公司决定恢复传统配方的生产，定名为“经典可口可乐”(Coca-Cala Classic)，同时继续生产新可乐。到1985年年底，超市里经典可乐的销量是新可乐的两倍。到1990年，新可乐的市场份额只占2%。

（一）消费者黑箱

微课：消费者购买行为模式

消费者黑箱又称购买者黑箱，是指消费者在受到外部刺激后所进入的心理活动过程，由于内在的心理活动对于企业来说是一种看不见、摸不着、不透明的东西，故称之为黑箱（见图3-7）。

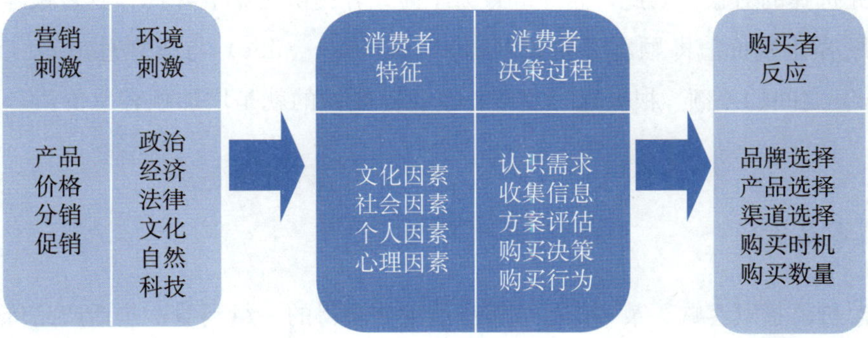

图3-7　消费者黑箱

“黑箱”概念只具有相对的意义：同一系统对于不同主体来讲，可能是黑箱，也可能不是黑箱；随着主体认识的提高，黑箱也可转化为灰箱或白箱。对于企业来讲，对消费者购买行为的分析和研究最重要的恰恰是对消费者黑箱中发生的情况的分析和研究，以便采取适当的市场营销刺激，使消费者产生有利于企业市场营销的反应。

经验表明，消费者黑箱中主要包括如下两方面的内容。

1. 消费者特征

消费者特征包括文化因素、社会因素、个人因素及心理因素四个方面。影响消费者行为的文化因素包括民族传统、宗教信仰、风俗习惯、教育层次、价值观念、社会阶层等；社会因素包括相关群体、家庭、社会角色与地位等；个人因素包括年龄、职业、收入、生活方式、个性等；心理因素包括动机、需要、知觉、态度、信念等。

微课：消费者特征

2. 消费者决策过程

消费者决策过程包括认识需求、收集信息、方案评估、购买决策、购买行为五个阶段，企业需在消费者决策的不同阶段采取不同的策略，对消费者形成针对性的有效刺激，以促进产品销售。

（二）顾客让渡价值

顾客让渡价值（customer delivered value）由菲利普·科特勒在《营销管理》一书中提出。他认为消费者对商品的选择不仅仅基于商品的品质、价格或者偏爱，而是由各种综合因素共同决定的。消费者真正看重的是顾客让渡价值，顾客让渡价值最大的产品会成为消费者优先选择的对象。因此，企业应致力于向顾客提供比竞争者具有更多顾客让渡价值的产品。顾客让渡价值即顾客总价值（total customer value）与顾客总成本（total customer cost）之间的差额。根据这一理论，企业需要做的就是增加顾客总价值，降低顾客总成本。

1. 顾客总价值

顾客总价值指顾客购买某一产品或服务所期望获得的一组利益，包括产品价值、服务价值、人员价值、形象价值。

（1）产品价值。

产品价值是由产品的质量、功能、规格、式样等因素所产生的价值。产品价值是顾客需求的核心内容之一，是顾客选择商品或服务所考虑的首要因素。

（2）服务价值。

服务价值是指企业向顾客提供满意服务所产生的价值。从服务的基本形式看，可分为核心服务与追加服务两大类。核心服务是消费者所要购买的对象，如理发、住宿。追加服务是伴随产品实体的购买而发生的服务，是技术和产品的附加物，如产品介绍、送货、安装、调试、维修等。

（3）人员价值。

人员价值是指企业员工的经营思想、知识水平、业务能力、工作效率与质量、经营作风以及应变能力等所产生的价值。

（4）形象价值。

形象价值是指企业及其产品在社会公众中形成的总体形象所产生的价值，形象价值是企业各种内在要素质量的反映。包括包装、商标、工作场形象等有形形象，及员工素质、企业文化、管理哲学等无形形象。

2. 顾客总成本

顾客总成本是指顾客为购买某一产品所耗费的时间、精神、体力以及所支付的货币资金等，包括货币成本、时间成本、精神成本和体力成本等。要实现最大程度的顾客让渡价值，仅仅创造价值还是远远不够的，与此同时，企业还应该设法降低顾客总成本。

（三）马斯洛需要层次理论

马斯洛需要层次理论是美国心理学家亚伯拉罕·马斯洛于1943年在《人类激励理论》中提出的一种关于人的需要结构的理论。他将人的需要分为五个层次：第一层次为生理需要，指满足个体对食物、衣服等基本生存的需要；第二层次为安全需要，指满足个体免于身体和心理危害恐惧的需要，如安全防护用品及设施、社保、医保等；第三层次为社会需要，指满足个体与他人交往的需要，如友谊、爱情、归属感；第四层次为尊重需要，指满足他人对自己的认可，及自己对自己的认可的需要，如追求地位、威信、自信等的需要；第五层次为自我实现需要，指个体将自身潜能充分发挥的需要，包括追求成功、成就梦想等。其中，前三个层次为缺乏型需要，只有满足了这些需要个体才能感到基本舒适；后两个层次为成长型需要，主要是追求个体的成长与发展。

一般来说，这五种需要像阶梯一样，从低到高。低一层次的需要获得满足后，就会向高一层次的需要发展。只有在较低层次的需要得到满足之后，较高层次的需要才会有足够的活力驱动行为。而已经满足的需要，便不再是激励因素。这五种需要不是每个人都能满足的，越是靠近顶部的成长型需要，满足的百分比越少。同一时期，个体可能同时存在多种需要，因为人的行为往往是受多种需要支配的，但每一个时期总有一种需要占支配地位。

二、主要目标市场消费者特点

出口跨境电商面对的是国外消费者，是否能够了解这些消费者的消费心理、消费习惯、消费取向对于中国卖家具有着至关重要的意义。目前，美国、加拿大、英国、法国、德国、日本、韩国、俄罗斯、巴西等国家是中国卖家开展跨境电商的重要出口国。同时，东南亚、中东、非洲等地区，人口基数庞大，电子商务逐渐兴起，也将成为中国跨境电商出口的重要市场。各主要目标市场消费者特点如下。

（一）北美跨境电商消费者特点

北美市场是中国跨境出口的主要市场，全球约37%的跨境在线买家集中在北美。其中美国是世界上最大的电子商务市场之一，在线买家数量众多，在线消费能力极强，市场容量非常大。美国人较少储蓄，而且很多人都会办理多张信用卡进行超前消费，因此也使得美国成为全球最大的消费品市场。

因为历史的原因，美国存在着大量的移民，他们来自不同的国家和地区，拥有不同的文化习俗，所以他们对市场上的商品拥有很强的接受度，非常愿意尝试和购买新产品，只要产品的质量和品质确实不错，他们就会记住这个牌子，以后有需要的时候进行重复购买。

另外，美国消费者非常重视商标和专利，中国的跨境卖家千万不要在这方面铤而走险。如果在当地建立了仓储或是售后点，还要注意环保、税务、劳工等方面的问题。美国电商的最大节日都集中在下半年，比如圣诞节、网购星期一、黑色星期五等，这些节日是美国电商平台的销售旺季，加在一起能够占到全年销售额的三分之一以上。

（二）南美跨境电商消费者特点

南美共有十几个国家和地区，大部分属于发展中国家，总人口在5.7亿左右，是跨境电商的一个新兴市场。随着当地互联网普及程度的日益增加，南美的跨境电商消费群体也在不断增长，一些年轻的南美消费者的消费能力并不比中国差，而且移动终端购物的人群比例也在增长。另外，南美消费者并不倾向于将资金进行储蓄，这种习惯与中国人不同，所以这也给中国的跨境卖家带来了一定的商机，只是南美的物流始终处在相对落后的状态。

巴西作为世界人口大国之一，以 2.09 亿人口排名世界第五，其 GDP 排名南美第一。近几年，巴西在支付和物流方面的基础建设正在逐步完善，基于这一点，其潜在的市场红利还有被进一步挖掘的可能性。从热销品类来看，巴西消费者热衷于化妆品、手机、电器、家具等产品，特别是手机和平板电脑的需求量较大。

（三）欧洲跨境电商消费者特点

欧洲的 8.2 亿居民中有 5.3 亿互联网用户，2.59 亿在线购物用户。欧洲国家众多，各国地域较小，人口较少，任何一个国家都不太可能有足够的空间支持一家独立的大型本土电商，这带给了中国及其他外来跨境电商平台很好的机会。欧洲相对发达地区的线下商业、服务业人力成本较高，相比之下跨境电商贸易具有明显的价格优势。

英国是世界上主要的贸易国家之一，也是联合国安理会五大常任理事国之一，英国人非常具有绅士风度，在生活和工作中温文尔雅，同时计划性很强，特别看重礼仪，比较关注产品细节，追求产品的质量和实用性。近几年以来，英国电商在快速发展着，网络下单和支付规模不断刷新以往的纪录。据统计，有 80%以上的英国网民都在网络上有过多次购物的行为，这个比例在 G20 国家中是非常之高的。通过手机和平板电脑进行网购，是目前英国电商增速最快的领域。最受英国消费者欢迎的产品为包括服装、配饰等各类时尚商品。做英国市场的中国跨境电商卖家，可以按照英国消费者的习惯、喜好、风俗文化、消费特征等条件进行本地化运营，了解英国的历史和节日，在这方面策划相应的活动，或许会取到意想不到的效果。

法国消费者一般会在网站上直接搜索自己想要的产品，准确、全面和富有吸引力的产品信息能够更有效地吸引他们，他们的网购目的性相对而言比较强，很多时候都是确定了想要购买什么产品才去网上进行购买的。法国网上购物的客户群主要集中在 25～40 岁，女性客户多于男性客户。因为法国旅游业很发达，所以很多法国消费者购买的产品都与旅游、文化和服务有关，当然也有一些法国人购买 3C、服装、美容类的产品。其在线购物中倾向于关注产品图片、价格、快速下单流程，价格低廉及免运费会是打动法国消费者的有效手段。在法国，银行卡支付是主流的在线支付方式，其他的支付方式法国人使用的比较少。当然 PayPal 是个例外，它在法国在线支付市场上大行其道，是除银行卡支付以外的第二大支付方式。

德国的市场规模占据欧洲市场的 25%。从消费者年龄来看，24～54 岁年龄段的德国网民最为热衷网上购物。热销产品方面，德国在线销售 No.1 的产品是书籍，流行服饰以 1.8%的差距屈居第二。从对平台的喜好来看，在德国拥有约两万名员工、9 个大仓的亚马逊占据了绝对强势的市场占有率。支付方面，德国是众多发达国家中支付方式最多的国家。虽然德国网购族大部分都持有信用卡，但是德国人在结算方式选择上相对保守，相较于信用卡支付，德国消费者更喜欢网银转账、货到付款等结算方式。德国人严谨、专业，具备工匠精神，其本土的产品已经足够优质了，所以外国的产品要想在德国市场上立足，就需要在品质上精益求精，才能得到德国消费者的认可。德国的退货率很高，将近 50%，这与德国的法律和消费习惯有关。德国的法律规定网购时，消费者可以将没有开封的商品在 14 天内退回，而德国人也经常会购买多个颜色或者尺码的产品，在试用过后将不满意的产品退掉。德国人的消费观念相对其他国家较理性，冲动消费和购买奢侈品的人比较少。此外，德国人很看重节日，每当重大节日时都会跟朋友互赠礼物，借此联络和增进感情。在开展跨境电商营销推广方面，社交媒体营销及电子邮件营销方式运用需谨慎，与其他欧洲国家相比，德国社交媒体渗透率较低，仅为 37%。另外，近 20%的不相关邮件会被作为垃圾邮件丢弃，比其他欧洲国家高很多。

西班牙是欧洲第五大电商市场，且对中国商品的认可度较高。西班牙跨境电商网购人群中男性居多，年龄集中在 25～34 岁，品类上对 3C、服装、户外用品的需求量最大。在物流方面，除四大快递可顺利抵达西班牙，欧洲专线 PRX 的高性价比也可助中国卖家一臂之力。多种国际物流方式的选择，让中国卖家在开拓西班牙市场时无须担心发货方面的压力。支付方面，信用卡支付是西班牙买家跨境电商支付的首选，其支付方式便捷，支付渠道畅通。西班牙本土电商平台较多，但价格较高，为中国卖家对西班牙的跨境出口创造了机会。

(四) 亚洲跨境电商消费者特点

日本人口数量为 1.3 亿左右，是仅次于美国和中国的世界第三大电商市场。其本土有乐天这样的电商巨头，大部分的消费者会选择在亚马逊和乐天这样的大型电商平台进行购物，只有极少部分会在谷歌等搜索引擎上搜索产品，或是选择独立的小型购物平台。日本网上购物的支付方式主要为信用卡和网银支付，目前使用手机上网的人数已经超过了电脑上网的人数，所以他们也会经常使用手机进行网上购物。实际上，在全球普及以前，日本人就已经开始使用NFC（近距离无线通信）等创新型的支付方式了，以NTT DOCOMO为代表的移动运营商，也在手机支付产业链中占据极其重要的地位。日本信用卡普及率较高，互联网普及率高达81%，网络消费意愿非常强，只要中国跨境卖家有针对性地选择产品，筛选出好的渠道，就有可能在这块大蛋糕上分得一杯羹。

韩国的网速多年位于世界第一位，互联网使用率超过80%，而且他们当中的大部分都会网购，网上购物市场非常发达。相对于其他网络设施比较落后和网购习惯尚处于培养阶段的国家而言，韩国市场更容易进入一些。韩国女性人口在2 500万以上，是跨境网购消费的主要群体，女性服装、美妆、饰品等都是很受欢迎的产品。不过韩国人的在线支付方式比较封闭，一般只使用韩国国内银行，Visa卡和MasterCard卡用得都很少。

印度的市场还处在起步阶段，但增长速度很快。印度的PC互联网时代非常短暂，随着智能手机的普及，已经向移动互联网时代转型了．使用手机购物的人群比例在逐渐增加。目前印度的互联网用户数量已达到3亿，但在线购物的比例还不到1%。他们比较青睐的中国商品有书籍、服饰、鞋帽、化妆品以及消费类电子产品等，中国制造的优势在这里发挥得淋漓尽致。

东南亚人口众多，是一个典型的多语种的区域，中国跨境卖家想要开拓东南亚市场，多语种的跨境电子商务运作就变得非常重要。东南亚本土电商发展较好，如Lazada就是当地最受欢迎的在线购物网站，目前Lazada已被阿里巴巴集团所收购。东南亚的互联网买家大部分都是基于移动端，其移动端的交易比例在62%以上，因此进军东南亚市场，适应当地的移动消费群体的习惯和需求是很重要的。当前东南亚还是一个非常具有前景和吸引力的消费市场，进入壁垒略高，未来的增长空间值得期待。

（五）俄罗斯跨境电商消费者特点

俄罗斯是全球面积最大的国家，横跨亚欧两大洲，其国内的重工业和轻工业比例严重失衡，对日常消费品的进口需求很大，这其中包括服装、鞋子、配饰、电子产品等。目前俄罗斯共有1.44亿左右的人口，全球排名第九，市场容量和规模巨大。俄罗斯社交网络发达，SNS（社交网站）普及率达42%，其中VK（VKontakte）最为流行，中国卖家可借此开展营销推广。

俄罗斯市场在支付和物流方面存在障碍。由于俄罗斯人对网络支付的安全性持有怀疑态度，所以很少有人使用电子支付，仍是以现金支付方式为主。俄罗斯小包的时效在20～30天，物流体系的不完善由此可见一斑。

俄罗斯网购人数约占其总人口数的2%，比较关注产品的性价比，在产品的选择上会有一定的滞后性。过去在中国网站上购买跨境商品的多是一些低端的消费人群，现在俄罗斯一些主流的消费人群也渐渐开始在线上购买商品了，这也给中国跨境卖家带来了不少的机会。近年来俄罗斯市场变得更加包容和开放了，这让中国卖家有了更深入地开拓俄罗斯市场的可能性，比如设立一些办事机构，或者寻找一些当地核心的合作伙伴进行渠道的开拓，甚至开展品牌的售后服务等。

（六）中东跨境电商消费者特点

中东地区的人口基数庞大，市场广阔，消费者的平均年龄较低，因此适合年轻人的产品在当地较为畅销，比如玩具等，迎合年轻人追求新奇、潮流和时尚需求的产品在中东地区也有不错的销量。

由于互联网的高普及率，中东地区的居民跨境网购行为较为频繁，尤其是当地的产油国，物资缺乏但很富裕，也造成了他们对于网购的热情。中国的跨境卖家要抓住这个机遇，在中东市场上大有可为。

（七）非洲跨境电商消费者特点

非洲人口众多，其中南非和尼日利亚的网络零售发展速度居于非洲的领先位置，是非洲重要的新兴市场，当地有越来越多的居民参与到了跨境购物之中。

非洲在基础设施和物流网络等方面的建设还不是很完善，可以选择的物流方式非常有限。当前非洲的一些国家正在这两方面进行改善，相信随着跨境电子商务的持续发展，以及中产阶级日益增长，非洲会步入一个全新的跨境购物时代。

非洲消费者和俄罗斯一样，对互联网支付的安全性持有不信任的态度，因此在非洲消费者的网购行为中，货到付款是非常普遍的支付方式。从这个层面来说，非洲的电商市场仍需要很长一段时间的培养。

微课：市场调研与分析方法 part 1

微课：市场调研与分析方法 part 2

实战演练

请从经济发展、性格特点、文化禁忌、热销品类、支付及物流现状、重要节日几方面对思拓跨境电商科技有限公司的全球速卖通店铺排名前五的消费者市场进行比较分析。

思拓跨境电商科技有限公司的全球速卖通店铺消费者市场分析表

序号	消费者市场	经济发展	性格特点	文化禁忌	热销品类	支付及物流现状	重要节日
1							
2							
3							
4							
5							

项目学习成果评价

一、课堂表现评价

重点考查学生到课情况、回答问题情况、小组合作情况。将全班同学分成若干小组来组织教学，每个小组需要设计队名，每次课在黑板上画出下表。每次课都有评价，评价内容包括：只要本组同学回答问题并回答正确，就给全组加分；每组同一个人不能连续回答问题，必须换人回答才能给本组加分；如果回答错误，其他小组可以回答；小组讨论表现最好的（一组）和较好的（两组）加分；当堂课小组全勤的加分。每项分值由教师指定，每次课堂结束后由学习委员在分数记录册上进行记录，最终形成该小组分数。

课堂表现评价表

小组	回答或解决问题	小组讨论表现	小组全勤	合计
小组一				
小组二				
小组三				
小组四				
小组五				
小组六				
小组七				
小组八				
小组九				
小组十				

二、任务实战演练评价

重点考查学生每个实战演练任务是否能按时全面完成、完成质量如何、是否提交可视化学习成果。任务实战演练的评价将作为项目学习成果评价的重要内容。

任务实战演练评价量表

评价标准	完全符合（90～100 分）	基本符合（70～89 分）	基本不符合（60～69 分）	完全不符合（59 分及以下）
任务全面完成，步骤无遗漏				
任务成果装订整齐，排版规范，无错别字				
任务完成步骤正确，逻辑清晰				
按时上交任务可视化成果（文档、照片、视频等）				
方案可实际操作				
演示陈述思路清晰、有条理				
符合法律与平台政策				
符合道德伦理要求				
成本较低				
有创新				
合计				

三、项目学习成果评价

项目学习成果评价汇总表分数将作为学生项目学习成果得分，每个小组完成项目学习的可视化学习成果将会存档。

项目学习成果评价汇总表

小组	任务一	任务二	任务三	课堂表现	总评
小组一					
小组二					
小组三					
小组四					
小组五					
小组六					
小组七					
小组八					
小组九					
小组十					

项目四

营销推广内容策划

项目背景

“黑色星期五”即将到来，思拓跨境电商科技有限公司专门组建了策划团队，负责“黑色星期五”活动策划。小李作为策划团队的成员开始跟老业务员们一起根据公司产品的特点进行营销组合策略的设计，开展具体推广活动的策划，准备视频、图片、文案等营销推广资料。

学习目标

◎ 知识目标

1. 说明 4P、4C、4R、4I 营销组合策略；
2. 阐述产品策略；
3. 阐述价格策略；
4. 阐述分销策略；
5. 阐述促销策略。

◎ 技能目标

1. 能根据产品特点进行营销组合策略设计；
2. 能完成具体推广活动的策划；
3. 能合理运用视频、图片、文案等宣传资料。

◎ 素养目标

1. 能够利用计算机等工具进行日常办公和信息收集处理；
2. 能合理运用翻译、视频编辑等相关工具辅助工作；
3. 具备一定的创新能力和学习能力，善于发现和解决问题；
4. 遵守职业道德，服从公司规章制度；
5. 具备创新意识、思路开阔；
6. 能主动表达意愿、沟通想法、协调关系；
7. 能吃苦耐劳、承受压力。

◎ 预期学习成果及支撑 CLO

项目预期学习成果	课程预期学习成果（CLO）	参考学时
1. 能开展包括产品策略、价格策略、分销策略、促销策略等全方位的营销组合策略设计	CLO 5	4
2. 能结合跨境电商相关节日、活动，开展专题推广活动策划	CLO 6	4
3. 能在营销推广活动中合理借助视频、图片、文案	CLO 6	4

任务一 营销组合策略设计

知识储备

一、4P、4C、4R、4I、新 4P

（一）4P

市场营销组合策略是企业对可以控制的各种营销因素的综合运用，尽管企业的市场营销手段很多，但是归纳起来主要是以下四方面，即市场营销 4P 策略：

（1）产品策略（product）；

（2）价格策略（price）；

（3）分销/渠道策略（place）；

（4）促销策略（promotion）。

（二）4C

从消费者角度出发，以 4C 一一对应经典的 4P。

（1）暂不考虑你所能制造的产品，而是考虑顾客想购买的产品，真正重视消费者（consumer）；

(2) 暂不考虑价格策略，而去了解消费者为满足其需要而愿意付出的成本 (cost)；

(3) 暂不考虑渠道策略，而去思考如何让消费者最方便 (convenience) 地购得商品；

(4) 暂不考虑怎样促销，而思考怎样才能与消费者最有效地沟通 (communication)。

因此，市场营销 4C 策略为：消费者 (consumer)、成本 (cost)、方便 (convenience)、沟通 (communication)。

(三) 4R

4R 营销理论以关系营销为核心，注重企业和客户关系的长期互动，重在建立顾客忠诚，包括如下四个要素。

1. 关联 (relevance)

企业与顾客是一个命运共同体，建立并发展与顾客之间的长期关系是企业经营的核心理念和最重要的内容。

2. 反应 (reaction)

在相互影响的市场中，对经营者来说最现实的问题不在于如何控制、制订和实施计划，而在于如何站在顾客的角度及时地倾听和完成商业模式的转移，形成高度回应需求的商业模式。

3. 关系 (relationship)

在企业与客户的关系发生了本质性变化的市场环境中，抢占市场的关键已转变为与顾客建立长期而稳固的关系。与此相适应产生了五个转向：从一次性交易转向强调建立长期友好合作关系；从着眼于短期利益转向重视长期利益；从顾客被动适应企业单一销售转向顾客主动参与到生产过程中来；从相互的利益冲突转向共同的和谐发展；从管理“营销组合”转向管理“企业与顾客的互动关系”。

4. 报酬 (reward)

任何交易与合作关系的巩固和发展，都是经济利益问题。因此，一定的合理回报既是正确处理营销活动中各种矛盾的出发点，也是营销的落脚点。

市场营销 4R 策略即为：关联 (relevance)、反应 (reaction)、关系 (relationship)、报酬 (reward)。

（四）4I

网络整合营销 4I 原则为：

（1）趣味（interesting）；

（2）利益（interests）；

（3）互动（interaction）；

（4）个性（individuality）。

（五）新 4P

反映全方位营销理念的新 4P 强调如下四个方面：

（1）人员（people），强调内部营销，员工对营销的成功至关重要；

（2）流程（process），提出需建立一套科学、规范的流程，以指导营销活动或项目的开展，来确保先进的思想、观念真正发挥作用；

（3）项目（program），既包括传统 4P，也包括其他营销活动；

（4）绩效（performance），包括一系列可以从财务角度和非财务角度进行测量的结果指标，如利润、品牌资产、顾客资产、社会责任、法律、道德、社会关联等。

市场营销新 4P 策略为：人员（people）、流程（process）、项目（program）、绩效（performance）。

二、产品策略

产品策略包括产品整体概念、产品组合策略、品牌策略、产品生命周期策略、包装策略、新产品开发策略等。

（一）产品整体概念

狭义的产品是指人们从事生产经营活动的直接而有效的物质成果。广义的产品是指能够提供给市场，以满足消费者需求的各种有形物品和无形服务，是消费者得到的物理的、心理的、服务上的及象征性特征的集合体。

产品整体概念包括五个层次，如图 4－1 所示。

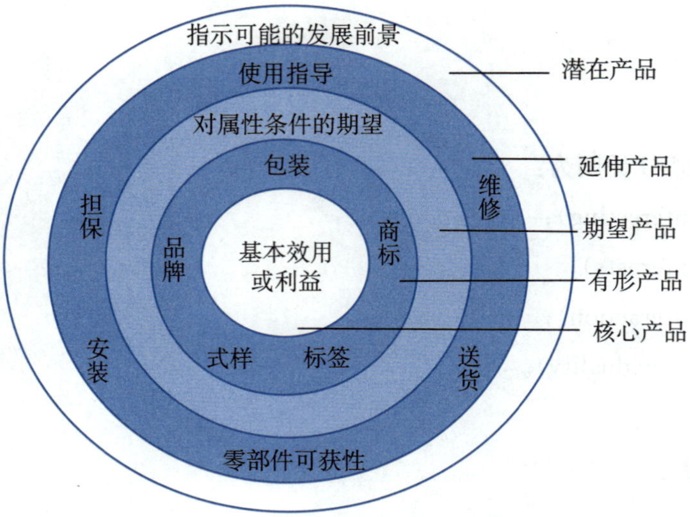

图 4-1 产品整体概念图

1. 核心产品

是指产品能够提供给消费者的基本效用或益处，是消费者真正想要购买的基本效用或益处。

2. 有形产品

是产品在市场上出现时的具体物质形态，主要表现在品质、特征、式样、商标、包装等方面，是核心利益的物质载体。

3. 期望产品

是顾客在购买产品时通常期望和默认的一整套属性和条件。

不要给我东西

4. 延伸产品

也称附加产品，是指顾客购买产品时得到的附加服务和利益。

5. 潜在产品

包括现有产品所有在将来可能出现的延伸和演进部分，企业未来可在这个层次大有所为。

产品整体概念说明了产品是满足消费者复杂利益的集合，营销人员开发产品应注意产品的整体概念，从而创造出最大限度满足消费者一系列利益的组合。

思考

他的牛奶为什么卖不出去?

一个穿着邋遢的人，推着一辆自行车，在路边摆摊，他用硬纸板树了一个牌子，上面写着：“新鲜牛奶，送货上门”，结果很少路人问津。

请从产品整体概念角度分析，为什么会这样?

产品层次	牛奶	满足情况	顾客情况
核心产品	营养健康	若未满足	无顾客
有形产品	牛奶、包装、销售者、运输工具	若仅满足核心、有形产品需求	有零星顾客
期望产品	干净、美味、送货	若满足	有满意顾客
延伸产品	安排消费者到奶厂旅游	若满足	有偏爱顾客
潜在产品	提供牛奶饮食方法	若满足	有忠诚顾客

（二）产品组合策略（product combination strategy）

1. 产品组合相关概念

（1）产品组合。

产品组合是指一个企业生产和销售的全部产品的结构。它由若干产品线构成，而产品线又由不同的产品项目构成，具有一定的深度、长度、宽度和关联性。企业应定期检查、评估现行的产品组合，分析其能否使企业在未来销售增长、销售稳定与获利三方面均衡发展。

（2）产品线。

由密切相关的满足同类需求的多种产品项目组成。一条产品线就是一个产品类别。

（3）产品项目。

指那些品牌、规格、款式或价格档次有所不同的单个品种。

（4）产品组合的宽度、长度、深度、关联度。

1）产品组合的宽度：企业产品组合中包括几条产品线。

2）产品组合的长度：企业所有产品线中产品项目的总和。

3）产品组合的深度：每条产品线有多少产品项目。

4）产品组合的关联度：各产品线在最终用途、生产条件、分销渠道和其他方面相互关联的程度。

案例

海尔的产品组合

- 海尔集团现有家用电器、信息产品、家居集成、工业制造、生物制药和其他6条产品线，表明产品组合的宽度为6。
- 海尔集团现有15 100种不同类别、型号的产品，表明产品组合的长度是15 100。
- 海尔集团的彩电产品线下有宝德龙系列、美高美系列等17个系列的产品，而在宝德龙系列下，又有29F8D-PY、29F9D-P等16种不同型号的产品，这表明海尔彩电产品线的深度是17，而海尔宝德龙系列彩电的深度是16。
- 海尔集团所生产的产品都是消费品，而且都是通过相同的销售渠道，就产品的最终使用和分销渠道而言，产品组合的关联度较大。海尔集团的产品对消费者来说有各自不同的功能，就这一点来说，其产品组合的关联度小。

2. 产品组合的优化与调整策略

(1) 扩展策略。

即扩展产品组合的宽度和深度，增加产品线或项目，扩大经营范围，以满足市场需要。

亚马逊的扩展策略　　娃哈哈的扩展策略

扩展策略的实施有利于综合利用企业资源，扩大经营规模，降低经营成本，提高企业竞争能力，有利于企业满足客户的多种需求，进入和占领多个细分市场。但扩展产品组合策略要求企业具有多条分销渠道，采用多种促销方式，对企业资源条件要求较高。

(2) 缩减策略。

即从原产品组合中舍弃某条产品线或减少产品项目，缩小经营范围。市场繁荣时期，较长、较宽的产品组合为企业带来更多的盈利机会。但当市场不景气或原料、能源供应紧张时，缩减产品组合反而会使总利润上升。这是因为从产品组合中剔除了那些获利很少甚至亏损的产品线或产品项目，使企业可以集中力量发展那些获利多、竞争力强的产品线和产品项目。

(3) 延伸策略。

每个企业的产品线只占所属行业的整体范围的一部分，每个企业的产品都有特定的产品定位。当一个企业把自己的产品线长度延伸超过现有范围时，我们称之为产品线延伸。产品线延伸策略指全部或部分地改变公司原有产品的市场定位。

延伸策略包括以下几种类型：

1）向下延伸：在高档产品线中增加一些低档产品项目；

2）向上延伸：在原有产品线中增加高档产品项目；

3）双向延伸：原定位于中档产品市场的企业掌握了市场优势后，向产品线的上、下两个方向延伸。

（4）现代化策略。

是指企业随着科学技术和市场需求的变化而对产品的改造、更新。

（5）特色策略。

指在每条产品线上推出一个或数个有特色的项目，以吸引顾客对该条产品线的注意，从而满足不同消费者的需要。

（三）品牌策略（brand strategy）

1. 品牌的含义

品牌是一个企业产品的牌子，用以识别一个或一群出售者的产品或劳务，并以之区别于其他竞争者。

知识链接

品牌与商标

品牌与商标都是用以识别不同生产经营者的不同种类、不同品质产品的商业名称及其标志。品牌是市场概念，实质上是品牌使用者对顾客在产品特征、服务和利益等方面的承诺。商标是法律概念，它是已获得专用权并受法律保护的品牌或品牌的一部分。

2. 品牌的作用

（1）品牌反映一个企业产品实力、形象、特色和质量，因此，品牌具有价值，是企业的无形资产和财富。

（2）品牌代表了企业的个性特征，既有助于企业进行推广宣传，树立良好的企业形象和产品形象，又有助于消费者识别、选购，从而促进销售，占领市场。

（3）品牌表明了企业及其产品的特征，有助于促进消费者产生消费偏好，培养消费者对产品的忠诚感，建立稳定的顾客群，增加重复购买，扩大销售。

（4）品牌形成后，既有利于促使企业保持良好的产品品质，也有利于提高竞争力，维护企业和消费者的合法权益，还便于消费者对产品进行评价和监督。

（5）品牌反映不同企业产品质量、特点、等级，有利于营销者按品牌质量实行区别定价，名优品牌的商品还会使消费者显示其生活档次和品位，获得心理满足。

（6）品牌产品的零部件都注有品牌的标志，其质量水平和各项指标是相同的，有利于产品的更换与维修。

品牌价值 VS 全球品牌价值榜

金利来 Goldlion

案例

联想 Lenovo

1988 年，联想给自己取英文名为 Legend，“在香港创立的时候，就知道有很多 Legend 公司了。”创始人柳传志当年只想让公司有个响亮的英文名字，他没想到联想今后的规模会如此庞大。

到了 2001 年，走国际化发展之路已成为联想战略规划的重点，此时的“Legend”变成了联想海外扩张的第一个绊脚石。在欧洲几乎所有国家，“Legend”都已经被注册过了，而且注册范围涵盖了电脑、食品、汽车等多个领域，回购根本就不可能。

于是联想专门请美国的一家专业公司为其策划整体的品牌思路。

Intel、Sony 等很多国外企业在取名的时候，都采取了自己“造词”的办法，并最终让这些“莫名其妙”的字母变得家喻户晓，联想打算走同样的道路。

在 40 多个自造词语中，Lenovo 脱颖而出。2004 年 4 月，联想集团的英文名称由 Legend 改为现在的 Lenovo。“le”取自原先的“Legend”，承继“传奇”之意；“novo”是一个拉丁词根，代表“新意”，整个词语寓意为“创新的联想”。同年，联想将新 logo 在全球范围内注册。

3. 品牌策略的类型

微课：品牌策略

（1）品牌化策略。

品牌化策略就是确定有无品牌策略，即是否应该给产品设计、确定一个品牌。有品牌的商品一般更容易得到消费者信任；而考虑成本的节省也可以不使用品牌。

（2）品牌归属策略。

捷安特的品牌之路

也称品牌所有权策略，企业在决定使用品牌后，需决策使用谁的品牌，有三种可供选择的策略：

1）生产商品牌；

2）中间商品牌；

3）特许品牌。

（3）品牌关联策略。

如果企业选择使用自己的品牌，还面临着进一步的选择，决定其产品是分别使用不同的品牌，还是统一使用一个品牌。

王老吉的品牌归属

1）统一品牌策略（多品一牌）：企业所有产品都使用统一品牌。

2）个别品牌策略（一品一牌）：企业的每一类产品使用不同品牌，适用于产品类别跨度较大的企业。

3）多品牌策略（一品多牌）：企业为其同一类产品分别使用不同品牌。

4）主副品牌策略（主牌＋副牌）：企业为不同产品使用不同品牌，但在其品牌前均冠以统一的企业品牌名称。

（4）品牌延伸策略。

品牌延伸策略指企业利用其成功品牌的声誉来推出改良产品或新产品。由于消费者对品牌有一定好感，所以新产品可以借助其品牌效应在节省促销费用的情况下顺利进占市场。

（5）品牌变更策略。

全部或部分调整或改变品牌原有市场定位，将目标市场转移到另一个细分市场。

思考

下列企业分别使用了哪一种品牌关联策略？

- 希尔斯公司将器具类产品命名为“肯摩尔”，将女性服装类产品命名为“瑞溪”，将家庭设备类产品命名为“家艺”。

- 海尔集团将其家电类产品命名为“海尔小神童”“海尔小王子”“海尔先行者”。
- 可口可乐公司的饮料使用“可口可乐”“雪碧”“芬达”“酷儿”等品牌。

4. 基于跨境电商的自主品牌塑造

中国的货物出口贸易自2009年超越德国以来，就一直居于世界首位。然而，这仅能说明中国是一个“贸易大国”，而非“贸易强国”。体现在出口产品的技术含量低，许多机电及高新技术产品都属于加工贸易，以及出口产品的品牌化程度低，大部分都是OEM/ODM贴牌产品。

“跨境电商＋自有品牌”是传统外贸企业转型升级的必然方向，没有自有品牌的出口企业仅能依靠互联网做营销代理商和中间商，随着跨境电商的发展，中间商生存的空间将越来越小，自有品牌企业则更加具有生命力。从中国外贸的长远发展来看，务必提升其出口产品的技术含量和品牌化水平。高端技术的提升并非一朝一夕，但一般工业制品的技术基础已经在过去几十年的OEM过程中积累成熟。在传统贸易模式下，由于销售渠道被外商把持，企业自身在海外进行品牌推广的费用及风险极高，使得中小外贸企业的品牌之路举步维艰。然而，跨境电商的发展，为中国众多的外贸企业打造和推广自主品牌提供了便利的平台和绝佳的机会。中国卖家应以跨境电商的发展为契机，制定自身品牌管理体系，围绕研发创新、生产制造、质量管理和营销服务全过程，提升内在素质，夯实品牌发展基础。

打造跨境电商品牌需系统设计以下五大要素：品牌名称、品牌标识、品牌信条、品牌受众、品牌故事。一个品牌需要一个名称，品牌名称是品牌与受众的第一接触点，它是这个品牌独特的名称和专用名词，这是一个品牌个性专属，可以区别于其他同类竞争者。品牌名称可以是一个字，也可以是一组有意义的词的组合。好的品牌名称要简单、易记、有故事。品牌标识，即品牌的图像标识，从图像上区别于其他品牌，从视觉上让受众感受品牌特征，让受众加深在头脑中的印象和记忆。品牌信条，可以是一个理念使命、口号、广告语，还可以是一个定位，品牌信条通常简洁、洗练，同时能明确表达品牌主张的观点和价值观，用来拉近和说服受众。品牌信条可以随着市场和受众不断地产生变化，但始终要符合品牌的核心价值观和准则。品牌受众，即品牌定位的服务对象，明确表达品牌的受众，可以让目标群体快速识别和选择你的品牌。再平凡的产品都有一个故事，再微不足道的创业者/企业都有一个的梦想，一个品牌需要受众传唱，怎么能没有故事呢？为品牌讲一个故事，不管是关于产品、创始人、客户还是其他，只要跟品牌的价值、精神相关都可以，都能塑造品牌的话题、口碑。讲故事的方式不局限于文字、图片、音频、视频，还可以综合起来，以达到最佳效果。同时，讲故事不只是在讲，更重要的是践行，是品牌为受众、社会创造价值，履行对服务的承诺。

中国卖家基于跨境电商的自主品牌塑造可按照如下思路、步骤逐步推进：

（1）根据市场需求及产品优势确定品牌定位、明确品牌受众；

（2）设计独特的品牌名称及 logo，申请商标注册；

（3）传播品牌信条，讲述品牌故事，形成鲜明的品牌内涵及形象；

（4）与消费者在各营销接触点多渠道持续积累，创造积极的品牌形象，不断占据消费者心中独有的位置。

知识链接

知识产权

基于跨境电商开展自主品牌塑造，需具备知识产权意识及相关常识。同时，各跨境电商平台也均对知识产权侵权行为设置了相应的处罚规则。

知识产权（intellectual property right），指权利人对其智力劳动所创作的成果享有的财产权利，一般只在有限时间内有效。各种智力创造比如发明、外观设计、文学和艺术作品，以及在商业中使用的标志、名称、图像，都可被认为是某一个人或组织所拥有的知识产权。

知识产权是智力劳动产生的成果所有权，依照各国法律赋予符合条件的著作者以及发明者或成果拥有者在一定期限内享有的独占权利，包括著作权及工业产权两大类。著作权又称版权，是指自然人、法人或者其他组织对文学、艺术和科学作品依法享有的财产权利和精神权利的总称，主要包括著作权及与著作权有关的邻接权。工业产权则是指工业、商业、农业、林业和其他产业中具有实用经济意义的一种无形财产权，主要包括专利权及商标权。

（四）产品生命周期策略（product life cycle strategy）

1. 产品生命周期

产品生命周期就是产品从进入市场到退出市场所经历的市场生命循环过程，进入和退出市场标志着周期的开始和结束。企业不能期望其产品永远畅销，因为一种产品在市场上的销售情况和获利能力并不是一成不变的，而是随着时间的推移发生变化，这种变化经历了产品的诞生、成长、成熟和衰退的过程，就像生物的生命历程一样，所以称之为产品生命周期。

（1）投入期。

新产品投入市场，便进入了投入期。此时顾客对产品还不了解，除了少数追求新奇的顾客外，几乎没有人实际购买该产品。在此阶段产品生产批量小，制造成本高，广告费用大，产品销售价格偏高，销售量极为有限，企业通常不能获利。

（2）成长期。

当产品销售取得成功之后，便进入了成长期。这是需求增长阶段，需求量和销售额迅速上升，生产成本大幅度下降，利润迅速增长。

（3）成熟期。

经过成长期之后，随着购买产品的人数增多，市场需求趋于饱和，产品便进入了成熟期。此时，销售增长速度缓慢直至转而下降，由于竞争的加剧，导致广告费用再度提高，利润下降。

（4）衰退期。

随着科技的发展、新产品和替代品的出现以及消费习惯的改变等原因，产品的销售量和利润持续下降，产品进入衰退期。产品的需求量和销售量迅速下降，同时市场上出现替代品和新产品，使顾客的消费习惯发生改变。此时成本较高的企业就会由于无利可图而陆续停止生产，该类产品的生命周期也就陆续结束，至最后完全撤出市场。

2. 产品生命周期各阶段特点

产品生命周期各阶段特点如表 4－1 所示。

表 4－1　产品生命周期各阶段特点表

特点	投入期	成长期	成熟期	衰退期
市场需求状况	新产品上市试销，销售量非常低	市场规模急速扩大，销售量快速增长	老顾客更换旧品，只有少数新的消费者，销售增长缓慢	由于新产品的出现，产品的销售每况愈下，销售量迅速下降

续前表

特点	投入期	成长期	成熟期	衰退期
消费者	创新的顾客	早期使用者	市场大众	落伍的顾客
竞争者	竞争对象最少，竞争缓和	竞争对手增加，竞争激烈	竞争对手最多	竞争对手锐减
营销费用	高	低	高	低
利润	无多少实际的收益	单位利润达到最高	单位利润稳定，总利润最大	总利润逐渐降低

3. 产品生命周期各阶段营销策略

处于生命周期不同阶段的产品的营销策略有所不同，具体如表 4-2 所示。

表 4-2　产品生命周期各阶段营销策略表

营销策略	投入期	成长期	成熟期	衰退期
产品策略	基本型为主	改进产品，增加产品种类及服务保证	差异化、多样化的产品及品牌	剔除弱势产品
价格策略	成本加成法	渗透性价格策略	竞争性价格策略	削价策略
分销策略	选择性分销	密集式分销	更加密集	排除不合适、效率差的渠道
促销策略	争取早期使用者，建立品牌知名度	大量营销	建立品牌差异及利益	维持品牌忠诚度

（1）投入期营销策略。

1）利用现有产品提携支持。如随同现有的已博得顾客好评的相关产品免费赠送；将新产品与现有产品合并出售；利用现有产品标签、资料或广告阵带宣传新产品，或将新老产品合并陈列等。

2）利用特殊手段诱使试用。如将新产品免费供给一段时间；特价优惠或到消费者处所免费示范或试用；免费传授使用、维修技术等。

3）利用特殊手段诱使中间商经销。如采取寄售或其他手段，减少中间商进货的风险；给中间商独家经销权；提供广告津贴；派员协助推销或为其训练推销人员等。

4）价格策略可选择以下几种：快速撇脂策略，即高价高促销策略；缓慢撇脂策略，即高价低促销策略；快速渗透策略，即低价高促销策略；缓慢渗透策略，即低价低促销策略。

（2）成长期营销策略。

1）产品策略：改进产品性能，提高产品质量，使产品优于竞争对手。

2）价格策略：降价，吸引对价格敏感的潜在消费者。

3）渠道策略：扩展购买新产品的市场。如扩大推销函购范围；增加经销店和销售渠道，方便消费者购买；巩固销售渠道的地位，加强与销售渠道的联系。

4）促销策略：加强品牌宣传，从“介绍产品”到“建立产品形象”，使消费者对品牌产生偏好。

（3）成熟期营销策略。

1）产品改良策略，亦称产品再推出策略。将产品适当改进，重新推向市场，吸引更多的消费者。

2）市场改良策略，即不改变产品本身，找到新的目标市场，巩固老顾客，赢得新顾客，提高产品销量。如强生公司将婴儿洗发水成功地推销给成人使用。

3）转移生产场地，即把处于成熟期的产品转移到某些生产成本低、市场潜力大的国家和地区。

（4）衰退期营销策略。

1）维持策略，这一时期很多竞争者退出市场，企业可以通过保持及提高质量、服务，维持产品经营；也可缩短产品营销战线，将企业的人力、物力、财力相对集中在最有利润的细分市场上，经营规模相对缩小。

2）放弃策略，可以完全放弃，也可以逐步放弃。

产品的生命周期应该掌握在营销者自己的手中。时间上，从今天看明天；产品上，不断整合创新；策略上，明确所处阶段，调整营销组合；管理上，认可规律，挑战自我，通过合理的策略延长产品生命周期。

知识链接

产品生命周期的其他情况

● 时尚产品生命周期

时尚产品的生命周期通常显示出来也匆匆、去也匆匆的特点。

●“循环-再循环”型产品生命周期

如某产品在导入期大量投放广告，销售额出现了第一次高峰；当销售额开始下降时，厂家及时进行了第二次促销，因此产生了第二个循环周期。

●“成长-衰退-成熟”型产品生命周期

如某产品在首次投入市场时销售量迅速上升，随后就稳定在某一销售水平上，这一销售水平之所以能够持续维持，是因为后期使用者的首次购买和老用户更换产品。

● “扇形”产品生命周期

由于产品的用途随着时间的推移不断得以拓展，从而使得其生命周期不断向前发展。例如，尼龙这种布料从初期的制作衣服之用，后来逐渐拓展到制作降落伞、袜子、地毯等，其销售额也随之节节攀升。

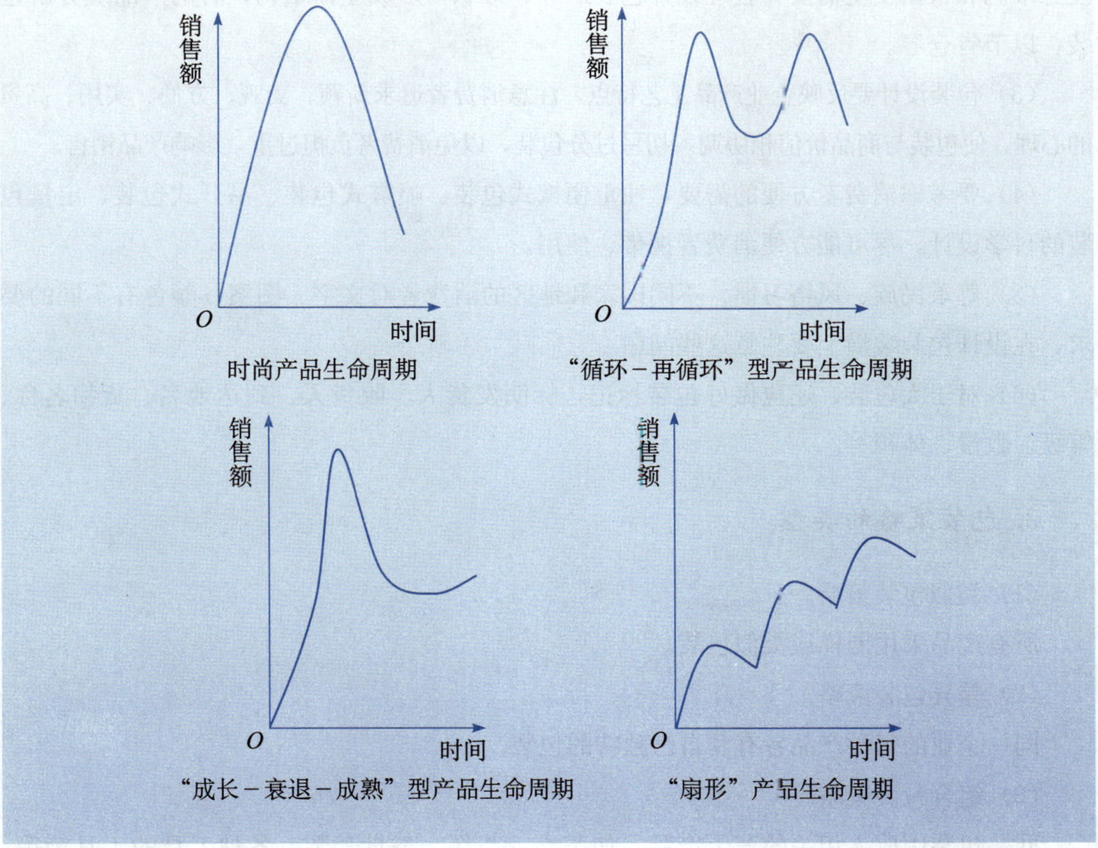

（五）包装策略（packing strategy）

1. 包装的作用

（1）保护产品；

（2）方便储运；

（3）促进销售；

（4）增加利润。

2. 包装的基本要求

（1）产品包装应根据不同的产品特点合理选择包装材料。

（2）包装结构、大小要便于产品储运，切实保护产品。特别是某些不规范的产品，应注意堆码和根据安全需要，合理设计包装尺寸、形状，形成立体结构；有的产品应分解包装，以节省仓容。

（3）包装设计要反映企业产品工艺特点，注意消费者追求新颖、美观、方便、实用、高贵的心理，使包装与商品价值相协调。切忌过分包装，以免消费者负担过重，影响产品销售。

（4）要考虑消费者方便的需要，注重便携式包装、喷雾式包装、易开式包装、定量包装的科学设计，尽可能方便消费者携带、使用。

（5）尊重民族、风俗习惯。不同国家和地区的消费者对文字、图案、颜色有不同的要求，在设计包装装潢上要注意这些问题。

（6）对于大包装，还应做好包装标记，标明发货人、收货人、到达地名、货物名称、等级、数量、体积等。

3. 包装策略的类型

（1）类似包装策略。

所有产品采用同样或类似包装。

（2）差异包装策略。

同一企业的每种产品各有其自己独特的包装。

（3）组合包装策略。

同一包装中放入相关的若干产品。如茶壶、茶杯、茶盘套装，各种工具的工具箱等。企业在推出新产品时，可以与老产品组合包装，使消费者接受、试用。

（4）附赠品包装策略。

在包装内附赠奖券、实物。如儿童用品附赠玩具。

（5）再使用包装策略。

使顾客得到额外使用价值，同时包装物在使用过程中起到宣传作用，增加了消费者重复购买的可能。如设计精美、使用后可继续作为手提袋的包装袋。

（6）等级包装策略。

将产品分为礼品装和简装。

（7）改变包装策略。

根据消费者的需求，在原有基础上改进产品的包装。

（六）新产品开发策略（new product strategy）

1. 新产品

企业向市场提供的较原先已经提供的有根本不同的产品。这种产品具有与其他同类产品不同的特点，并能给用户带来某种新的利益。包括全新产品、换代新产品、改进新产品、仿制新产品。

2. 新产品开发方向

（1）节能产品；
（2）小型和微型产品；
（3）多功能产品；
（4）操作简单的产品；
（5）多样化产品。

3. 新产品开发应遵循的原则

（1）新产品必须有市场潜力；
（2）企业必须有开发和生产能力；
（3）采用国际标准，为打入国际市场创造条件；
（4）具有良好的经济效益。

案例

新型打字机为何不受欢迎？

一家公司生产出一种新型高效率打字机。该公司宣称，这种打字机工艺先进，重要的是在技术上有重大革新，是市场上最先进、效率最高的打字机，将开创打字效率的新时代。

然而，这种打字机却遭到使用人员的坚决抵制，从而导致这家企业销售失败，最后不得不停止生产这种打字机。

性能优越、工艺先进的打字机却不能打入市场，为什么会出现这种情况呢？

经过了解发现，使用这种全新打字机，需要使用人员完全改变他们所熟悉的工作方法。正如我们所有的人一样，打字员也受到人类惰性的影响，产生抵制行为。其实他们知道，只要经过数月的练习，他们的工作效率将会大大提高。不过，几乎没有人会在毫无压力的情况下，放弃自己熟悉的工作方法，而去适应一种全新、陌生并且有相当困难的工作。

新产品开发必须坚持的原则之一是要有市场潜力，包括产品的性能、款式、工艺、操作使用方法均需与市场需求相一致。新型打字机要求使用者完全改变他们熟悉的工作方法，不符合消费者的心理与动机，因而没有被消费者所接受。

4. 新产品开发过程

（1）市场调研。

（2）确定产品开发目标。

（3）进行新产品构思。

进行新产品构思的方式包括发动企业内部职工提供方案、向外征集新产品的构思、组织专门研究和技术攻关、分析其他企业的先进产品等。

（4）筛选新产品构思。

筛选新产品构思时需评价以下内容：新产品的主要性能和预期达到的经济技术指标；新产品的社会效益和给用户带来的经济效益；新产品预期达到的经营目标；新产品的主要用户和销售情况估计；新产品竞争能力的分析；新产品开发所需的资源条件和本企业能力的分析；新产品开发的财务可行性分析；新产品开发的进度表。

（5）试制新产品。

试制新产品阶段包括研制样品和消费试验两项工作。

（6）市场试销。

（7）申请新产品的鉴定。

申请鉴定需具备如下条件：产品经试用（或试销）后，用户反映良好，经国家某一级质量检验部门测试，质量合格；有新产品试制总结报告、技术报告、检验机构的测试报告、用户反映的书面资料；制定了产品技术标准；有完整的产品图纸、全套工艺操作规程和工装模具等技术资料；符合环保和安全卫生要求；有产品成本和经济效果的分析；有产品说明书，其内容包括：产品性能、结构、安装、使用、维修、保管、运输等注意事项。

（8）正式上市。

新产品在正式上市前应做好如下准备工作：将该产品及包装的所有特点详细整理出来，以供有关部门作为备料、制作、检验的依据；最后核定产品的出厂推销价格；制定经费预算；准备大量生产所需的物质技术设备和原料；确定产品推销代理机构、配件供应点和维修点；对经销人员做一定的推销技术训练；制订一套完整的广告宣传计划。

二、价格策略

周大福“一口价”策略

（一）影响定价的因素

1. 成本因素

价格以成本为依据，增加适当利润，即价格＝成本＋利润。

企业产品定价以成本为最低界限，产品价格只有高于成本，企业才能补偿生产上的耗费，从而获得一定盈利。但这不排斥在一段时期个别产品的价格低于成本。侧重考虑成本因素的定价方法，称为成本导向定价法。

2. 定价目标

所谓定价目标，就是每一商品的价格在实现以后应达到的目的，它与企业战略目标是一致的，并为经营战略目标服务，其总的要求是追求利润的最大化。定位目标有以下几种：

（1）以获取利润为定价目标；

（2）以维持或提高市场占有率为定价目标；

（3）以应付和防止竞争为定价目标。

需求价格弹性

3. 市场需求

以市场需求作为定价依据。侧重考虑需求因素的定价方法，称为需求导向定价法。

凯特比勒公司的定价

4. 市场竞争

以竞争对手的价格作为定价依据，侧重考虑市场竞争因素的定价方法，称为竞争导向定价法。

讨论

休布雷伏特加酒的竞争定价

休布雷公司在美国伏特加酒的市场中营销很出色，其生产的史密诺夫酒在伏特加酒的市场中占有率达23%。竞争对手沃尔酿酒公司推出了一种新型伏特加酒，其质量不比史密诺夫酒差，而每瓶酒的价格却比史密诺夫酒低1美元，导致休布雷公司销售业绩受到严重影响。休布雷公司可采取怎样的对策以扭转不利局面？

（二）价格策略的类型

微课：价格策略

1. 新产品定价策略

新产品定价是企业价格策略的关键环节，对新产品能否及时打开销路、占领市场关系重大。一般有三种策略可供选择：

（1）撇脂定价策略。

原子笔的定价策略

名称来自从鲜奶中撇取乳脂，含有提取精华之意。所谓撇脂定价是指在产品生命周期的最初阶段，把产品的价格定得很高，使人们产生这种产品是高档产品的印象，以取得最大利润。采用撇脂定价策略需满足如下条件：

1）市场有足够的购买者，他们的需求缺乏弹性，即使把价格定得很高，市场需求也不会大量减少。

2）高价使需求减少，但不致抵消高价所带来的利益。

3）在高价情况下，仍然独家经营，别无竞争者。

（2）渗透定价策略。

所谓渗透定价是指企业把其创新产品的价格定得相对较低，以吸引大量顾客，提高市场占有率。采用渗透定价策略的条件有：

1）市场需求对价格极为敏感，低价会刺激市场需求迅速增长。

2）企业的生产成本和经营费用会随着生产经营经验的增加而下降。

Timex的定价策略

（3）满意定价策略。

满意定价策略是一种介于撇脂定价策略和渗透定价策略之间的价格策略。其所定的价格比撇脂价格低，而比渗透价格要高，是一种中间价格。这种定价策略由于能使生产者和顾客都比较满意而得名。有时它又被称为“君子价格”或“温和价格”。

2. 心理定价策略

（1）尾数定价策略。

将产品价格尾数定为 8、9 等数字，适用于日用品或低档品，以使消费者心理上感觉便宜，同时觉得价格是精确计算得出的。

（2）整数定价策略。

适用于高档耐用消费品，特别是消费者不太了解的商品，消费者往往以价格高低来衡量产品质量的优劣。整数定价策略是利用消费者相信“一分价钱一分货”和追求方便快速的心理。

（3）特殊数字定价策略。

将产品价格尾数定为 6、8 等消费者喜欢的数字，以满足消费者的心理需求。

（4）声望定价策略。

利用消费者仰慕名牌和“价高质必优”的心理，对在消费者心目中享有声望的产品制定较高的价格，如名烟名酒、高级品牌的香水、珠宝、古董等。消费者购买此类产品时，特别关注其品牌、标价所带来的炫耀价值。

（5）招徕定价策略。

利用求廉心理，降低几种商品价格来吸引顾客，借以带动和扩大其他正常价格产品的销售。如超市规定一些商品为“特价”商品等。

创意药局的定价策略　　**99 美分店的定价策略**

（6）习惯定价策略。

有些商品在消费者心中已经形成了一个习惯价格，符合其标准的价格就会被顺利接受，偏离其标准的价格便会引起疑虑。如一瓶 100 元的香水，生产、销售成本可能只有 10 元，但很少有人愿意去买一瓶 10 元的香水。所以不能完全按成本定价，因为许多消费者是根据价格

巴厘克的定价策略

去判断产品质量好坏的。

3. 折让定价策略

为了鼓励顾客的某些行为，如提早付款、批量购买、淡季购买等，会对基本价格进行修订，实行价格折让。

打 1 折销售

蒙玛公司“无积压商品”定价秘诀

折让定价策略包括以下几种类型：

（1）数量折扣，鼓励顾客一次性大量购买，便于企业大批量生产和销售；

（2）现金折扣，鼓励提前付款，加速资金周转，减少坏账风险；

（3）季节折扣，鼓励顾客淡季购买，以减小企业仓储压力，实现均衡生产和上市；

（4）功能折扣，鼓励中间商充分发挥自己的功能，调动其积极性；

（5）推广津贴，向中间商提供促销津贴。

4. 产品组合定价策略

产品组合即企业所生产或经营的全部产品线和产品项目的总和。产品组合定价策略的核心理念即为寻求整个产品组合获得最大利润，而不是单独某一个产品的利润。

（1）产品线定价。

企业针对不同目标市场的产品以差异化的价格出售，使不同产品项目形成不同的产品形象，吸引不同的顾客群，如相同书籍的平装本、精装本。

（2）互补品定价。

有些产品必须互相搭配使用，才能实现其使用价值。如隐形眼镜与护理液、剃须刀刀架与刀片。此类商品即可采取互补品定价。

（3）成套优惠定价。

又称捆绑定价，可有效刺激消费者成套购买，从而带动不易销售的产品，推动整体销量，减小库存。如工具箱、化妆品套装、名贵药材组合等。

（4）两段定价。

指先收取一定的固定费用，在此基础上再加收另外的可变费用。企业一般设置较低的固定费用吸引顾客，再以较高的可变费用保证利润。如电话费套餐及超出套餐费用，游乐场门票及园区内餐饮、购物等。

（5）选择特色定价。

企业向消费者提供主要产品的同时，提供各种可选择的特色产品，根据消费者特点将二者设计为一高一低，达到最大的总和效益。如主要产品为汽车，可选择特色产品为除雾装置；主要产品为食品，可选择特色产品为酒水等。

5. 地理定价策略

若企业支付运费，则有利于消费者购买，但利润会有所减少；若消费者支付运费，企业利润有所增加，但会不利于消费者购买。在国际贸易中，通过 FOB、CIF、CFR 等价格术语来区别买卖双方所承担的责任、风险和费用。

地理定价策略就是考虑企业与消费者运费负担的平衡问题，主要包括统一交货定价、分区定价、基点定价、津贴运费定价等方式。

三、分销策略

（一）分销渠道

1. 分销渠道的概念

分销渠道是指企业的产品（或劳务）从生产者向最终消费者或者工业用户直接转移所有权时所经过的路线、途径或流转通道（见图 4－2）。

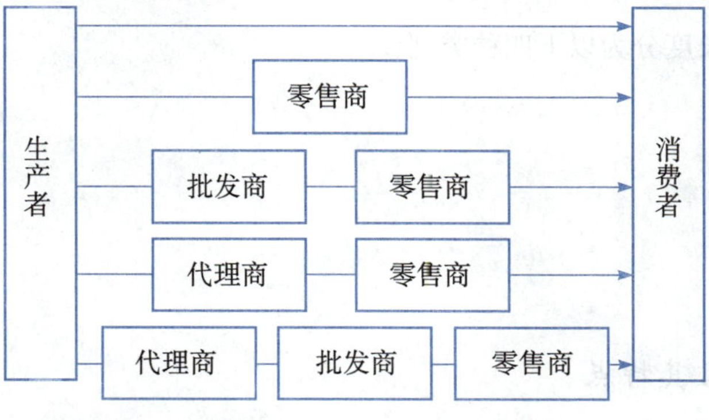

图 4－2 分销渠道

2. 分销渠道的功能

分销渠道的基本功能是实现产品从生产者向消费者用户的转移，并同时具有促销、交易、物流、风险分担等功能。

案例

国美存在的意义

一方面，国美的渠道使得厂家节约网络构建成本。随着国美及类似企业的逐步壮大，生产型企业发觉依靠规范的渠道网络比自己自建网络要节省成本，因为自己花大力气建设的网络在企业单品或系列产品中摊销的费用太高，而国美这样的平台可以承接众多商品的同台竞技。

另一方面，国美的渠道使得消费者节约采购成本。消费者选择国美有两个理由：其一是价格便宜，其二是国美有品牌。也就是说，消费者希望在便宜与放心之间找到一个平衡点，国美满足了消费者，于是消费者选择了国美。

3. 分销渠道的类型

（1）按照企业的分销活动是否有中间商参与，可分为直接渠道与间接渠道。

（2）按照流通环节或层次的多少，可分为长渠道和短渠道。

（3）按照渠道中每个层次的同类中间商数目的多少，可分为宽渠道和窄渠道。

（4）按照制造商所采用的渠道类型的多少，可分为单渠道和多渠道。

4. 渠道长度及其特点

分销渠道按照长度分为以下四种类型：

（1）零层渠道；

（2）一层渠道；

（3）二层渠道；

（4）三层渠道。

5. 渠道宽度及其特点

企业在确定每一层渠道所需中间商数目即渠道宽度时，可采用以下几种方式：

（1）独家性分销。

指企业在某一目标市场，在一定时间内，只选择一个中间商销售本企业的产品，双方签订合同，规定中间商不得经营竞争者的产品，制造商则只对选定的经销商供货。

此分销形式适用于消费品中的家用电器、品牌产品等，工业品中的专用机械设备等。这种形式有利于双方协作，以便更好地控制市场。

（2）密集性分销。

指生产企业同时选择较多的经销代理商销售产品。

日用品多采用这种分销形式。工业品中的一般原材料、小工具、标准件等也可用此分销形式。

（3）选择性分销。

指在同一目标市场上，选择一个以上的中间商销售企业产品，而不是选择所有愿意经销本企业产品的中间商。

知识链接

中间商

中间商是专门从事商品流通经营活动的企业和个人，他们能以较低的成本为生产企业完成市场销售职能，并在生产企业和消费者之间起到沟通信息和调解矛盾的作用。中间商可以按照不同的标准进行分类，按照中间商是否拥有商品所有权，分为经销商和代理商。经销商拥有产品所有权，赚的是差价；代理商不拥有产品所有权，赚的是佣金。按照中间商销售对象的不同，分为批发商和零售商。零售商的类型很多，包括百货公司、专卖店、超市、便利店等。企业对中间商的选择需考虑以下因素：

- 中间商的服务对象是否与生产企业的目标市场一致；
- 中间商的地理位置是否与产品的目标顾客相接近；
- 中间商的商品构成中是否包括竞争者的产品；
- 中间商的员工素质及服务能力；
- 中间商的储存、运输设备条件；
- 中间商的资金力量、财务和信誉状况；
- 中间商的营销管理水平和营销能力。

知识链接

渠道终端

渠道终端也称销售终端，是指企业产品在销售渠道中，处于直接面对消费者的卖场，属于企业营销渠道中最前线的一环，也是最重要的环节。包括百货公司、超市、连锁店、便利店等。

例如，耐克在五种不同类型的商店中销售其生产的运动鞋和运动衣，它们都是耐克的渠道终端：

- 体育用品专卖店，如高尔夫职业选手用品商店；
- 大众体育用品商店，供应许多不同样式的耐克产品；
- 百货公司，集中销售最新式样的耐克产品；
- 耐克产品零售商店，供应耐克的全部产品，重点是销售最新款式；
- 工厂的门市零售店，销售的大部分是二手货和存货。

（二）分销渠道的管理

1. 影响分销渠道的因素

企业在渠道决策中，要受到诸多因素的影响，要对多种因素进行综合分析。

（1）企业特性。

1）资金能力。

企业本身资金雄厚，则可自由选择分销渠道，可建立自己的销售网点，采用产销合一的经营方式，也可以选择间接分销渠道。企业资金薄弱，则必须依赖中间商进行销售和提供服务，只能选择间接分销渠道。

2）销售能力。

生产企业在销售力量、储存能力和销售经验等方面具备较好的条件，则应选择直接分销渠道。反之，则必须借助中间商，选择间接分销渠道。另外，企业如能和中间商进行良好的合作，或对中间商能进行有效的控制，则可选择间接分销渠道。若中间商不能很好地合作或不可靠，将影响产品的市场开拓和经济效益，则不如进行直接销售。

3）可能提供的服务水平。

中间商通常希望生产企业能尽可能多地提供广告、展览、修理、培训等服务项目，为销售产品创造条件。若生产企业无意或无力满足这方面的要求，就难以达成协议，迫使生产企业自行销售。反之，生产企业提供的服务水平高，中间商则乐于销售该产品，生产企业则选择间接分销渠道。

（2）产品特性。

1）产品价格。

一般来说，产品单价越高，越应注意减少流通环节，否则会造成销售价格的提高。而单价较低、市场较广的产品，则通常采用多环节的间接分销渠道。

2）产品的体积和重量。

产品的体积和重量，直接影响运输和储存等销售费用，过重的或体积过大的产品，应尽可能选择最短的分销渠道。对于那些按运输部门规定属于超限的产品（超高、超宽、超长、集重），尤应组织直达供应。小而轻，且数量大的产品，则可考虑采取间接分销渠道。

3）产品的易毁性或易腐性。

产品有效期短，储存条件要求高或不易多次搬运者，应采取较短的分销途径，尽快送到消费者手中，如鲜活品、危险品。

4）产品的技术性。

有些产品具有很高的技术性，或需要经常进行技术服务与维修，应由生产企业直接销售给用户为好，这样可以保证向用户提供及时良好的技术服务。

5）定制品和标准品。

定制品一般由产需双方直接商讨规格、质量、式样等技术条件，不宜经由中间商销售。标准品具有明确的质量标准、规格和式样，分销渠道可长可短，有的用户分散，宜由中间商间接销售，有的则可按样本或产品目录直接销售。

（3）市场特性。

1）购买批量大小。

购买批量大，多采用直接销售；购买批量小，除通过自设门市部出售外，多采用间接销售。

2）消费者的分布。

某些商品消费地区分布比较集中，适合直接销售；反之，适合间接销售。工业品销售中，本地用户产需联系方便，因而适合直接销售；外地用户较为分散，通过间接销售较为合适。

3）潜在顾客的数量。

若消费者的潜在需求多，市场范围大，需要中间商提供服务来满足消费者的需求，宜选择间接分销渠道；若潜在需求少，市场范围小，生产企业可直接销售。

4）消费者的购买习惯。

有的消费者喜欢到企业买商品，有的消费者喜欢到商店买商品。所以，生产企业可以既直接销售，又间接销售，满足不同消费者的需求，也增加了产品的销售量。

（4）环境特性。

以法律环境为例，企业选择分销渠道必须符合国家有关政策和法令的规定。某些按国家政策应严格管理的商品或计划分配的商品，企业无权自销和自行委托销售；某些商品在完成国家指令性计划任务后，企业可按规定比例自销，如专卖制度、专控商品等。另外，税收政策、价格政策、出口法、商品检验规定等，均影响分销途径的选择。

2. 渠道设计与调整

渠道设计是整个渠道决策的核心，而且渠道一旦建立就难以改变，所以渠道设计宜谨慎从事。渠道设计包括如下几个步骤：

（1）确定渠道的模式；

（2）确定中间商的数目；

（3）规定渠道成员的权利和责任；

（4）选择渠道成员。

案例

索尼是如何进入美国市场的？

如今日本索尼公司的彩色电视机早已誉满全球，但是20世纪70年代中期，它在美国还是一个名不见经传的“杂牌货”。当卯木肇先生风尘仆仆来到美国芝加哥担任索尼公司国外部部长时，索尼彩电在当地寄卖商店里无人问津。对此，卯木肇苦苦思索，一筹莫展。

一天，卯木肇偶然经过一处牧场，看到牧童牵着一只“带头牛”，他受到启发，想出了一条推销彩电的办法：索尼彩电可以找到一家“带头牛”经销商率先销售，以便打开销路。经过研究，卯木肇选定当地最大的电器销售商马希利尔公司为主攻对象。于是，卯木肇求见该公司经理，但都被以各种理由婉言谢绝，未能如愿。直到第四次，卯木肇才见到了经理，可没等卯木肇开口，经理直接就是一句：“我不卖索尼的产品。”接着对索尼产品形象大发了一通议论，并以售后服务差、知名度不高等理由拒绝销售。但卯木肇并没有灰心。他回到公司后，立即召集30多位工作人员开会，规定每人每天拨5次电话，向马希利尔公司求购索尼彩电。接连不断的求购电话，搞得马希利尔公司的职员晕头转向，误将索尼彩电列入“待交货名单”。

卯木肇再一次见到马希利尔公司经理时，经理大为恼火：“你搞的什么鬼？制造舆论，干扰我公司的正常工作，太不像话了！”卯木肇待经理消气以后，大谈索尼彩电的优点，称其是日本国内最畅销的商品之一。他诚恳地说：“我三番五次求见您，一方面是为本公司利益，但同时也会考虑到贵公司的利益，在日本畅销的索尼彩电，一定会成为马希利尔公司的摇钱树的。”并就马希利尔公司经理提出的产品利润等问题做了合情合理的解释。卯木肇多次登门求见和诚恳的态度，终于感动了这位经理，同意代销两台彩电试试，如果一周之内卖不出去，就把彩电搬回去。卯木肇当即派两名年轻能干的推销员送两台彩电去马希利尔公司，并向他们讲清这次推销的重要性，嘱咐他们要与马希利尔公司的店员并肩推销，要与店员搞好关系。

出乎意料的是，当天下午4点钟，两个推销员回来报告，两台彩电已经销出，马希利尔公司又订了两台。卯木肇非常高兴。至此，索尼彩电终于挤进了芝加哥的“带头牛”商店。当时正值12月初，是美国市场家用电器销售旺季，经过一个圣诞节，一个月内竟卖出了700余台。那位经理立即对索尼彩电刮目相看，亲自登门拜访卯木肇，并当即决定索尼彩电为该公司年度主销产品，此后连续在芝加哥各大报刊刊登巨幅广告，以提高产品知名度。有马希利尔公司这头“带头牛”开路，芝加哥地区100多家商店找到卯木肇纷纷要求经销索尼彩电。不到三年，索尼彩电在芝加哥地区的市场占有率达到30%。接着索尼彩电开始进军整个美国市场。

四、促销策略

（一）促销组合

1. 促销的概念

促销是指企业将其产品及其相关的有说服力的信息告知目标客户，以达到影响目标客户购买决策行为，促进企业产品销售的市场营销活动。

2. 促销的作用

促销具有传递信息、促进产品销售、树立产品和企业形象、扩大或者维持企业的市场份额的作用。

3. 促销的方式

微课：促销组合策略

促销的方式多种多样，只要有益于企业及产品的信息传播的各种手段都是促销，根据其不同特点，主要分为以下四种：

（1）人员推销（personal selling），指销售人员在与一个或多个顾客的面对面的交流中促成交易的活动。

（2）广告（advertising），指有明确的广告主在付费的基础上，通过大众传媒所进行的商品、服务或观念的信息传播和宣传活动。

（3）营业推广（sale promotion），指通过刺激或鼓励顾客尝试、购买商品或服务的短期激励手段，如奖券、礼品等。

（4）公共关系（public relations），指企业利用各种传播手段，同顾客、中间商、社会公众、政府以及新闻媒体等各方面的公众沟通思想感情、建立良好的社会形象和营销环境的活动。

4. 不同促销方式的特点

不同的促销方式有不同的特点，虽然都能达到促销的目的，但其使用的效率是不同的，分别在各自特定的环境下才能达到最好的效果。市场营销管理者必须协调各种促销工具的使用，以不断提高市场营销促销效果。各种促销方式的特点如表 4－3 所示。

表 4－3　各种促销方式的特点比较表

促销方式	优点	缺点	适合情况
人员推销	直接和客户沟通，有的放矢；直接沟通信息，反馈及时；可当面促成交易。	占用人员多；费用高；接触面窄。	量大：批量购买的产品；价值高：房、车、保险。
广告	传播面广；形象生动；节省人力。	不具有针对性；消费者被动接受信息；难以立即促成交易。	适用于建立企业或产品的长期形象，广泛用于大众化产品的促销。
营业推广	迅速引起消费者注意，吸引力大；是一种短期的诱导交易手段；可促成消费者当即购买。	接触面窄；不适于建立长期品牌偏好。	常用于一些短期的促销活动中，以达成短期的目标。
公共关系	容易消除防卫心理，可信性强；有新闻价值，能产生轰动效应；可提高企业的知名度和美誉度。	花费力量大；效果难以控制。	与其他促销方式结合运用，效果将更加突出。

5. 促销组合决策步骤

（1）确定促销花费，即解决促销组合的预算问题；

（2）分析各种促销方式的特点，了解各种促销组合选择的影响因素；

（3）确定促销组合方式，即解决促销组合的选择问题。

6. 国际市场促销组合基本策略

（1）推动策略：企业以中间商为主要促销对象。

（2）拉动策略：企业以最终消费者为主要促销对象。

（二）人员推销

推销人员是企业重要的资产，推销人员的规模是否适当，直接关系到企业的经济效益。推销人员多，会带来销售额的增加，但同时也会带来销售成本的上升，企业必须在成本和销售额之间权衡，确定最佳的推销人员数量。

确定销售人员规模的最常用、最简单的方法有两种：

（1）工作量法，即通过确定总工作量的方法来确定销售人员的规模；

（2）销售能力法，即先测量每个销售人员的销售能力，再计算在可能的销售人员规模下公司的销售额和投资报酬率，来确定销售人员的规模。

案例

世界上最伟大的销售员——乔·吉拉德

假设你接到这样一个任务，在一家超市推销红酒，连续一周，每天卖出一瓶，你能做到吗？你可能会觉得这轻而易举。那么，再给你一个任务，推销汽车，每天卖出一辆，你做得到吗？你也许会说："那就不一定了。"如果是连续多年都是每天卖出一辆汽车呢？你肯定会说："不可能，没人做得到。"可是，世界上就有人做得到，这个人连续12年荣登吉尼斯世界销售冠军宝座，连续12年平均每天销售6辆汽车，而且全部是一对一销售给个人的，他因此获得了"世界上最伟大推销员"的称号，这个人就是乔·吉拉德。

乔·吉拉德1928年11月1日出生于美国底特律市的一个贫民家庭。9岁时，乔·吉拉德开始给人擦鞋、送报，赚钱补贴家用。乔·吉拉德16岁就离开了学校，此后先后做过锅炉工、建筑工。35岁以前，乔·吉拉德是个“失败者”，他患有相当严重的口吃，换过四十个工作仍一事无成，甚至曾经当过小偷。35岁那年，乔·吉拉德破产了，负债高达6万美元。为了生存下去，他走进了一家汽车经销店，三年之后，乔·吉拉德以年销售1 425辆汽车的成绩，打破了汽车销售的吉尼斯世界纪录，同时获得了“世界上最伟大推销员”的称号。

乔·吉拉德的销售秘诀是什么呢？

- 猎犬计划：让顾客帮助你寻找顾客

乔认为，干推销这一行，需要别人的帮助。乔的很多生意都是由“猎犬”（指那些会让别人到他那里买东西的顾客）帮助的结果。乔的一句名言就是：“买过我汽车的顾客都会帮我推销。”在生意成交之后，乔总是把一叠名片和猎犬计划的说明书交给顾客，如果顾客介绍别人来买车，成交之后，每辆车他会得到25美元的酬劳。几天之后，乔会寄给顾客感谢卡和一叠名片，以后每年他都会收到乔的一封附有猎犬计划的信件，提醒他乔的承诺仍然有效。如果乔发现顾客是一位领导人物，其他人会听他的话，那么，乔会更加努力促成交易并设法让其成为“猎犬”。实施猎犬计划的关键是守信用，一定要付给顾客25美元。乔的原则是：宁可错付50个人，也不要漏掉一个该付的人。猎犬计划给乔带来的收益很大。1976年，猎犬计划为乔带来了150笔生意，约占总交易额的三分之一。乔付出了1 400美元的费用，收获了75 000美元的佣金。

- 推销产品的“味道”：让产品吸引顾客

每一种产品都有自己的“味道”，乔·吉拉德特别善于推销产品的“味道”。与“请勿触摸”的做法不同，乔在和顾客接触时总是想方设法让顾客先“闻一闻”新车的“味道”。他让顾客坐进驾驶室，握住方向盘，自己触摸操作一番。

如果顾客住在附近，乔还会建议他把车开回家，让他在自己的太太、孩子和邻居面前炫耀一番，顾客会很快为新车的“味道”所陶醉。根据乔本人的经验，凡是坐进驾驶室把车开上一段距离的顾客，没有不买他的车的。即使当即不买，不久后也会来买。新车的“味道”已深深地烙印在他们的脑海中，使他们难以忘怀。

乔认为，人们都喜欢自己来尝试、接触、操作，人们都有好奇心。不论你推销的是什么，都要想方设法展示你的商品，而且要记住，让顾客亲身参与，如果你能吸引他们的感官，那么你就能掌握住他们的感情了。

● 保持激情

有一次乔用了不到20分钟就把一辆车卖给了一个人。对方告诉他："其实我也是汽车推销员，来买车只是为了学习你销售的秘密。"乔把订金退还给对方，说自己没有秘密，非要说秘密的话，那就是"如果我这样的状态能够深入到你的生活，你会受益无穷"。

（三）广告

洛丽的姑娘们

1. 广告分类

根据广告目标特点的不同，可以分为以下三类：

（1）告知性广告；

（2）劝说性广告；

（3）提示性广告。

2. 广告媒体

（1）报纸、杂志、广播、电视被称为传统四大媒体；

（2）网络被称为第五大媒体；

（3）其他媒体。

1）户外广告，包括广告牌、招贴画、霓虹灯、车体广告、车内电子屏等。

2）DM广告，即直接邮寄广告，包括信件、海报、产品目录、名片、订货单、日历、明信片、宣传册、折价券、传单、请柬、小包装实物等。

3）POP广告（point of purchase advertising），即购买点广告，包括购买场所的条幅、充气拱门、橱窗、广告表演、广播、电子广告牌等。

3. 广告决策的步骤

广告决策制定过程主要经过以下几个步骤：

（1）确定广告目标；

（2）编制广告预算；

（3）设计广告信息；

（4）选择广告媒体；

（5）评估广告效果。

（四）营业推广

营业推广的形式很多，根据其实施的不同途径，可从以下几个方面进行设计：

中秋来××商场
猜灯谜拿大礼

（1）面向消费者的营业推广；

（2）面向中间商的营业推广；

（3）面向推销人员的营业推广。

知识链接

营业推广策划方案框架模板

一、活动目的

二、目标顾客

三、推广主题

活动主题1

活动主题2

活动主题3

四、推广方式与组织过程

1. 活动主题1名称

活动时间

活动内容

2. 活动主题2名称

活动时间

活动内容

3. 活动主题3名称

活动时间

活动内容

费用预算

（五）公共关系

1. 公共关系对象

公共关系对象包括股东、顾客、供应商、国外进口商、国内出口商、经销商、代理商、竞争者、金融界、保险公司、咨询公司、消费者组织、新闻界、当地政府、企业职工等。

2. 公共关系活动方式

公共关系的目标是通过有计划的、具体的公共关系活动来实现的。一般来说，公共关系在短期内效果不明显，它一般立足于长远目标，通过长期的努力来影响或引导公众的认知和态度。公共关系活动主要有以下几种方式：

（1）调研活动；

（2）专题活动；

（3）媒体传播；

（4）事件策划；

（5）外联协调；

（6）其他日常活动。

联邦快递从北京空运两只大熊猫抵美田纳西州

3. 公共关系评估

公共关系活动效果很难进行精确测定，但可以通过以下几个较为容易得到的指标值进行大致的评估：

（1）信息传播频率，即企业出现在媒体上的信息传播次数，这些数据通常可以从公关活动实施的记录中精确地得到。

（2）受众的反应，主要通过分析受众对企业及其产品的知名度、态度等的变化得到。

（3）假定其他促销策略基本不变的情况下，估算公关活动对企业销售额及利润的影响。

知识链接

公关活动策划框架模板

一、活动目的

二、活动安排

三、会场布置

四、人员安排

五、费用预算

实战演练

请针对俄罗斯市场的特点，为思拓跨境电商科技有限公司的产品进行营销组合策略设计，完成跨境电商营销策划方案。模板如下，供参考。

跨境电商营销策划方案

一、封面

标题、策划人、日期。

二、前言

简单摘要。

三、目录

四、环境分析

宏观环境、微观环境。

可根据实际情况具体选择几个实用内容，如行业动态调研及分析、目标消费者调研及分析、竞争者调研及分析、供应能力调研及分析、中间商能力调研及分析、企业内部调研及分析等。

五、营销目标

分点、具体、尽可能量化。

六、行动方案

4P组合策略，此部分为策划方案重点。

七、成本预算

具体，可借助表格。

八、方案执行与控制

具体实施过程控制、人员安排等。

九、结束语

对策划主要观点的复述。

十、附录

调研问卷等。

任务二 专题推广活动策划

知识储备

阿里巴巴的“双十一”、亚马逊的Prime Day、“黑色星期五”“网购星期一”等重要购物节及平台活动，圣诞节、万圣节、感恩节等各目标市场国重要节日，奥运会、世界杯、欧洲杯、总统大选等热点事件一直是各跨境电商平台及店铺借势开展营销推广活动的重要时机。每个节日来临之前，跨境电商企业均需做好万全准备，设计合理的营销推广方案，把握扩大流量、提升订单的重要时机，同时，这期间的店铺运营、营销推广效果也是对跨境电商企业重要检验。

在专题推广活动策划方面有很多方法及技巧，如增加互动，被动的内容很难让消费者参与进来，这就是必须增加互动性内容的原因，如谜语、游戏和问卷调查更能够让更多消费参与进来，产生品牌意识。互动性营销内容允许双向交流，让用户能表达自己对宣传活动的喜好、感受以及体会。根据Demand Metric显示，就营销效果而言，互动性内容比静态内容好2～3倍。个性化也一个具有吸引力的专题推广活动的重要元素。创造能吸引跨境电商买家关注的个性化内容是接触更多买家并促进销售的关键。例如，美国购物网站Clymb就利用了数字用户的人物角色创造个性化营销内容，最终促使销售额增长了12%。

每年都有各种节日，每年都会有跨境电商平台及店铺推陈出新，绞尽脑汁吸引消费者。因此对于跨境电商企业可提前对重要节日及活动进行统筹规划，结合自身产品特点设计合理的专题推广活动策划，并在每次活动结束后搜集信息，注重反馈，以指导未来的活动设计，使其更加合理。在进行跨境电商专题推广活动策划时，理念、内容和传播都必须具有创造性，而且要简单易参与。可充分考虑站内与站外、线上与线下多元设计，并注重活动中对视频、图片、文案的合理运用。

Users in the Oakley segment saw a homescreen that prominently featured a sale on Oakley products. Users in this segment made 12% more purchases than users in the non-personalized segment.

知识链接

欧美国家重要节日

序号	节日	时间
1	万圣节	10 月 31 日
2	感恩节	11 月的第四个星期四
3	黑色星期五	11 月的第四个星期五
4	网络星期一	感恩节后的第一个星期一
5	平安夜	12 月 24 日
6	圣诞节	12 月 25 日
7	元旦	1 月 1 日
8	情人节	2 月 14 日
9	母亲节	5 月的第二个星期日
10	父亲节	6 月的第三个星期日

以万圣节为例，万圣节对于跨境电商企业来说是重要的节日之一。因为消费者会为此购买很多产品，从蜡烛到令人毛骨悚然的装饰品。所以，10 月份内容营销一定要注意推广相关话题，如零售商 Westlake Ace Hardware 创造了一系列娱乐性的“行尸走肉”视频，点击量超过 10 万次。活动包括在企业官网及 Facebook 等社交媒体发布关于“不给糖就

搗乱”经历的搞笑帖子、征集万圣节“搗蛋点子”清单、写一篇讲述万圣节世界各地不同传统的文章、帮助消费者设计出“最完美的万圣节装扮”等，并配合各跨境电商平台打折、满立减、优惠券等营销手段，以多渠道共同努力，最大程度发挥专题推广活动的综合效果。

知识链接

内容营销

在跨境电商营销推广中，传递给买家有吸引力的信息是营销成功的关键，因此，内容营销是跨境电商营销推广的基础。内容营销即以改变顾客购买行为和销售培养为目的，以视频、图片、文案等介质传达有关产品的相关内容，以满足买家对信息的需求，带给买家下单的信心，从而促进销售的营销活动。满足买家的信心需求是内容营销的表现形式；促进销售是内容营销的最终目标。

知识链接

病毒营销

病毒营销是利用公众的积极性和人际网络，让营销信息像病毒一样快速复制、迅速传播，将信息在短时间内传向数量庞大的受众。跨境电商卖家开展病毒营销的基本要素包括：提供有价值的产品或服务；提供方便的向他人传递信息的方式；信息传递范围很容易大规模扩散；利用公众的积极性和行为；利用现有的信息网络；利用他人的资源进行信息传播。

实战演练

1. 请针对思拓跨境电商科技有限公司的产品设计包括节日名称、节日时间、节日习俗、热销产品、推广活动设计概要等内容的主要目标市场国节日及推广活动策划表。

2. 请为思拓跨境电商科技有限公司的阿里巴巴国际站店铺或指定产品设计万圣节推广活动策划方案。

任务三 视频、图片、文案运用

知识储备

视频、图片、文案是开展各类型产品跨境电商营销推广的基础和关键。

一、视频运用

（一）视频类型

理想情况下，每一个产品页面都应包含视频，在专题推广活动中以恰当的视频作为辅助更能起到显著的效果。视频的类型取决于产品用途、成本以及品牌，跨境电商营销推广中常见的视频主要包括以下几种类型。

1. 展示生产流程视频

这种视频主要是向消费者展示产品如何被开发和制造出来，视频中可以包括一些制作的特写镜头。

2. 开箱视频

这种类型通常适用于科技类产品，展示把产品从一个密封箱子中拿出来的整个过程。这类视频在 YouTube 上很火，经常由消费者和评论者发布，能给卖家带来很大好处。

3. 测试型视频

这种类型视频经常用于测试产品的极限。搅拌机制造商 Blendtec 推出的“它能搅碎吗?”系列视频就是一个很好的例子。Zagg 公司录制的视频也展示了其手机钢化膜如何抵抗螺母、螺钉和锯片的破坏。

4. 空间浏览视频

可用于家具和家居装饰产品，视频可展示配置了卖家各种家具产品的房间和空间。

5. 使用方法视频

这类视频适用于大多数产品，可以描述如何使用某款产品，包括如何安装、清洗和穿戴，以及产品存在于哪些生活场景中。例如，零售网站 RetroPlanet. com 利用视频来展示如何使用墙贴。这类视频内容可以与产品有关，而又不完全局限于所售产品。

6. 对比视频

常用于比较相同类型产品的不同型号，如展示同一款式不同大小的包包容量及模特搭配效果；或用于某个产品与其竞争产品的比较，比较竞争产品时，请务必遵循恰当的规则和合法性。

7. 产品使用视频

这类视频很简单，就是展示人们正在使用该产品，比如运动员穿着某品牌的运动鞋做运动，或者也可以包含使用技巧方面的元素。

8. 搞笑模仿视频

每个人都喜欢笑，如果搞笑视频运用得当，有助于提高产品的销量。比如，强力胶 FiberFix 和坐便器脚踏板 Squatty Potty 制作的病毒性视频就属于此类。

(二) 视频制作工具

如果跨境电商卖家对视频营销感兴趣，可以在网上找到大量视频制作工具，成本很低或免费。这些视频编辑器提供专业模板，让用户轻松制作各种风格的视频。以下几种视频编辑器可供卖家参考。

1. Facebook Live

Facebook Live 是 Facebook 推出的直播工具。使用它可与观众实时互动。你的 Facebook 粉丝可接收通知，以便及时打开直播频道，收听你的节目。通过过滤器，可选择向哪些粉丝组开通直播。价格：免费。

2. YouTube Video Editor

使用 YouTube Video Editor 创建新视频、剪辑视频，然后只需一键就可发布到 You-

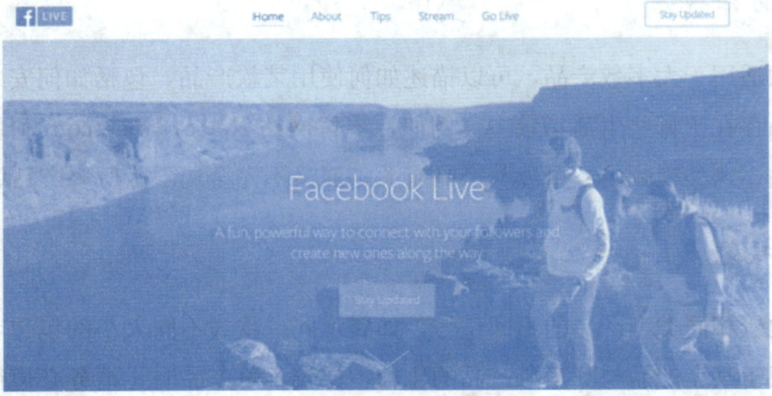

Tube 网站。所有上传的视频都会自动添加到视频编辑器，并能进行在线剪辑。它能串联多个视频，添加背景音乐、字幕或其他特效。价格：免费。

3. YouTube Live Stream

即 YouTube 视频直播，进入 YouTube，用户有三种方式开启视频直播：Stream Now 能简单快捷地录制视频，在合适的时间自动开始和关闭；Events 更有可控性，用户可选择何时开始和停止；Mobile 是通过 YouTube App 录制视频。价格：免费。

4. Adobe Spark

Adobe Spark 让用户不需要专业的编辑软件，就能轻松制作社交图片、网页故事、动画视频。制作视频时，可通过曲库选择背景音乐、插入个人收藏音乐，或使用自己的声音。Spark Video 支持视频上传到 Facebook。价格：免费。

5. Magisto

Magisto 是一款非常简单易用的视频制作工具，能自动将用户的视频录像剪辑在一起。价格：起步价每月 9.99 美元。

6. Facebook Slideshow

Facebook Slideshow 目前在 iOS 平台推出。用户可以用过 Slideshow 将照片或者视频编辑成连续的视频，并支持加入背景音乐和特效来提升效果。价格：免费。

7. Loopster

Loopster 是一款全功能在线视频编辑器，用户界面友好，可通过旋转、剪辑、拼接、缩放、添加声效等方式编辑视频。Loopster 还提供一些高级编辑功能，比如文本、泡泡文本、泡泡文字、制作标题画面和特效等。价格：起步价每月 4.99 美元。

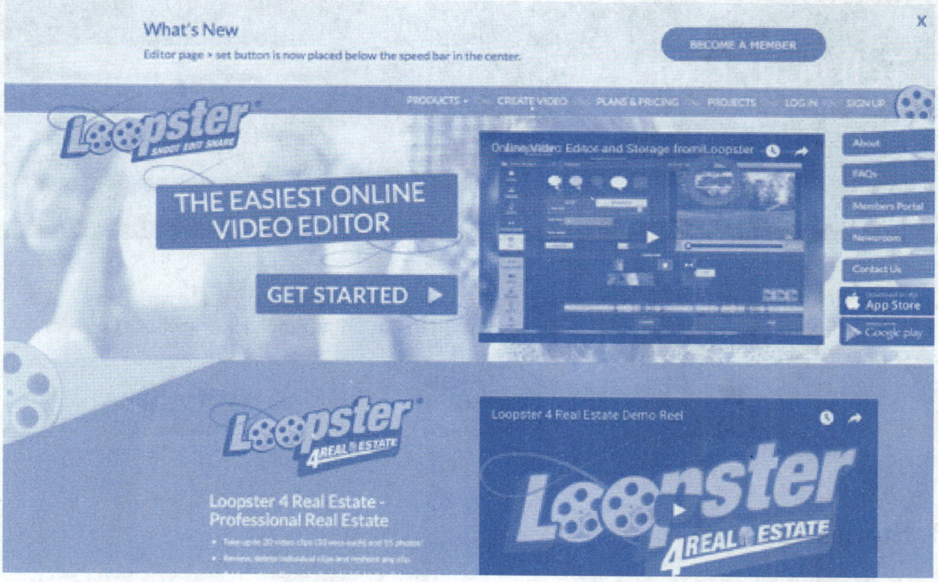

8. Wideo

Wideo 适合创建动画营销视频。它有非常多的素材，就像做 PPT 一样，用户只需要选择合适的内容，再经过简单的确认以及拖拽等一系列操作，就能完成质量非常高的 Demo 视频。完成之后可以选择下载视频，或是直接分享到 Facebook、Twitter。价格：起步价每月 19 美元。

9. Periscope

通过 Periscope，用户可以向其他人直播视音频，直播和评论功能都在 Periscope App 内完成。直播的地址链接可以分享到 Twitter 上，让更多的人参与进来。价格：免费。

10. WeVideo

WeVideo 是基于云端的视频协作编辑平台，为用户带来能满足企业级应用的在线视频处理服务。WeVideo 在线视频编辑解决方案能够满足用户加快处理速度的需求。价格：起步价每月 4.99 美元。

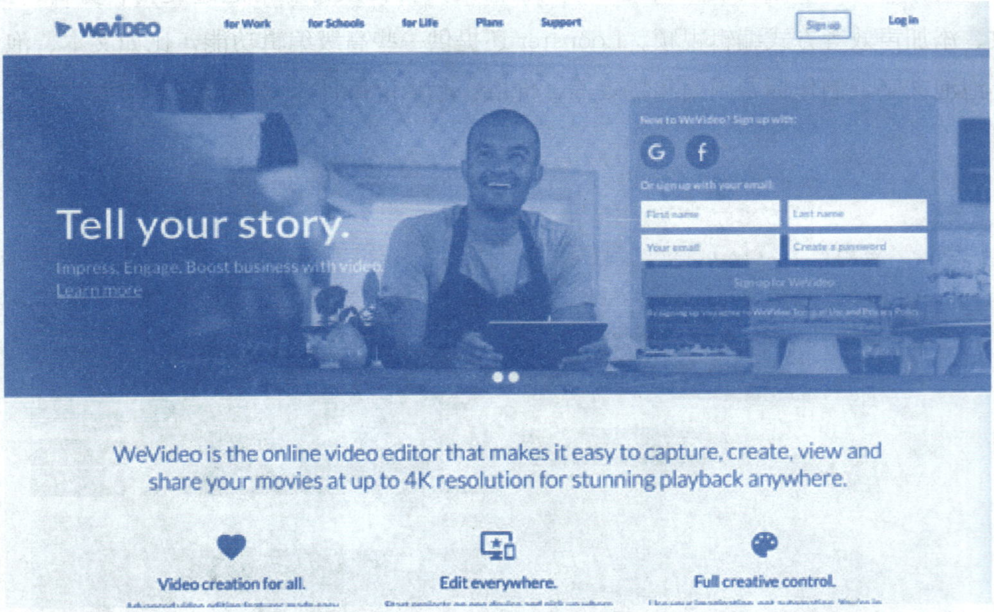

11. StoriesAds. com

StoriesAds. com 是一款专门制作 Instagram 垂直格式视频的编辑工具。价格：限时免费。

12. Animoto

用户选择照片、视频模版、音乐和添加文本之后，Animoto 就会包办后续所有的工作，在数分钟内生成品质精良的幻灯片视频。价格：每月 22 美元。

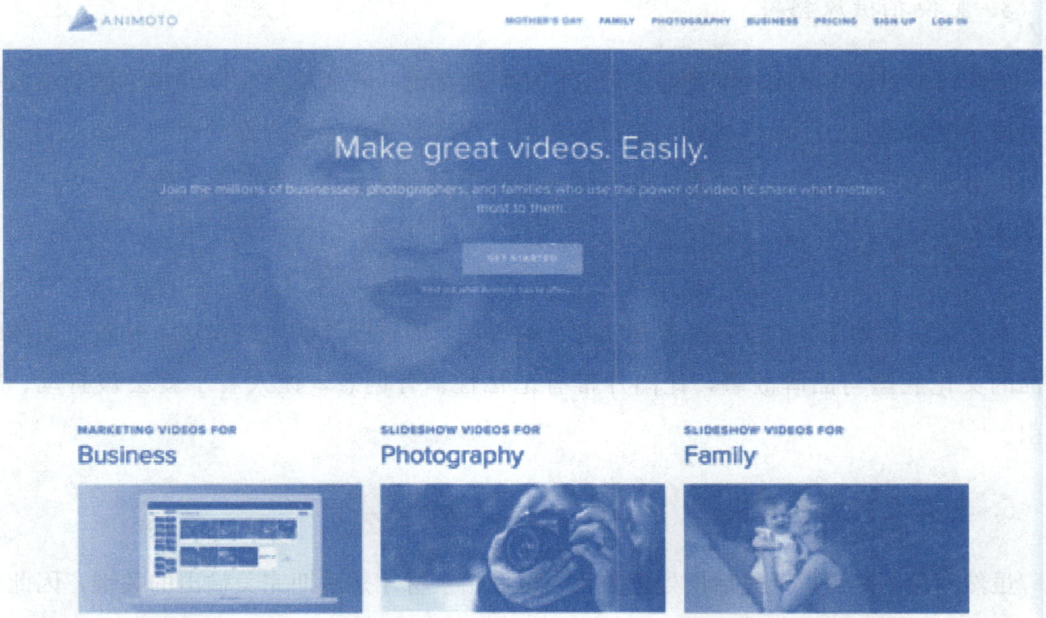

二、图片运用

（一）图片运用技巧

跨境电商购买中，买家看不到商品实物，只能透过几张商品图片和说明文字决定是否购买，图片的好坏直接影响买家的购买欲望。一张质感十足的照片往往能引起买家的注意，为成交打下坚实的基础。那么如何利用图片吸引买家的眼球？如何通过图片体现你的产品质量和品位？

1. 拍出符合审美需求的图片

首先要搞清楚什么样的图片能够吸引眼球，比如，卖服装的，不仅仅要显示服装的时尚、特色，还要显示细节、工艺、材质。还需考虑什么样的图片才会有美感。

2. 细节清晰仔细

商品描述图片要清晰、细节到位，图片上要配以细节说明。让买家从商品描述中就对你的产品产生兴趣。很多买家点击商品进入，首先接触的就是商品描述，所以这一点非常重要。

3. 变换拍摄风格

店内可能供应多款不同的商品，但它们很可能都是一种风格，所以看多了就会给人一种一成不变的感觉。不断尝试新的拍摄及构图方法或风格，能够为你的商品增添光彩。比如可以分别拍摄一些商品的全景、特写镜头，或拍摄多个商品的组合图片等。

4. 锁住买家记忆

卖家从版面到商品的描述都要建立自己的特色，通过图片的风格设定，从各方面体现产品的文化底蕴与品牌故事，让图片带有记忆性、有创意，让人看了就会被打动、被吸引。

5. 具有吸引力且真实

虽然商品图片可以通过后期处理美化，但原始素材才是后期完美输出的关键，因此商品图片的好坏 90%取决于商品实物的拍摄。图片要吸引人，同时也要真实，不然会使图片与实物不符。综合利用摄影设备，实现对商品的真实还原和有效美化。

（二）图片编辑工具

如何让你的图片更具吸引力，除了跨境电商卖家最熟悉的 Photoshop 外，以下几款操作简单、各具特色的 App 也可以帮助卖家更好地创造和编辑图片。

1. Layout

Layout 是 Instagram 发布的拼图应用，可以组合 9 张不同的图片，拼出你自己的风格。有安卓和 iOS 版本。价格：免费。

2. Quick

Quick 可以帮你在图片上添加文本，有 16 种字体可供选择，可调整字体大小、颜色和位置。有安卓和 iOS 版本。价格：免费。

3. Snapseed

Snapseed 是谷歌推出的照片编辑工具，能迅速调整图像，而且使用“ambience”（环境）功能，能制造与相片色彩吻合的深度和自然饱和度，还可以微调亮度。它还利用了尼康的 Upoint 技术，能增强照片某些区域的色彩、色调等。有安卓和 iOS 版本。价格：免费。

Layout　　Quick　　Snapseed

4. TouchRetouch

TouchRetouch 应用能移除照片中不需要的内容，标出内容并点击“Go”按键就能完成移除。有安卓和 iOS 版本。价格：1.99 美元。

5. AfterLight

AfterLight 有大量的编辑选项，包括 15 个调整工具、74 个滤光和 78 种字体，它还提供 128 种框架，能与 Instagram 吻合。有安卓和 iOS 版本。价格：0.99 美元。

6. Superimpose

Superimpose 是一款叠图软件，能混合贴图，有 18 种图像混合模式。有安卓和 iOS 版本。价格：0.99 美元。

7. Pixlr

Pixlr 有二次曝光、添加文本以及叠图的功能。用户可以创建拼贴图，可选择多种背景、间距，并创建独有的边框。有安卓和 iOS 版本。价格：免费。

TouchRetouch

AfterLight

Superimpose

8. Adobe Photoshop Express

Adobe Photoshop Express 能快速修饰、编辑图片，并有调整颜色、消除红眼、调节亮度、添加边框等各种功能。有安卓和 iOS 版本。价格：免费。

9. Aviary

Aviary 是一款美图 App，有非常多滤镜、图像边框和修饰工具可供选择，还提供搞笑图片制作功能。有安卓和 iOS 版本。价格：免费。

Pixlr

Adobe Photoshop Express

Aviary

三、文案运用

（一）文案的概念

广告文案是以语辞进行广告信息内容表现的形式，有广义和狭义之分。广义的广告文案就是指通过广告语言、形象和其他因素，对既定的广告主题、广告创意所进行的具体表现；狭义的广告文案则指表现广告信息的言语与文字构成。文案由标题、副标题、正文、口号组成，它是广告内容的文字化表现。在广告设计中，文案与图案、图形同等重要，图案图形具有前期的冲击力，而广告文案具有较深的影响力。

1. 标题

标题是广告文案的主题，往往也是广告内容的诉求重点。它的作用在于吸引人们对广告的注目，留下印象，引起人们对广告的兴趣。只有当受众对标题产生兴趣时，才会阅读正文。广告标题的设计形式有情报式、问答式、祈使式、新闻式、口号式、暗示式、提醒式等。广告标题撰写要语言简明扼要，易懂易记，传递清楚，新颖个性。标题文字数量一般以控制在 12 个字以内为宜。

2. 副标题

副标题是广告标题的补充部分，起点睛的作用，让人加深对广告的了解。

3. 正文

广告正文是对产品及服务以客观具体的说明，来增加消费者的了解与认识。广告正文撰写时内容要实事求是，通俗易懂。不论采用何种题材式样，都要重点突出，言简意赅。

4. 口号

广告口号是战略性的语言，目的是通过不断重复、反复展现，使消费者了解商品或服务的个性，这已成为推广商品不可或缺的要素。广告口号常用的形式包括联想式、比喻式、许诺式、推理式、赞扬式、命令式。广告口号的撰写要注意简洁明了、语言明确、独创有趣、便于记忆、易读上口。

跨境电商营销推广所涉及的文案，表现形式包括：各平台中店铺的名称、店招、产品描述、海报；各社交媒体中的发帖、活动；企业官网中的企业名称、品牌及产品的文字展示等。

知识链接

软文

软文，顾名思义是相对于硬性广告而言，其精妙之处就在于一个“软”字，它将宣传内容和文章内容完美结合在一起，让用户在阅读文章时能够同时了解策划者所要宣传的东西。一篇好的软文是双向的，既让买家得到了他需要的内容信息，也了解了卖家所宣传的内容信息。

（二）文案编辑技巧

一篇文案可分为标题开场、说服内容、结尾行动三部分，每部分有不同的作用和目标，内容上可以按照卖家想要强调的方式丰富充实，结构也只是为了确保目标的达成，而不是严格固定的格式。

1. 标题开场

这里要分成两部分：一是标题；二是开场白。以跨境电商的商品页面来说，二者精神是一样的，因此放在一起说。开场是跨境电商销售页最重要的一部分，在开场如果不吸引人，消费者就不会往下看了。此部分的思路可以是依据你的产品功能，问一个消费者在意的问题。

开场要注意的是是否能够快速判断产品对消费者帮助是什么，是否能够马上唤起消费者的心理场景，卖家在这场景中的定位是什么。不要预设消费者都了解你的产品及其功能是什么，要让你的产品能解决消费者的问题，或让他感觉这问题需要被解决。举例来说，如果所售产品为平底锅，很多厂商会把材质写在开头，如大理石平底锅、陶瓷平底锅等，但产品的材质对消费者是没有意义的。要为产品的每个特色赋予场景，这项特色才有意义。如“每次煎鱼都失败吗?”或更进一步“煎鱼失败觉得很丢脸吗?”“大理石平底锅，不黏底、不沾边，让你每道菜完美上桌!”如产品为电暖气，不是去强调产品是怎样发热的，发热方式对买家没有意义，发热温度与速度才有意义，因此文案中需要写的是：“寒流再强也不怕，三分钟让你的卧室像温室!”通常在开头，以问句为开场是最简单的，问一个好问题、问一个消费者在乎的问题，只要你问题问对了，消费者就会希望这个问题得到解决。

开场要思考你的产品定位，产品要在什么样的场景发挥作用；思考在这个场景里消费者会遇到什么问题。有三种撰写方式可以参考：问三个消费者在意的问题；描述该场景里的使用样子；直接说明你能提供的帮助。找到产品可以发挥作用的场景，那你的产品功能才有意义。

2. 说服内容

说服就是要消除疑虑、增强信心。在开场提出问题，在这里就是要说明产品为什么可以解决问题了。此部分的思路即为准备素材，用最简单的方式呈现产品的好处。

说服要注意的是：说服内容是否足够简单明了，是否有其他资料能够佐证，是否足够贴近消费者在意的点。通常说服内容是编辑跨境电商文案最令人烦恼的部分，因为这部分涉及你的准备功课做得如何，以及你对产品的了解有多少。当你足够了解产品，才能开始思考如何说服别人。

此部分要避免三件事：

(1) 避免使用行业内的专有名词。如果你的产品无法避免地需要提及许多专有名词，就要解释这些专有名词代表的意义，并且利用举例方式来解说。专有名词的解释，重点是了解用处是什么，而非解说技术原理。

(2) 避免过多空洞的形容词。人们对于形容词有各自的感受，因此尽量不要用"高级""美丽""时尚""方便"等形容词，而是把每一个形容词转换成可理解的感受，多利用数据、动词、名词与比喻，如相比"迅速开机"，"5 秒钟完成开机"更易于理解，"让女朋友想亲吻你的礼物"则比"让人感动的礼物"更能打动买家。文案撰写中，传达的感受越具体，消费者就越能够了解你产品的好。

(3) 避免无意义的桥段。产品即使具备很多特色、专利、技术，也不该把所有内容都罗列成一个区块，可以思考这几个技术可以帮助消费者什么事情，在什么情况下这个技术会发挥作用，然后将其结合成一个区块就好了。要是还有更多的技术细节，用条列的方式说明即可，确保每一个桥段都是对消费者有意义的。

如果是新产品上市，可以从以下方面思考文案的编辑：有钱的话请权威代言，没钱的话请老板自己出来背书；写品牌主张与理念，展现对于此产品的用心与期许；体现产品制作细节；说明产品适用的客群。

如果是产品已上市好一阵子，许多人用过，则可以从以下方面思考文案的编辑：说故事，写一个人们因为你的产品而改变的故事，故事可以帮助你解释复杂的产品成效，也可以替你展现成果，更重要的是故事本身带有说服力，人们总是喜欢听故事的，听故事的过程中，就已经开始相信你了；放口碑、举见证，以数量取胜，如"超过 300 间工厂采用我们的自动化设备，产能提升30%，错误率降低20%”，口碑重点在于指出你的目标客群，展现他们因为你的产品而获得的利益，吸引其他有相同问题的人。

3. 结尾行动

结尾是许多人会忽略的，很多跨境电商文案的开头都写得很棒，但在结尾却草草结束，十分可惜。会看到结尾的人，基本上有两种：对你产品有兴趣，但是还在犹豫；对你提出的内容有兴趣，但还不知道这个产品对自己的意义是什么。也就是认真看到结尾，但还差临门一脚的消费者。

结尾要注意的是：你想要买家看完做什么，即明确的行动方向；买家现在做有什么意义，即有具体的诱因推动；买家做了可以得到什么，即有清楚的指定未来。在结尾的部分，可以想象这是跟消费者谈话的最后阶段，不论前面聊得如何，在谈话结束前，应把要补充的事情说完，然后告诉他下一步该做什么事。因此在最后，可以做的事情有两个方向：动之以情；晓之以理。可以考虑以下三种写法：

(1) 与买家谈谈心。前面已经有信任基础了，所以我们可以动之以情，如“今天下单，年前送到，让我们陪你一起过个好年”。前面我们一直在说产品，一直努力跟消费者产生联结，而感情就是最好的联结，用感情的手，推那些还在犹豫的消费者最后一把。

(2) 拿出点好处。如果卖家有好处在一开始就拿出来的话，买家比较不会珍惜，而把利益放在最后才能够让这些利益发挥作用。对付在犹豫的人，最好的方法不是解决他的犹豫，而是让他忘记犹豫的意义，于是我们要提出具体利益，让买家意识到现在行动才是有意义的，犹豫只会错过机会，用利益的手，招揽消费者决定购买你的产品。

(3) 给买家愿景，让他感受购买后的自己。人们买商品不单单只是为了产品而已，主要有两个目的，即解决遇到的问题和满足某种心理。消费者找你永远不是为了产品，而是为了他自己。因此在最后这一阶段，可以告诉消费者购买了这个产品后会变成怎样的人，给消费者心动的理由，他才有行动的意义。

关于文案的编辑还有很多方法及技巧，例如，九宫格思考法：拿一张白纸，用笔分割成九宫格，中间一格填上产品名称，在其他八格中填上可以帮助此商品销售的众多优点，以辅助文案撰写思路的形成。

要点延伸法：首先将产品目录上的产品特点照抄下来，然后每个要点后面加以延伸。

三段式写作法：模仿新闻写作中的“倒金字塔结构”，第一段精练地浓缩全文的销售话术，因为多数人都没耐心看全文；第二段依照要点延伸法，逐一说明产品的众多特色；第三段的主要任务是要提醒买家“buy now”，强化产品独特的销售卖点、价格优势或赠品。

跨境电商卖家可在充分借鉴优秀案例的基础上，根据自身目标市场及产品特点，不断摸索总结。

知识链接

视觉营销

视觉营销即商家通过其标志、色彩、图片、广告、店堂、橱窗、陈列等一系列视觉展现，向顾客传达产品信息、服务理念及品牌文化，达到促进商品销售、树立品牌形象的目的。在传统实体店中，消费者可通过看、听、闻、摸、尝五大感官去感知产品；而对于跨境电商买家，视觉则在感知、判断产品及购买决策中起到了决定性的作用。视频、图片、文案即跨境电商视觉营销的基础元素。因此，跨境电商卖家需重视视觉营销，利用符合消费者偏好的视频、图片、文案等造成视觉冲击力，从而吸引买家关注，以提高店铺及产品的关注度及销量。

实战演练

1. 请为思拓跨境电商科技有限公司指定产品拍摄并编辑产品介绍视频。
2. 请为思拓跨境电商科技有限公司指定产品设计品牌故事，撰写文案。

项目学习成果评价

一、 课堂表现评价

重点考查学生到课情况、回答问题情况、小组合作情况。将全班同学分成若干小组来组织教学，每个小组需要设计队名，每次课在黑板上画出下表。每次课都有评价，评价内容包括：只要本组同学回答问题并回答正确，就给全组加分；每组同一个人不能连续回答问题，必须换人回答才能给本组加分；如果回答错误，其他小组可以回答；小组讨论表现最好的（一组）和较好的（两组）加分；当堂课小组全勤的加分。每项分值由教师指定，每次课堂结束后由学习委员在分数记录册上进行记录，最终形成该小组分数。

课堂表现评价表

小组	回答或解决问题	小组讨论表现	小组全勤	合计
小组一				
小组二				
小组三				
小组四				
小组五				
小组六				
小组七				
小组八				
小组九				
小组十				

二、 任务实战演练评价

重点考查学生每个实战演练任务是否能按时全面完成、完成质量如何、是否提交可视化学习成果。任务实战演练的评价将作为项目学习成果评价的重要内容。

任务实战演练评价量表

评价标准	完全符合（90～100 分）	基本符合（70～89 分）	基本不符合（60～69 分）	完全不符合（59 分及以下）
任务全面完成，步骤无遗漏				
任务成果装订整齐，排版规范，无错别字				
任务完成步骤正确，逻辑清晰				
按时上交任务可视化成果（文档、照片、视频等）				
方案可实际操作				
演示陈述思路清晰、有条理				
符合法律与平台政策				
符合道德伦理要求				
成本较低				
有创新				
合计				

三、项目学习成果评价

项目学习成果评价汇总表分数将作为学生项目学习成果得分，每个小组完成项目学习的可视化学习成果将会存档。

项目学习成果评价汇总表

小组	任务一	任务二	任务三	课堂表现	总评
小组一					
小组二					
小组三					
小组四					
小组五					
小组六					
小组七					
小组八					
小组九					
小组十					

项目五

站内推广

项目背景

思拓跨境电商科技有限公司在阿里巴巴国际站、全球速卖通、亚马逊及 eBay 平台均开设了店铺，在跨境电商策划专员完成建站、发布产品及产品描述后，小李与其他营销推广专员开始根据各跨境电商平台提供的不同店铺推广工具及平台活动为公司各平台店铺及产品开展站内推广。

学习目标

◎ 知识目标

1. 阐述阿里巴巴国际站平台店铺推广工具及平台活动；
2. 阐述全球速卖通平台店铺推广工具及平台活动；
3. 阐述亚马逊平台店铺推广工具及平台活动；
4. 阐述 eBay 平台店铺推广工具及平台活动。

◎ 技能目标

1. 能开展阿里巴巴国际站平台店铺及产品站内推广；
2. 能开展全球速卖通平台店铺及产品站内推广；
3. 能开展亚马逊平台店铺及产品站内推广；
4. 能开展 eBay 平台店铺及产品站内推广。

◎ 素养目标

1. 能够利用计算机等工具进行日常办公和信息收集处理；
2. 能合理运用翻译、视频编辑等相关工具辅助工作；
3. 具备一定的创新能力和学习能力，善于发现和解决问题；
4. 遵守职业道德，服从公司规章制度；
5. 具备创新意识、思路开阔；
6. 能主动表达意愿、沟通想法、协调关系；
7. 能吃苦耐劳、承受压力。

◎ 预期学习成果及支撑 CLO

项目预期学习成果	课程预期学习成果（CLO）	参考学时
1. 能基于阿里巴巴国际站平台规则及营销工具开展站内推广	CLO 7	2
2. 能基于全球速卖通平台规则及营销工具开展站内推广	CLO 7	2
3. 能基于亚马逊平台规则及营销工具开展站内推广	CLO 7	2
4. 能基于 eBay 平台规则及营销工具开展站内推广	CLO 7	2

任务一 阿里巴巴国际站平台站内推广

知识储备

一、外贸直通车

外贸直通车，是阿里巴巴国际站推广资源位，免费展示产品信息，通过大量曝光产品来吸引潜在买家，并按照点击付费的全新网络推广方式。可以通过出价获得第一页前五位（除其余资源位，如顶级展位等）、每页右侧 10 个和下方 4 个智能推荐位。

外贸直通车的基本流程如图 5－1 所示。

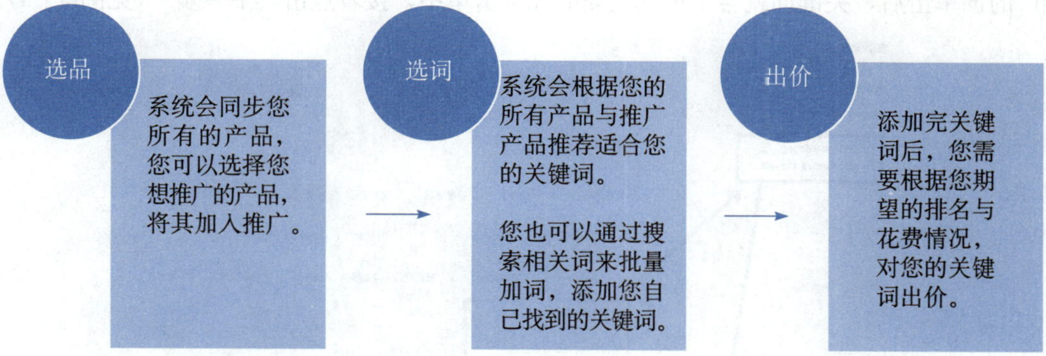

图 5－1 外贸直通车基本流程

操作步骤如下：

【Step 1】选择想要推广的产品。

- 点击“营销中心”—“外贸直通车”—左侧“推广产品设置”。

● 将“新增产品默认：暂不推广”，修改为“加入推广”，这样后期发布的产品会自动加入推广，不用自己手动添加产品（见图 5－2）。

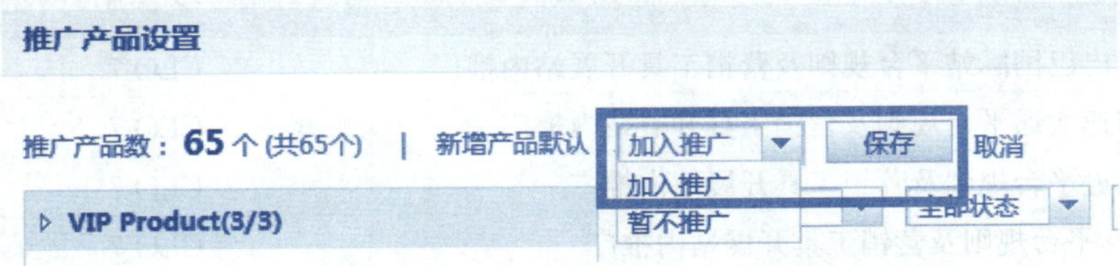

图 5－2

● 按类目逐个勾选想要推广的产品，选择“加入推广”（见图 5－3）。

若需要取消推广，则在这里找到对应产品后，点击“取消推广”即可。

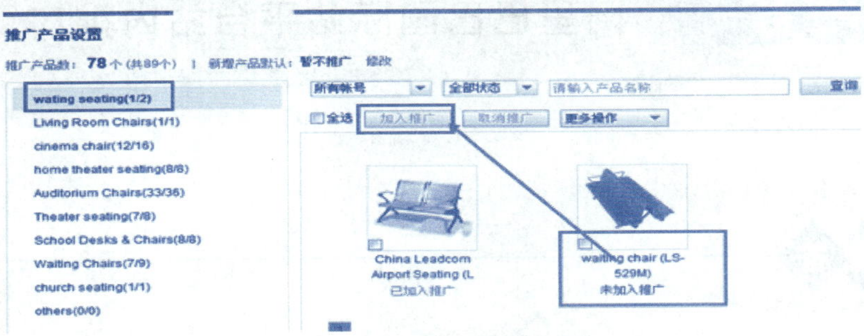

图 5－3

【Step 2】选择合适的关键词进行添加。

● 点击“推广工具”—“关键词工具”。

● 通过“系统推荐”，或者在上方搜索框中输入查找相关词，或者在左侧直接手动输入关键词，选择想要推广的关键词。如：使用系统推荐功能，从系统推荐的关键词中找到想要推广的词单击后，关键词就会出现在左侧的加词清单中，接着点击“下一步”（见图 5－4）。

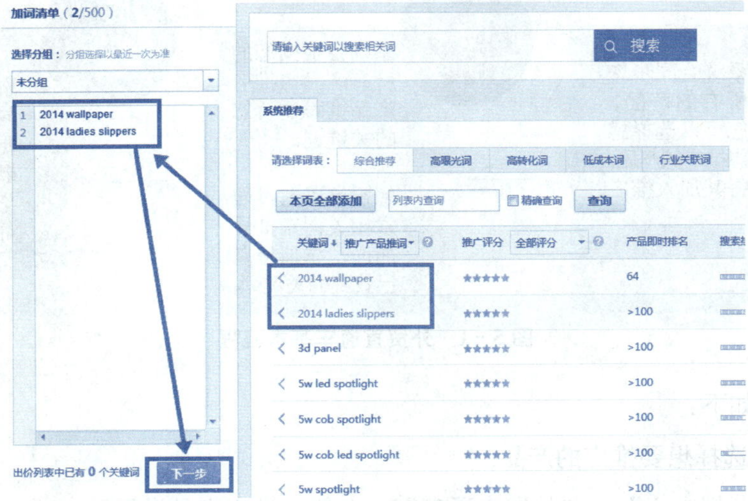

图 5－4

【Step 3】对关键词出价，竞争有利排名。

● 添加完关键词后，点击左下角“下一步”进入出价页面。

● 对关键词进行价格调整，点击对应关键词的价格，对于3～5星关键词输入想要出的价格或者直接点选您想要排在第几名，然后点击“确定”（见图5-5）。

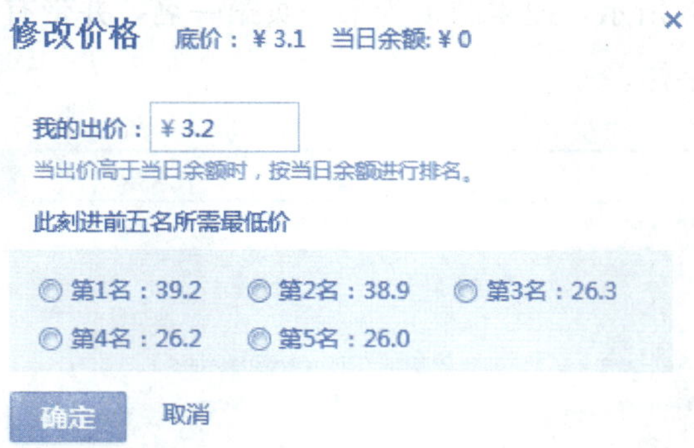

图5-5

● 对于1～2星关键词可以选择出一个同行均价，或者保持系统默认（底价+0.1元），点击“确定”（见图5-6）。

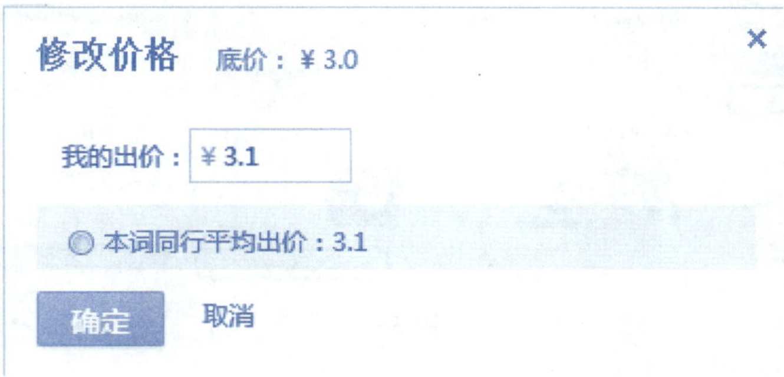

图5-6

● 最后点击页面右下角的“完成”，直至页面出现“加词成功”，整个推广才算建立完成（见图5-7）。

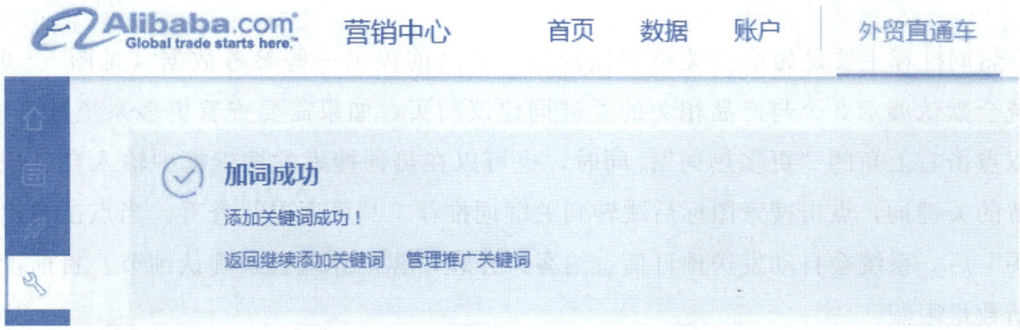

图5-7

二、 顶级展位

顶级展位，是阿里巴巴国际站提供的付费推广资源位，您可购买抢占某个搜索词的结果展示区的第一位，以帮助您提升产品曝光和店铺流量。

展示效果如图 5－8 所示，搜索结果为第一页第一名，并带有专属皇冠标志和“Top Sponsored listing”的字样。

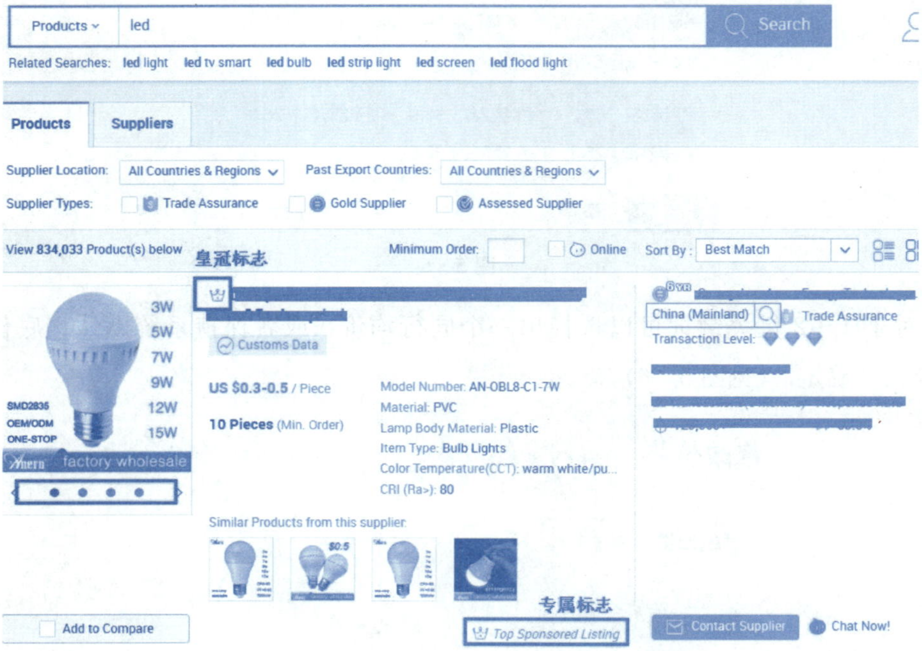

图 5－8

(一) 顶展首页

1. 热词推荐

热词推荐主要是为购买关键词做顶级展位之前提供一些参考数据（见图 5－9）。系统会默认展示 2 个与产品相关的关键词建议购买，如果需要查看更多系统推荐词，可以点击右上角的“更多热词”；同时，也可以在热词搜索的搜索框中输入自己想要了解的关键词，点击搜索图标后跳转到关键词推荐工具页面进行查看。当点击“申请购买”后，系统会自动发送预订信息给客户经理，客户经理会来确认细节。目前没有申请数量限制。

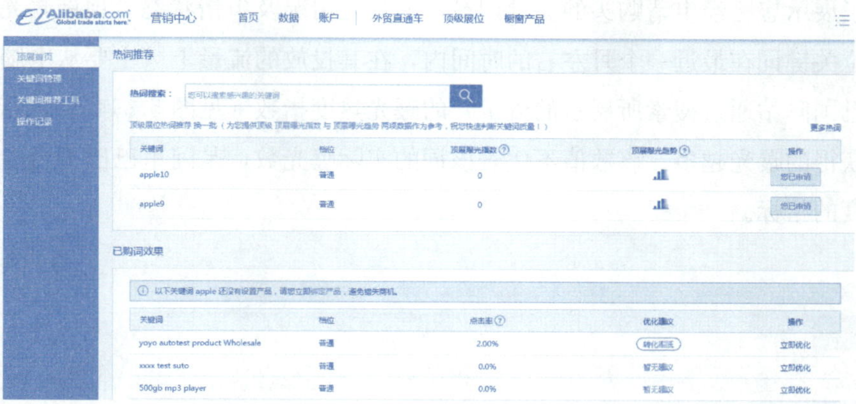

图 5-9

2. 已购词效果

已购词效果展示已经购买了顶级展位推广的关键词目前的推广数据及优化建议。平均点击率=最近 30 天累计点击/最近 30 天累计曝光；优化建议中的点击率=最近 30 天的点击/最近 30 天的曝光，转化率=最近 30 天的询盘/最近 30 天的点击。鼠标移动上去之后会有相关优化提醒，您可以根据提醒去优化您的产品。当点击“立即优化”会提示“更换绑定产品”或优化现有产品信息质量（见图 5-10）。

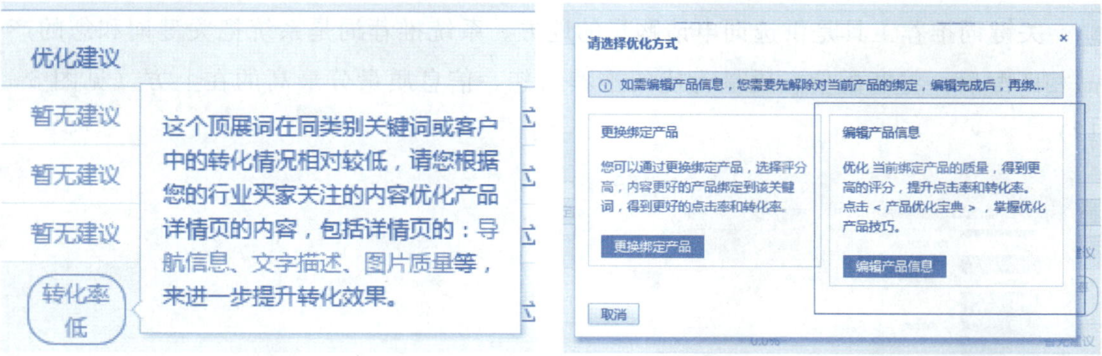

图 5-10

注意：为了确保排在第一名的产品正常投放，当产品被绑定为顶级展位产品时，是无法进行编辑的，需先解绑后再优化。

（二）关键词管理

关键词管理中除了展示将要投放的关键词及对应产品、已经投放的关键词及对应产品外，新增了展示您已经申请购买的关键词最近的曝光情况及申请状态。顶展曝光指数，指该顶级展位关键词在最近一个月左右的时间内，在其投放的流量上（主要从电脑端直接进入阿里巴巴国际站通过搜索所展示的流量）的曝光热度指数（见图 5－11）。该指数越高代表该词能获得的曝光越多。该数值不代表该词的实际曝光数，是阿里巴巴平台专门用于衡量曝光强度的指标。

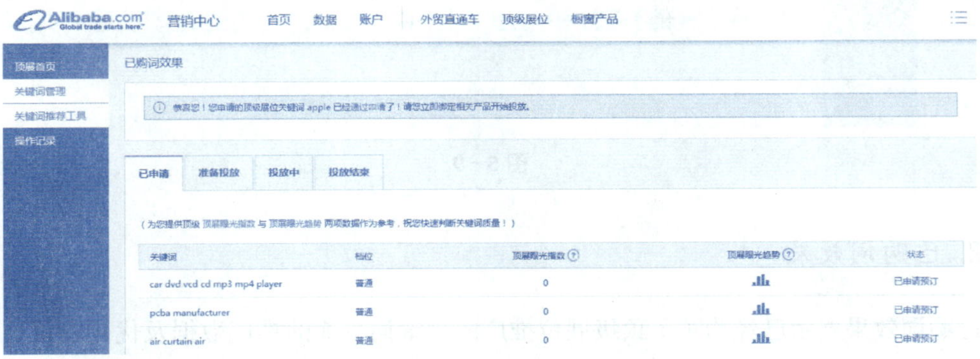

图 5－11

（三）关键词推荐工具

关键词推荐工具是供选词申请购买的地方。系统推荐词是系统把关键词和您的产品相匹配后，将匹配信息质量为优的推荐给您，信息质量分最高的在上方（见图 5－12）。

图 5－12

（四）操作记录

供查看顶级展位最近的操作明细。

三、 橱窗产品

橱窗，即橱窗展示位，是一种营销推广工具，添加到橱窗的产品，在同等条件下享有搜索优先排名权益，同时可在全球旺铺中做专题展示。可根据公司推广需求，自行选择需推广的产品，如推广效果好的产品、新品或主打产品等。阿里巴巴国际站出口通服务包含10个橱窗，若为“金品诚企”服务，包含有40个橱窗，此外还可联系客户经理另行购买。

（一）橱窗产品优势

（1）享有搜索优先排名，在同等条件下，橱窗产品排在非橱窗产品前面；

（2）拥有您公司网站首页推广专区，提升主打产品推广力度；

（3）自主更换橱窗展示产品，轻松掌握主打产品推广的主动权。

（二）公司网站产品推广专区展示效果

（1）效果一（4大6小）如图5-13所示。

图5-13

（2）效果二（全小图）如图 5－14 所示。

图 5－14

（三）橱窗入口

（1）入口一："My Alibaba" 后台—"产品管理"—"管理橱窗产品"（见图 5－15）。

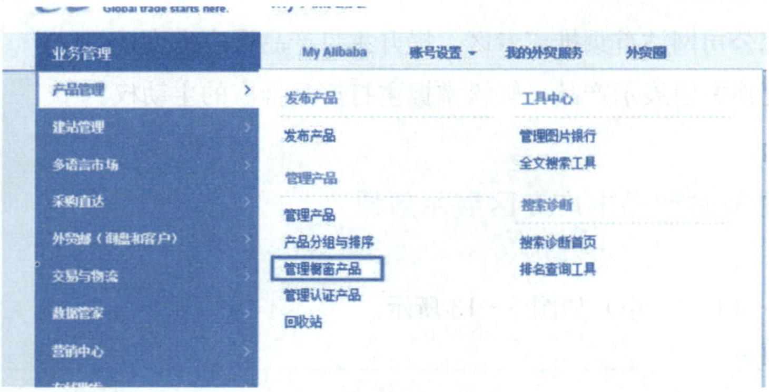

图 5－15

（2）入口二："My Alibaba" 后台—"营销中心"—"橱窗"（见图 5－16）。

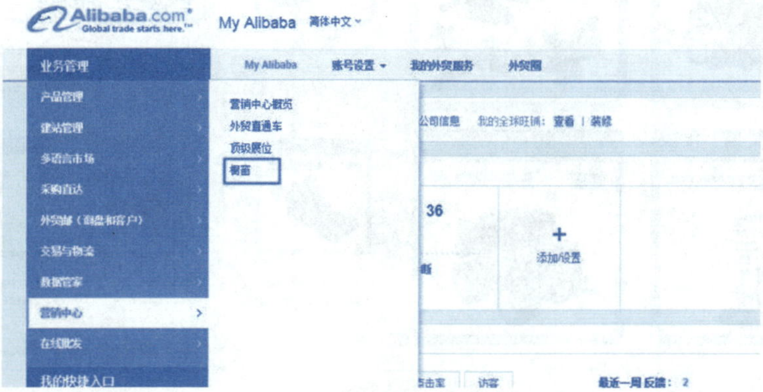

图 5－16

(四) 橱窗订单管理

只有主账号才有查看和开通橱窗的权限。

1. 待开通订单

查看未开通的橱窗订单，选择设置开通时间（见图 5－17）。注意：赠送橱窗订单，赠送的橱窗订单请务必在签约后 90 天内设置好开通时间，如未提前设置，系统将自动开通。如签约时间是“2017－10－11”，则需要在“2018－1－9”前设置好开通时间，否则，系统将自动在“2018－1－8”设置开通时间为“2018－1－9”。

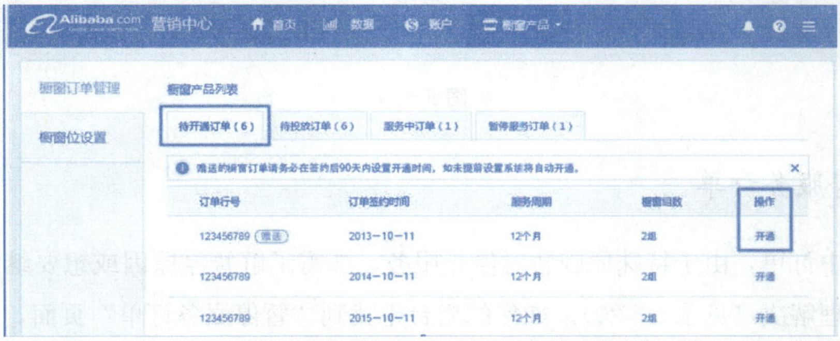

图 5－17

2. 待投放订单

已经设置开通时间，但仍未开始服务的橱窗组，可以到橱窗产品管理的空位中，提前进行橱窗产品添加（见图 5－18）。

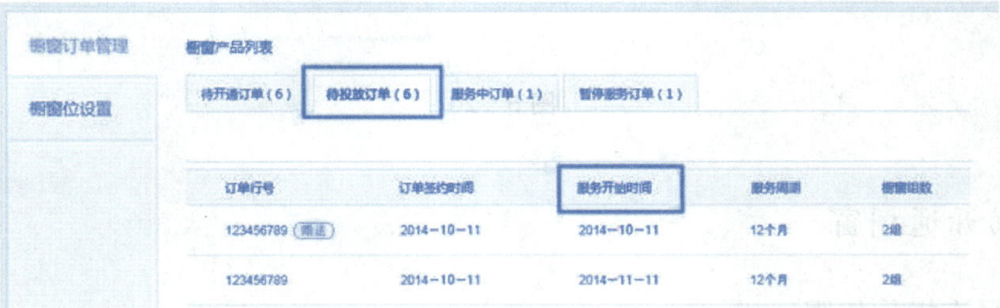

图 5－18

3. 服务中订单

目前正在服务中的橱窗订单，可以到橱窗位设置页面进行管理，也可通过服务结束时间及时了解订单到期时间，提前准备续签新订单，或到“橱窗产品设置”页面合理安排橱窗位排序，避免主推广产品因橱窗位到期被下线（见图 5－19）。

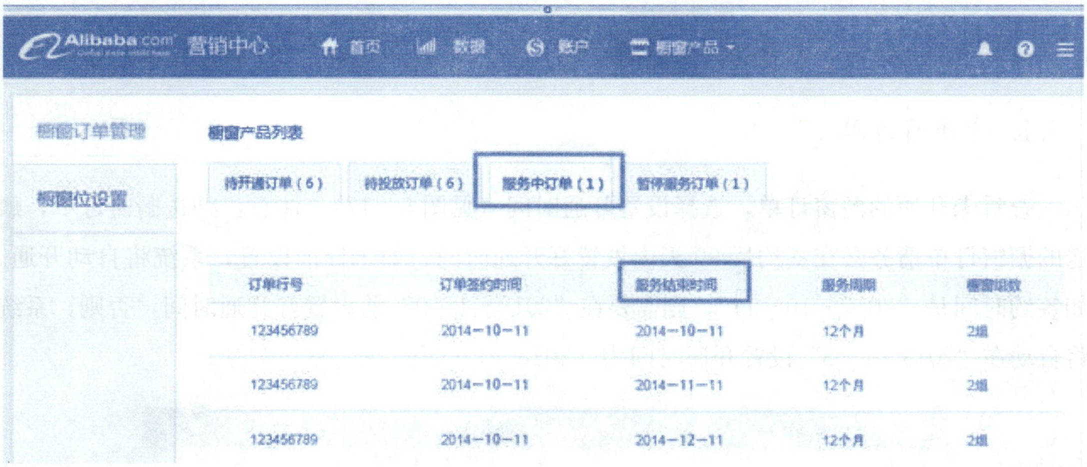

图 5－19

4. 暂停服务订单

原服务中订单，由于特殊原因暂时停止服务，如需了解暂停原因或想要继续使用，可联系客户经理解决（见图 5－20）。如您的后台未找到“暂停服务订单”页面，表示您暂无暂停服务的橱窗订单。

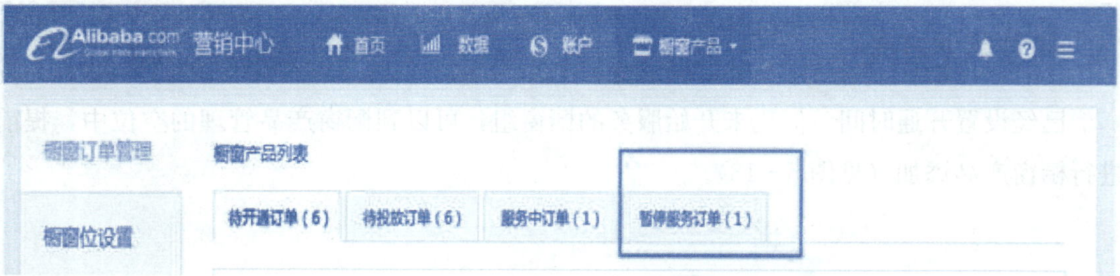

图 5－20

5. 自助开通橱窗

仅主账号有操作权限。

第一步：点击“橱窗订单管理”页面—“待开通订单”，查看您需要开通的订单。

第二步：点击“开通”按钮，在下拉日期中选择开通日期，点击“确认”（见图 5－21）。

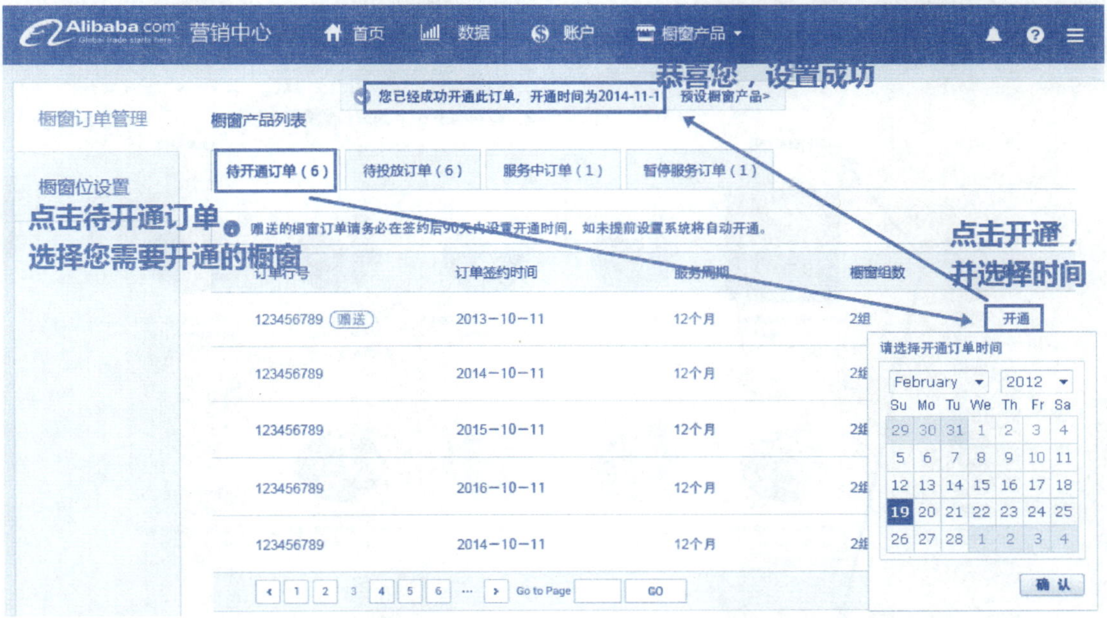

图 5-21

（五）橱窗位设置

只有管理员和制作员权限可以管理橱窗产品。

1. 待投放橱窗位

已经设置了开通时间的橱窗订单，在服务开始前，可以在“待投放橱窗位”页面，提前进行橱窗产品设置。此页面的橱窗产品需要到开通时间才会展示在网站上。

进入“橱窗位设置”页面，点击“待投放橱窗位”，查看有多少个橱窗位需要添加，按提示数量准确添加；点击“添加橱窗产品”，或直接点击空橱窗位进行橱窗产品添加（见图 5-22）。

最多可提前添加 100 个待投放橱窗位，上线顺序从前往后。

2. 服务中橱窗位

可对投放中的橱窗进行管理的各种操作。鼠标移动至需要修改的橱窗产品图片上，可以进行修改排序、移除产品、替换产品；点击产品名称进入详细页面，进行产品信息编辑（见图 5-23）。

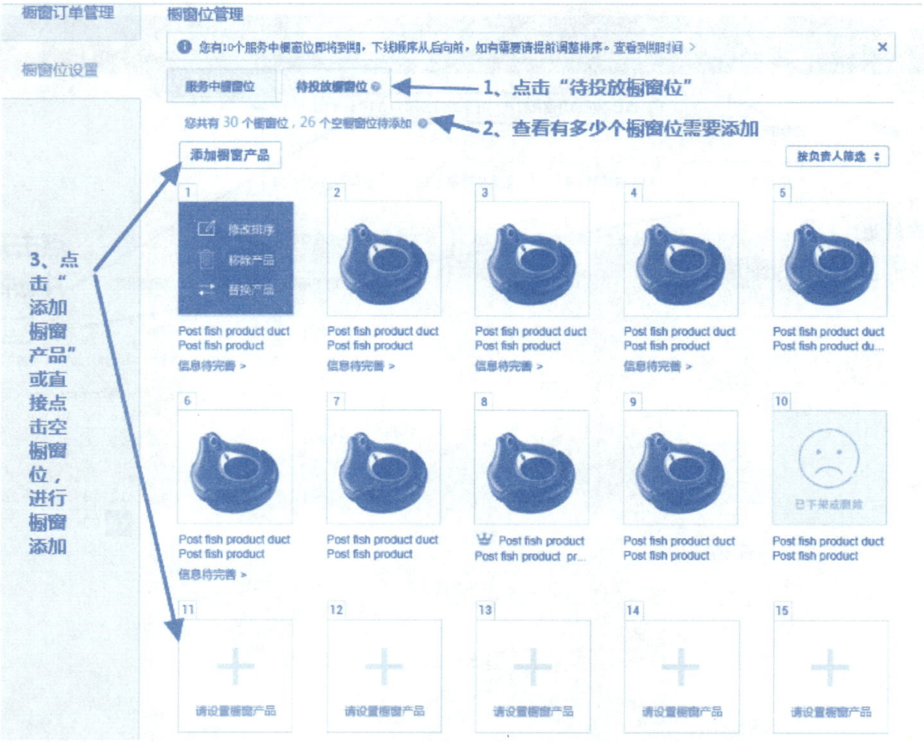

图 5-22

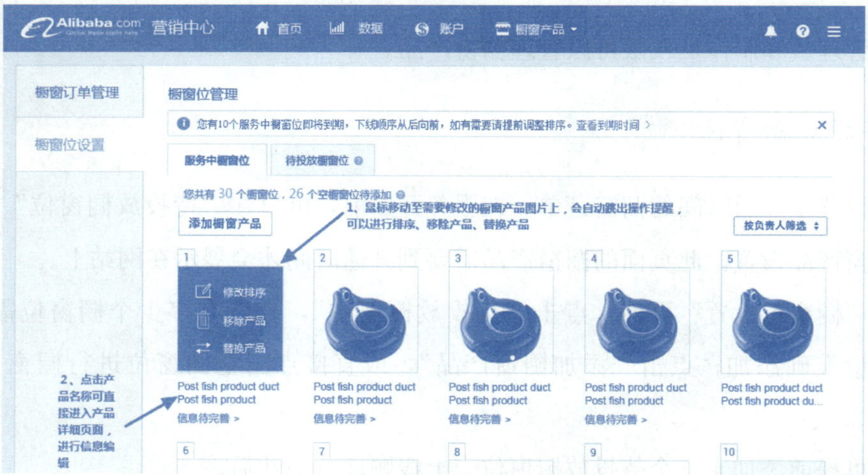

图 5-23

修改橱窗的展示顺序如图 5-24 所示。

提升待完善的橱窗产品信息：系统根据各字段填写的内容对产品信息质量进行总体评估（见图 5-25）。为了使产品信息更加吸引买家，提升营销效果和买家体验，需不断提升产品信息质量。

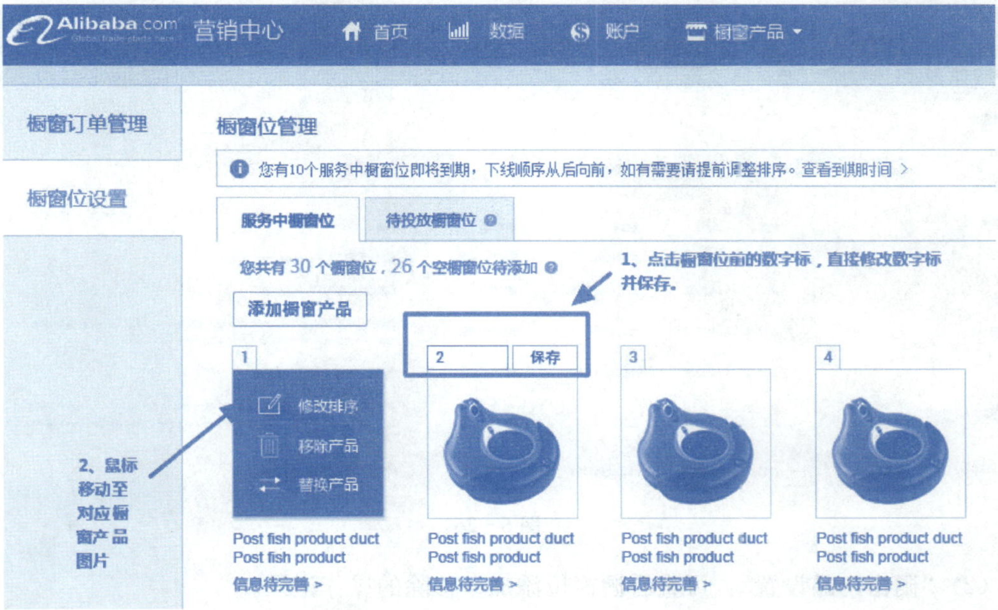

图 5-24

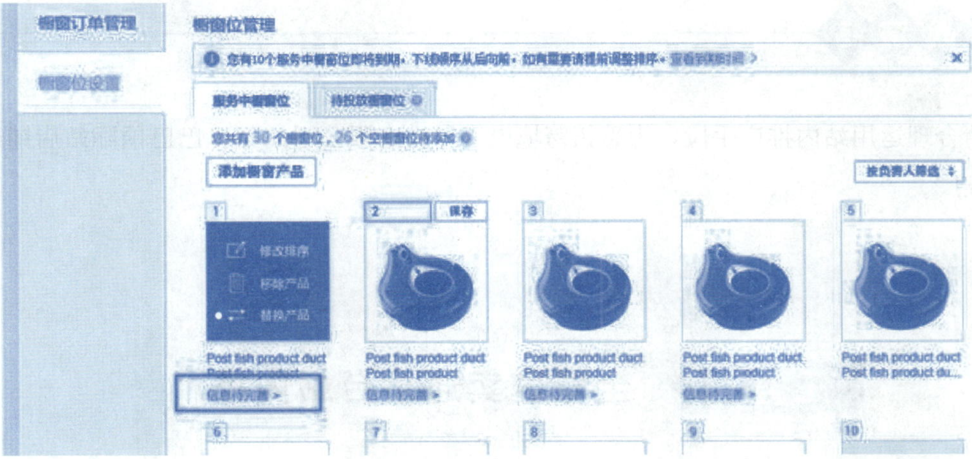

图 5-25

（六）橱窗操作记录查看

在“营销中心”—“数据”—“橱窗”—“操作记录”中，可以按照操作类型和时间段来查看最近 60 天的操作记录（见图 5-26）。

各“操作类型”含义如下：

（1）“橱窗订单设置”：可查看订单的开通操作记录。

图 5－26

（2）“橱窗产品设置”：可查看橱窗位添加、移除的操作记录。

（3）“橱窗产品调整”：可查看橱窗顺序调整及产品替换记录。

实战演练

请合理运用站内推广手段，为思拓跨境电商科技有限公司的阿里巴巴国际站店铺进行站内推广。

任务二 全球速卖通平台站内推广

知识储备

一、店铺自主营销

目前全球速卖通平台向卖家提供了四大店铺自主营销工具，即限时限量折扣、全店铺满立减、全店铺打折、店铺优惠券。

(一)限时限量折扣

全球速卖通买家购物车、收藏夹里的商品一旦打折，立刻会收到系统提示，提升购买率。如果全球速卖通买家使用搜索页面“Sale Items”（折扣产品）的搜索结果筛选功能，通过限时限量折扣工具打折的商品，即将有机会展示在搜索结果的第一页（见图 5－27）。

图 5－27

在限时限量促销期间，网站会引入千万新流量，此时卖家一定要抓住这个流量暴涨的好时机，冲高交易量。

限时限量折扣工具操作流程如下：

【Step 1】登录用户后台，进入“营销中心”，点击“店铺活动”后，您可以开始创建活动（见图 5－28）。

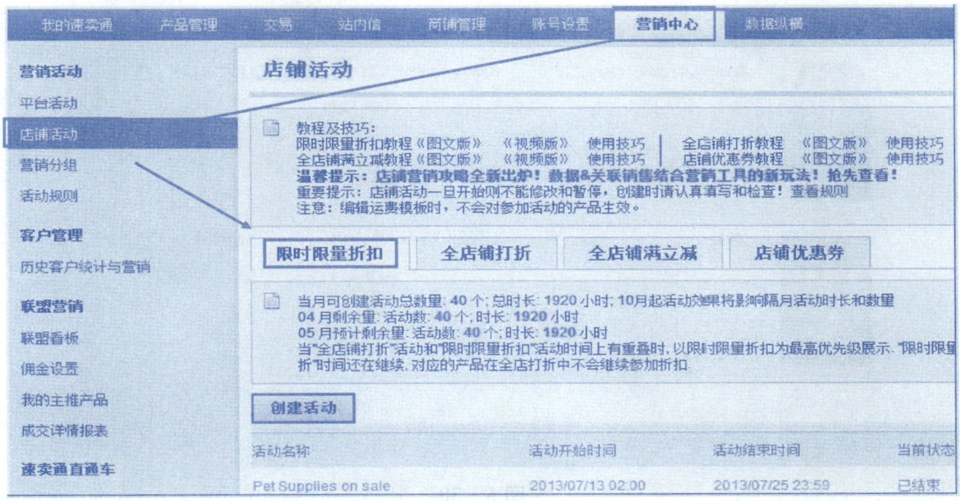

图 5－28

【Step 2】点击“创建活动”按钮进入创建店铺活动页面（见图 5－29）。活动开始时间为美国太平洋时间。打折商品 12 小时后展示给买家，卖家应提前 12 小时创建好活动。

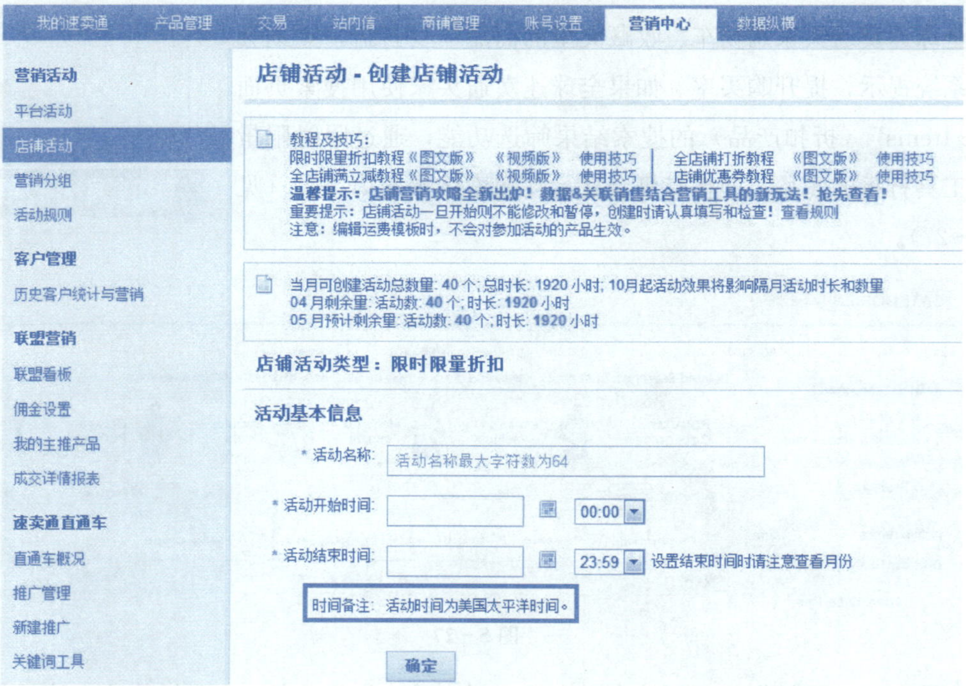

图 5－29

【Step 3】创建好店铺活动后，选择参与活动的商品，每个活动最多只能选择 40 个商品（见图 5－30）。

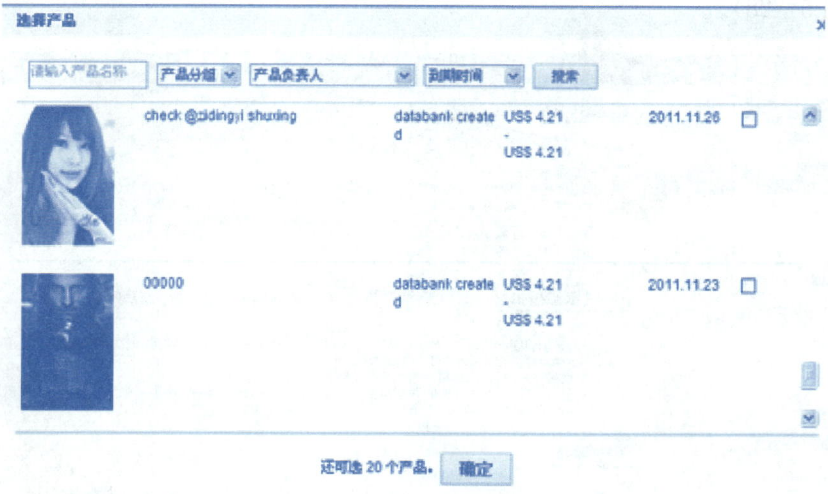

图 5－30

【Step 4】设置商品折扣率和促销数量。可批量设置折扣库存，也可单独设置（见图5－31）。

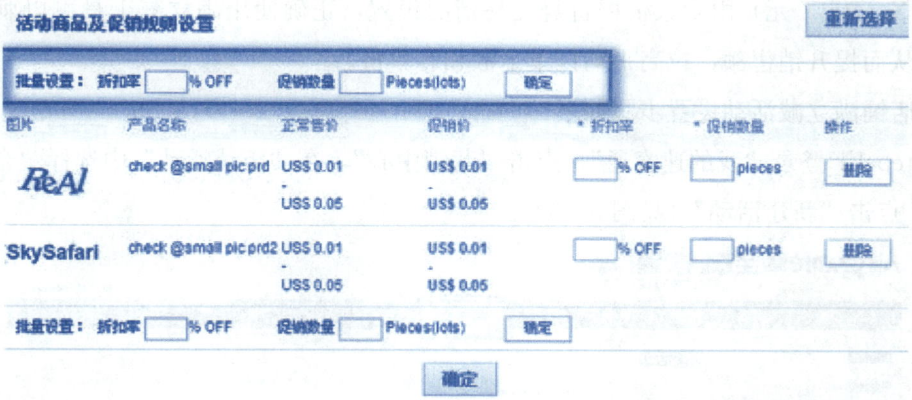

图5－31

【Step 5】点击“确定”后即完成设置。活动将处于“未开始”状态，此时可以进行修改活动时间、增加和减少活动商品等操作。活动开始前6小时将进入审核状态，活动状态将变成“等待展示”，活动开始后将处于“展示中”状态。“等待展示”和“展示中”不可编辑，也不可停止，卖家应谨慎设置（见图5－32）。

图5－32

特别提醒：限时限量折扣活动一旦创建，商品即被锁定，无法编辑，只能下架。也可以选择退出该活动，退出活动后可编辑。卖家最好在创建活动前编辑好活动商品信息。

（二）全店铺满立减

全店铺满立减工具是全球速卖通全新推出的店铺自主营销工具。针对全店铺的商品，在买家的一个订单中，若订单金额超过

了卖家设置的优惠条件（满 X 元），在其支付时系统会自动减去优惠金额（减 Y 元）。既让买家感觉到实惠，又能刺激买家为了达到优惠条件而多买，买卖双方互利双赢。优惠规则（满 X 元减 Y 元）由卖家根据自身交易情况设置，正确使用满立减工具可以刺激买家多买，从而提升销售额，拉高平均订单金额和客单价。

全店铺满立减活动设置步骤如下：

【Step 1】登录“我的速卖通”，点击“营销中心”，在“店铺活动”中选择“全店铺满立减”，点击“新建活动”（见图 5 - 33）。

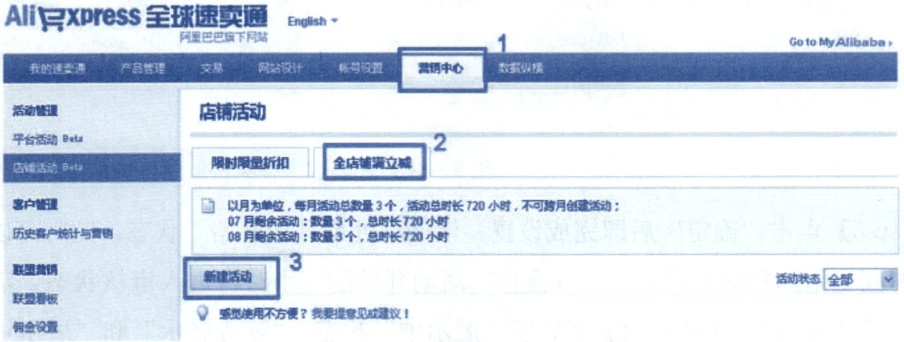

图 5 - 33

【Step 2】填写活动基本信息。特别注意：时间填写不能跨月，并且需要提前 48 小时创建活动。

【Step 3】填写促销规则（见图 5 - 34）。特别注意：折扣和满立减的优惠是可以叠加的，设置时一定要考虑折上折时的利润问题。

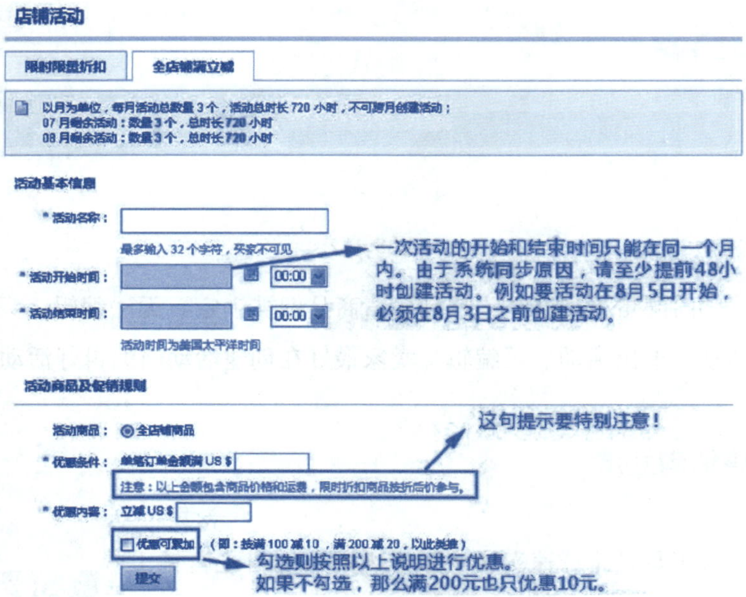

图 5 - 34

填写范例如图 5－35 所示。

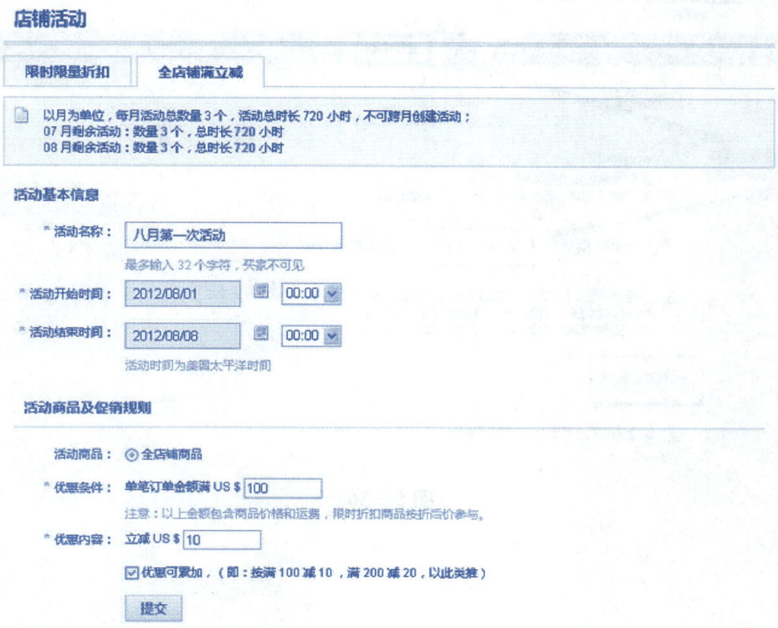

图 5－35

特别提示：

（1）当活动处于“等待展示”和“展示中”状态时，活动不能被修改。活动开始前的 24 小时将处于“等待展示”阶段。

（2）与折扣商品不同，满立减活动中的商品仍然可以编辑修改。

（三）全店铺打折

全店铺打折工具是全球速卖通推出的第三款店铺自主营销工具。卖家可以根据不同类目商品的利润率，对全店铺的商品按照商品分组设置不同的促销折扣，吸引更多流量，刺激买家下单，累积客户和销量。

全店铺打折活动设置步骤如下：

【Step 1】登录“我的速卖通”，点击“营销中心”，在“店铺活动”中选择“全店铺打折”，点击“创建活动”，如图 5－36 所示。

【Step 2】填写活动基本信息。请提前 48 小时创建活动，活动开始和结束时间必须在同一个月内，但是可以提前创建下一个月的活动，如图 5－37 所示。

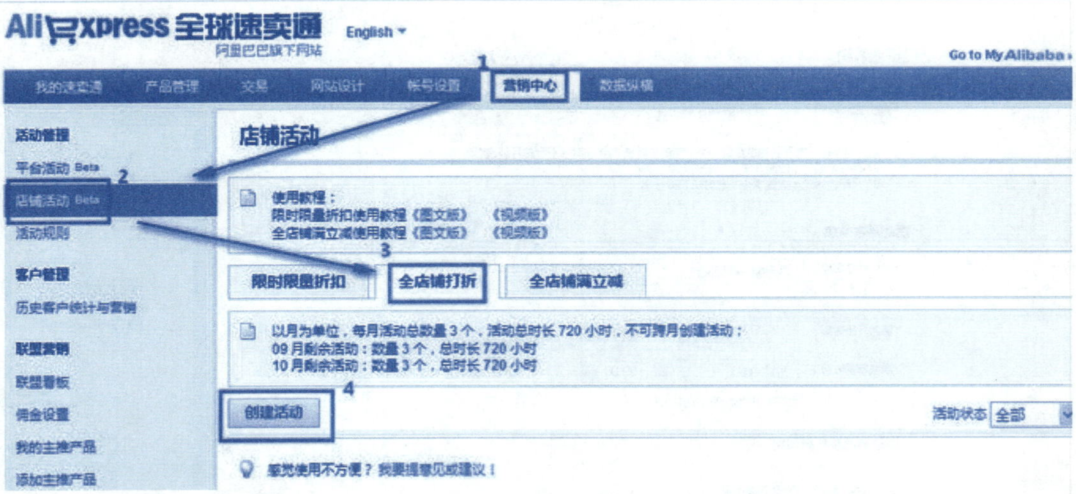

图 5-36

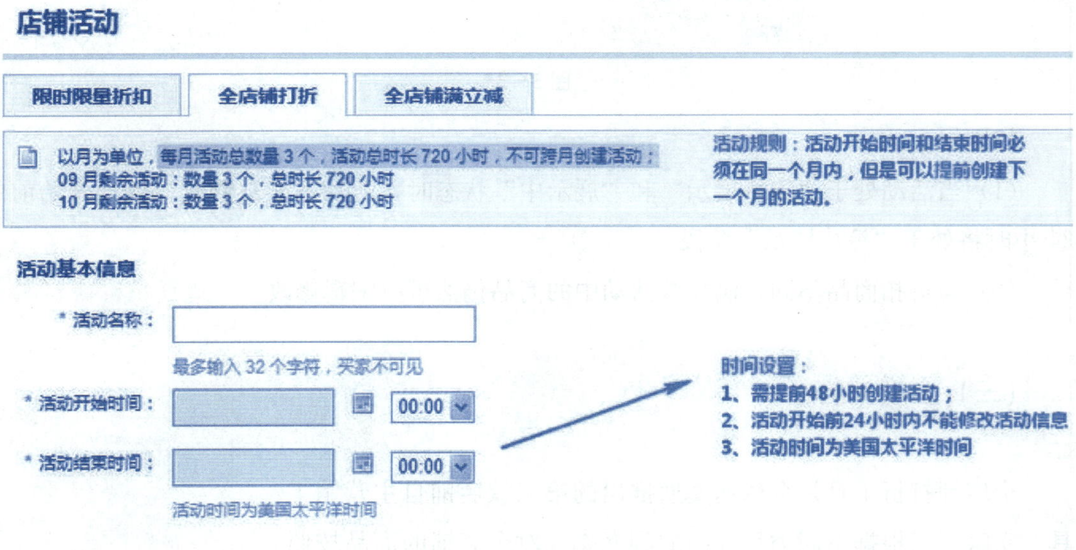

图 5-37

特别提示：

（1）月初是活动数量最少的时候，卖家应该抓住机会，提前设置好月初开始的活动，争取更多曝光和订单。

（2）如果选择了当月最后一天，需要再选择时间是23：00，否则该活动会在最后一天的0点就结束了。

【Step 3】填写促销规则，如图5-38所示。

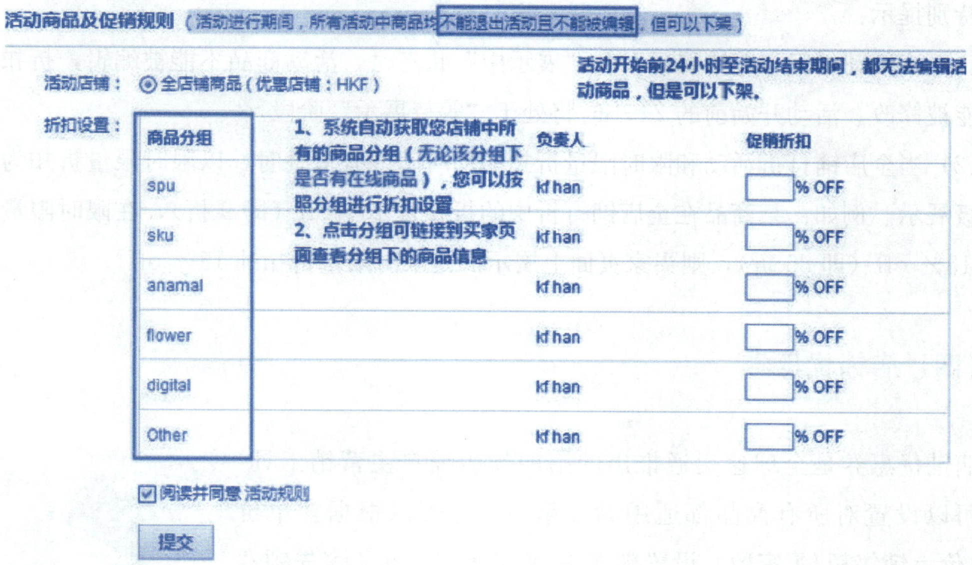

图 5-38

填写范例如图 5-39 所示。

图 5-39

特别提示：

(1) 当活动处于“等待展示”和“展示中”状态时，活动商品不能被编辑，折扣信息也不能被修改。活动开始前的 24 小时将处于“等待展示”阶段。

(2) 当全店铺打折活动和限时限量折扣活动时间上有重叠时，以限时限量折扣为最高优先级展示。例如：某商品在全店铺打折中的折扣是 10%off（即 9 折），在限时限量折扣中是 15% off（即 85 折），则买家页面上展示的是限时限量折扣的 15% off。

(四) 店铺优惠券

店铺优惠券是全球速卖通推出的第四款店铺自主营销工具。卖家可以设置对所有商品都适用的优惠券，也可以根据客单价（客单价=销售额/买家数）设置满 X 减 Y 优惠券，让买家先领券再下单，提升购买转化率。

店铺优惠券活动设置步骤如下：

【Step 1】登录“我的速卖通”，点击“营销中心”，在“店铺活动”中选择“店铺优惠券”，点击“添加优惠券”，如图 5-40 所示。每月总共有 5 个活动，活动开始和结束时间必须在同一个月内，但是可以提前创建下一个月的活动。请提前 48 小时创建活动，活动开始前可关闭活动，活动开始后则无法修改和关闭。

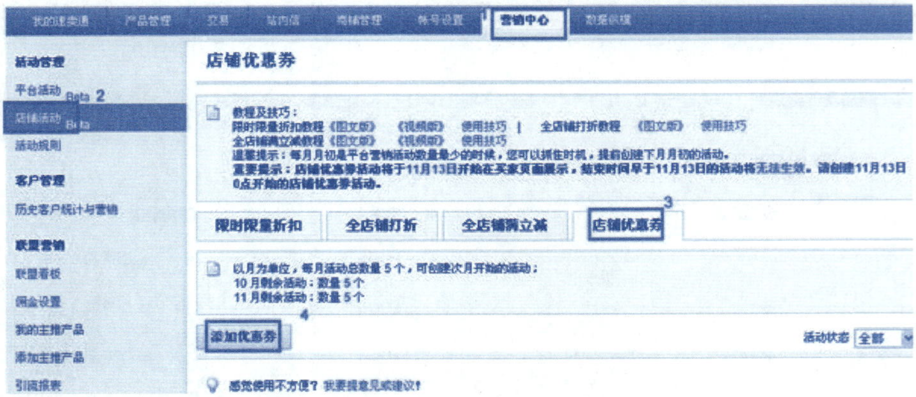

图 5-40

【Step 2】填写活动基本信息（见图 5-41）。

活动开始和结束时间表示买家可领取优惠券的时间，买家可使用该优惠券的时间在“优惠券使用规则设置”中的“有效期”设置。例如：活动时间为 11 月 13—30 日，有效期为 7 天，买家在 11 月 20 日领取优惠券，领用后可立即使用，最晚使用日期为 11 月 27 日。

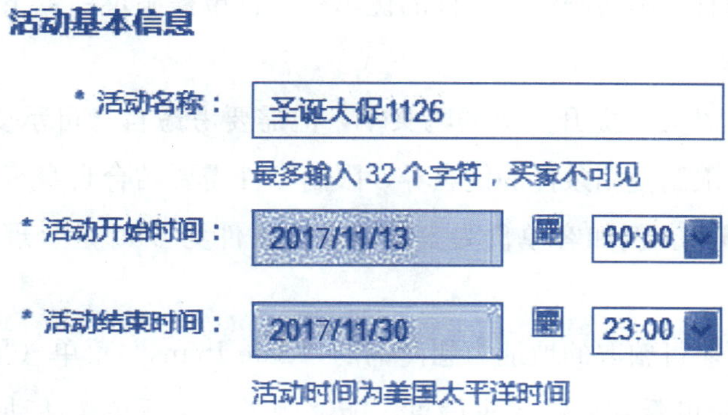

图 5－41

【Step 3】填写优惠券领取和使用规则（见图 5－42、图 5－43）。

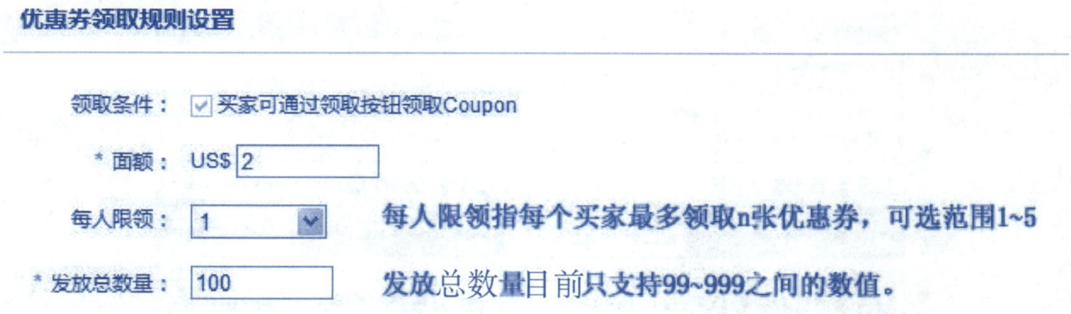

图 5－42

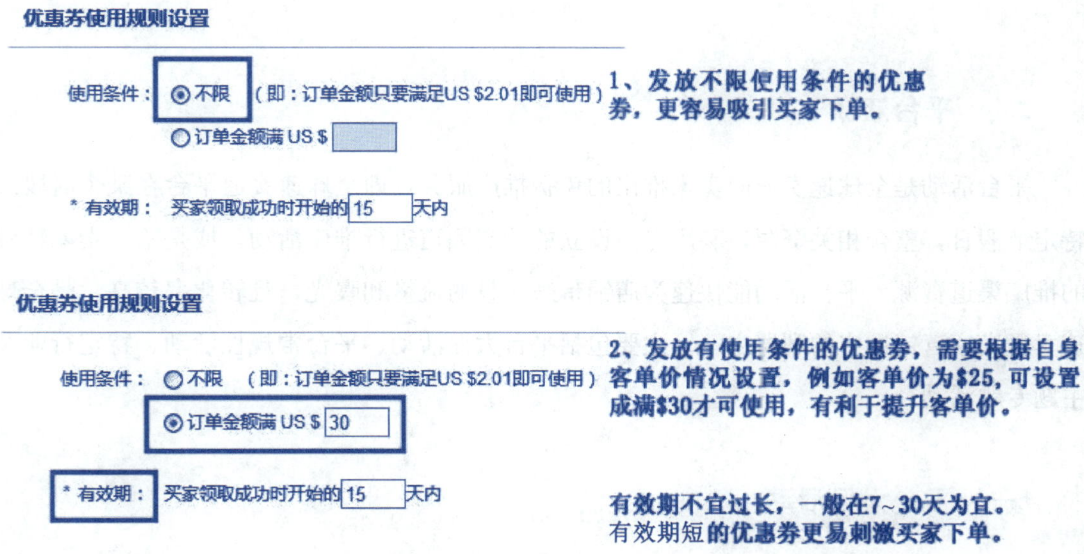

图 5－43

卖家可以发放的优惠券类型有：不限制使用条件的优惠券；订单需满足一定条件后才能使用的优惠券。

不限制使用条件的优惠券可以大大提升买家的购买率，但需要考虑自身可承受范围，面值和数量上可以做一些控制。限制使用条件的优惠券，限制条件需要结合自身客单价来设置，条件设置比客单价略高即可。例如客单价为＄20，设置条件为＄30是合理的，但设置成＄100就会没效果了。

店铺优惠券活动生效后，买家可领取的地址为您商铺的“Sale Items”菜单（见图5-44）。买家在浏览商品详情页面时可看到店铺优惠信息，能够刺激买家下单。活动一旦生效，卖家应立刻将链接地址发给老买家，让老买家最先抢到优惠券。

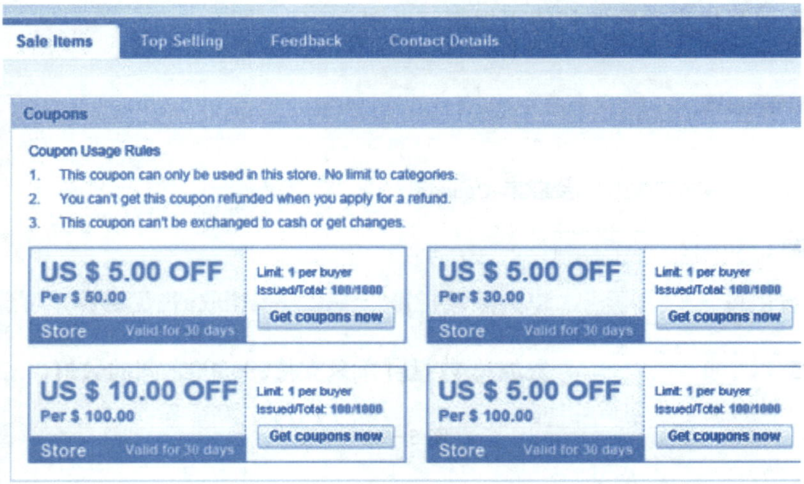

图5-44

二、 平台活动

平台活动是全球速卖通向卖家推出的免费推广服务，即全球速卖通平台在某个时段或特定节假日，整合相关资源，利用专门设立的特定频道进行推广活动，或是给予卖家特殊的推广渠道资源。平台活动能快速为店铺带来大量的流量和曝光，且转化率较高，是全球速卖通卖家营销推广的利器之一。主要包括平台大促活动、平台常规性活动、特定行业及主题专题活动。

（一）平台大促活动

全球速卖通平台每年开展三次大促活动。

1. Shopping Festival

年初的“325购物节”。

2. Supernova Sale

年中的“819金秋盛宴”。

3. Double Eleven Carnival

年尾的“双十一”。

从力度上讲，“双十一”的促销力度最大，也是流量最大的大促活动。每次大促活动全球速卖通平台均花费大量资源引进流量，活动效果十分显著。大促活动的海量流量能带来店铺及单品排名的迅速攀升，因此每年的平台大促活动都是卖家的兵家必争之地。

平台大促活动的类型主要包括：

（1）秒杀活动；

（2）主会场五折活动；

（3）分会场活动；

（4）主题馆；

（5）优质店铺推广活动；

（6）全店铺折扣活动；

（7）海景房活动。

（二）平台常规性活动

1. Super Deals

秒杀活动，全站唯一享有单品首页曝光，适用于推新品和打造爆款，包括：

（1）Today's Deal；

（2）Weekend Deals；

（3）GaGa Deals。

2. 团购活动

针对特定国家的营销推广活动，目前开通的团购活动国家包括：

(1) 俄罗斯;

(2) 巴西;

(3) 印度尼西亚;

(4) 西班牙。

(三) 行业活动及主题活动

1. 行业活动

根据不同行业的特性，推出专属于行业的主体营销推广活动，如家具行业的活动 Transform Your Room。

2. 主题活动

针对特定主题设定的专题营销推广活动。如新年换新季主题活动、情人节大促主题活动等。

平台活动需卖家报名参与。进入全球速卖通店铺后台，点击“营销活动”选项，进入“平台活动”页面，就会展现目前正在招商的平台活动列表。系统会根据店铺的经营指标自动展示“可参加的活动”，卖家可在平台活动中选择自己想参加的活动进行申请。

三、 联盟营销

联盟营销是一种按效果付费的营销模式，所有全球速卖通的注册卖家都有参加联盟营销的权利。参与到这个计划的卖家，只需为联盟网站带来的成交订单支付联盟佣金。买家从联盟网站通过固定格式的跟踪链接访问到全球速卖通网站时，联盟网站会在买家用户浏览器中放置特别的 Cookie。在 Cookie 的 30 天有效期内，如果用户对卖家店铺中的产品下单，并且这笔订单最终交易完成，即算作一个有效联盟订单。交易完成的定义是货部分或整体在买家处，买家确认收货或系统自动确认妥投。如果一笔订单产生了部分退款，只要退款金额小于产品金额的总和，订单仍算作有效联盟订单，卖家需为此支付联盟佣金。只有主推产品才可以参加联盟专属的推广活动，卖家可以设置 20 件主推产品。全球速卖通的注册卖家加入联盟营销的 15 天后可以选择退出，退出后的 15 天内不能再加入联盟营销。

目前联盟的主要推广方式包括单品、产品包、活动、优惠券等。单品、产品包及其活

动主要来自卖家设置的主推产品，优先推荐热卖产品中佣金高的产品。直接推广产品的广告是以产品目录的方式向联盟网站提供产品，每个加入联盟营销的产品都有曝光的机会，联盟网站使用的推广手段有许多种，包括搜索引擎优化、付费广告、社区论坛、邮件营销等。

全球速卖通联盟营销无须预先支付任何费用，并且推广过程完全免费，只有通过"速卖通联盟营销"成交后才需要支付佣金。例如：一笔来自联盟的订单交易成功后，扣除运费外已支付订单金额的 X% 为佣金（X% 为该产品的佣金比例）。佣金的扣除在联盟订单交易完成时进行结算。新联盟计划的佣金比例是在全球速卖通给出的上下限范围内由卖家自主决定的，所有佣金比例的上限均为 50%，卖家可按照顶级类目（top-level product categories）设置佣金比例，类目比例的下限根据不同类目有所不同（见表 5－1）。

表 5－1　全球速卖通联盟佣金比例表

顶级类目（top-level product categories）	最低佣金比例	最高佣金比例
Apparel	5%	50%
Automobiles & Motorcycles	5%	
Beauty & Health	5%	
Computer Hardware & Software	3%	
Construction & Real Estate	5%	
Consumer Electronics	5%	
Customized Products	5%	
Electrical Equipment & Supplies	5%	

续前表

顶级类目（top-level product categories）	最低佣金比例	最高佣金比例
Electronic Components & Supplies	5%	
Furniture	5%	
Gifts & Crafts	5%	
Hardware	5%	
Health & Medical	5%	
Home & Garden	3%	
Home Appliances	5%	
Jewelry & Watches	5%	
Lights & Lighting	3%	
Luggage & Bags	5%	
Machinery parts & accessories	5%	50%
Measurement & Analysis Instruments	5%	
Mechanical Parts & Fabrication Services	5%	
Office & School Supplies	5%	
Packaging & Printing	5%	
Phones & Telecommunications	3%	
Security & Protection	5%	
Shoes	8%	
Sports & Entertainment	5%	
Tools	5%	
Toys & Hobbies	5%	

微课：关键词查找与选择

微课：限时限量折扣、全店铺打折

微课：站内推广经验分享

实战演练

请合理运用站内推广手段，为思拓跨境电商科技有限公司的全球速卖通店铺进行站内推广。

任务三 亚马逊、eBay、Wish 平台站内推广

知识储备

一、 亚马逊促销活动

目前亚马逊向卖家提供五种促销活动（promotions）：免运费、满减折扣、买赠、买满再买优惠、抽奖，其各自的含义、特点及设置步骤如下。

（一）免运费（Free Shipping）

首先登录亚马逊后台，进入“Promotions”页面（见图 5－45）。

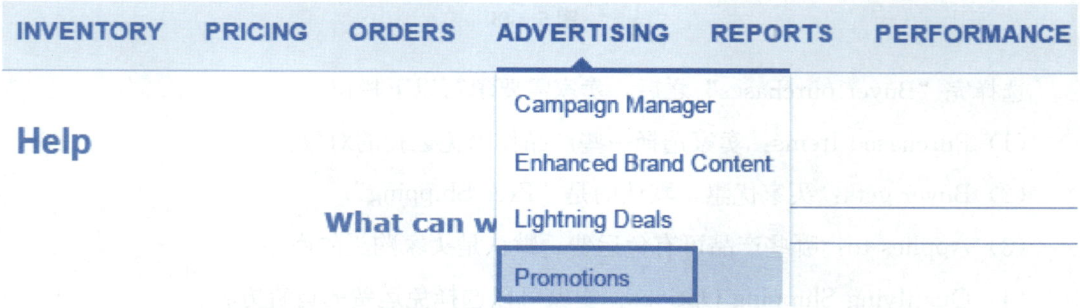

图 5－45

点击“Create”，进入“Free Shipping”的设置页面（见图 5－46）。

图 5－46

【Step 1】Conditions：填写的优先顺序是从上到下，因为上层的设置会影响到下层的选项（见图 5－47）。

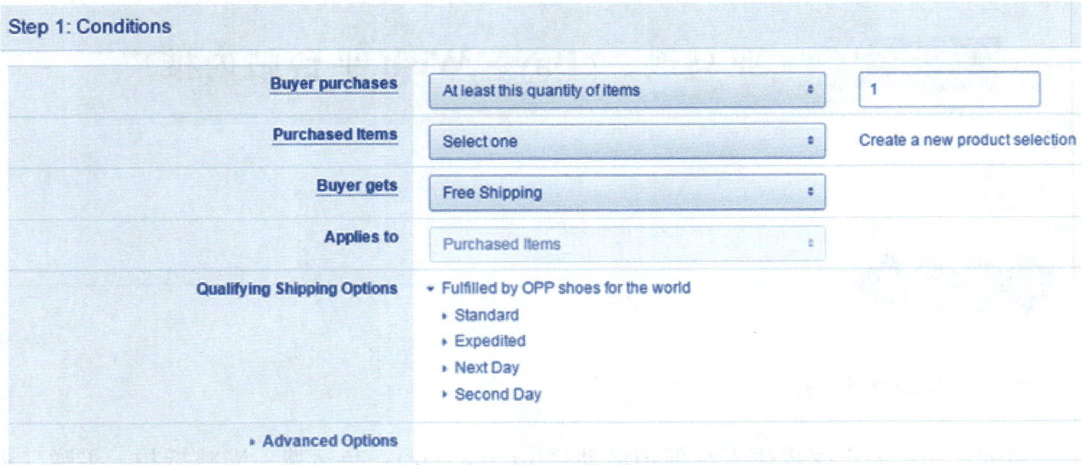

图 5-47

看第一个选择（见图 5-48）。

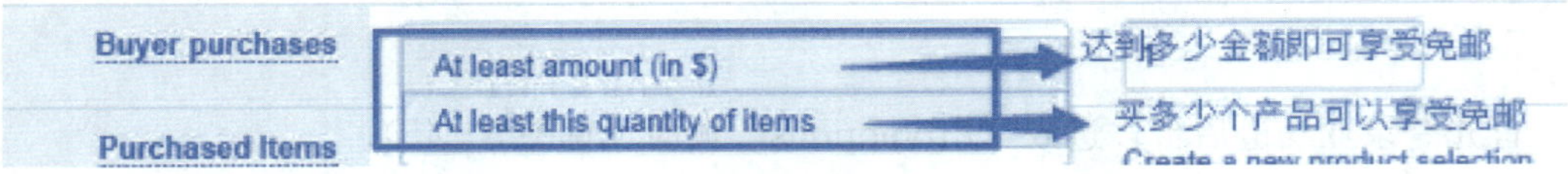

图 5-48

选择完“Buyer purchases”之后，卖家需要填写以下栏位：

（1）Purchased Items：卖家选择一些产品作为免运费的对象；

（2）Buyer gets：买家优惠，默认的是“Free Shipping”；

（3）Applies to：哪些产品可有免运费，默认是买家购买的商品；

（4）Qualifying Shipping Options：卖家可以选择免运费的运货方式；

（5）Advance Options：每个促销活动都有 Advance Options（优先选项），点击后就会出现以下（6）的选项；

（6）Advance Options-Exclude Items：卖家可以在这排除掉不要参加促销活动的商品。

【Step 2】Scheduling：设置促销活动开始和结束的日期，并对促销活动命名（见图5-49）。

图 5-49

【Step 3】Additional Options：设置商品页面上的促销讯息，卖家可以自行更改这里面的内容，如果不想自己改写促销讯息的话，也可使用亚马逊的默认设置。如果卖家需要使用 Claim Code 功能，也可以在这一步骤启用 Claim Code（见图 5－50）。

图 5－50

以上三个步骤完成后，可以点击“Review”查看此次免运费促销活动的设定（见图 5－51），最后点击“Submit”结束设置。

图 5－51

（二）满减折扣（Percentage Off）

满减折扣类似我们时常遇到的“满 X 减 Y”的促销方式。一般情况下，促销的时机分为以下三种：

（1）新品上市；

（2）打造热销款或者爆款；

（3）赠送样品以取得 Review。

需要说明的是，只有拥有“黄金购物车”，卖家才能使用满减折扣。

设置满减折扣步骤如下：

先进入卖家后台。美国站点是在“ADVERTISING”下拉菜单中选择“Promotions”，见图 5－52。而英国站点则是在“INVENTORY”下拉菜单中选择“Manage Promotion”进入。

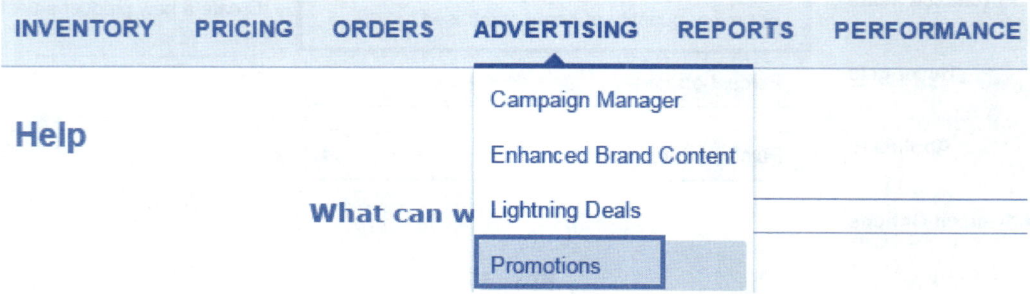

图 5－52

然后点击“Create”，进入“Percentage Off”促销规则设置页面（见图 5－53）。

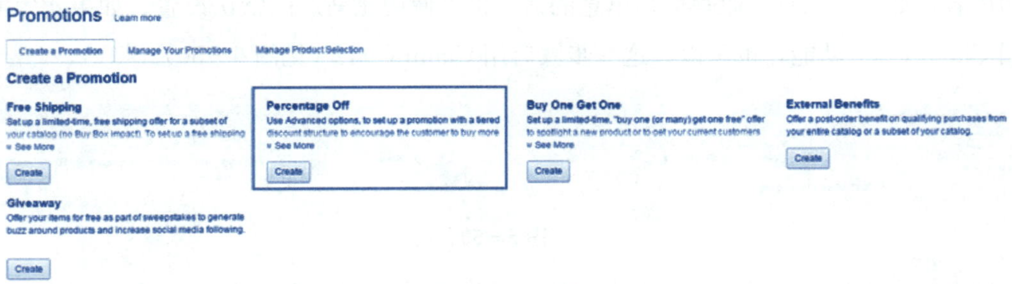

图 5－53

【Step 1】促销方式（Conditions）设置，根据实际促销活动来填写（见图 5－54）。

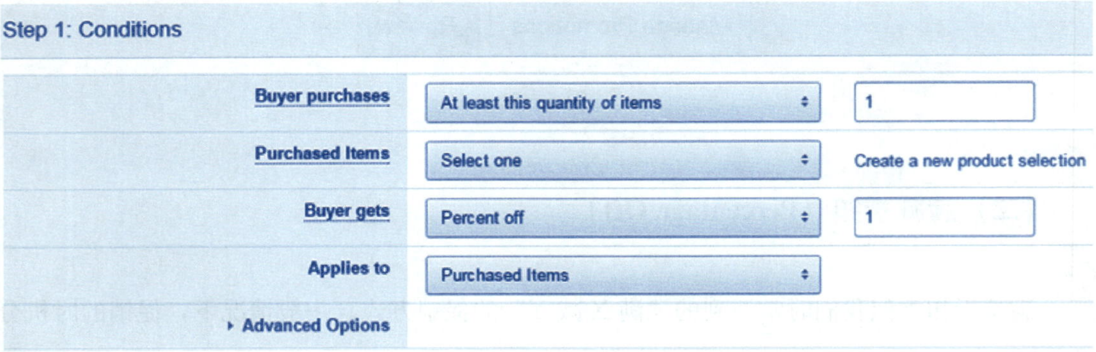

图 5－54

主要需要填写 Buyer purchases、Purchased Items、Buyer gets、Applies to 以及 Advanced Options 五项内容。Conditions 的第一选项 Buyer purchases 决定着整个促销活动的设定，填写的顺序是从上到下，因为上层的设置会影响到下层的选项。下面依次来看如何填写。

（1）Buyer purchases。

这个下拉菜单里有三种选项（见图 5－55），可以根据实际的促销活动进行选择。

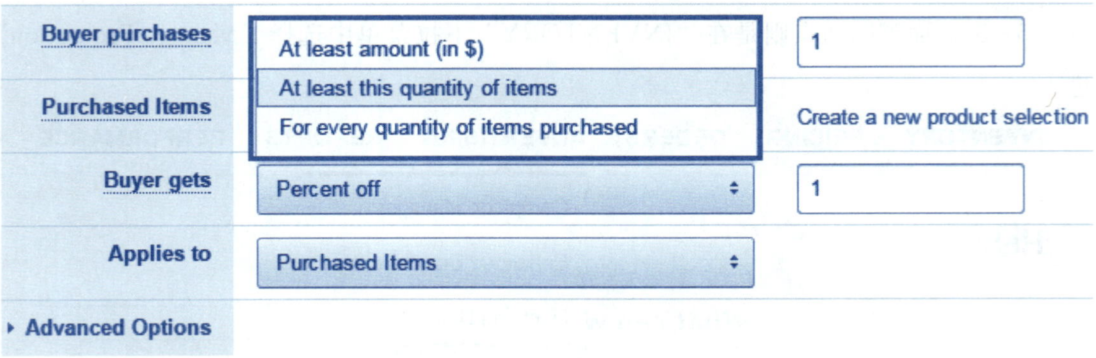

图 5－55

1）At least amount（in ＄）（至少购买 X 金额）：表示此促销方案只有在顾客购买至少 X 金额的商品时方适用，即买家最少要花费 X 费用才能享受此促销活动。

2）At least this quantity of items（至少购买 X 样商品）：表示此促销方案只有在顾客购买 X 样商品时方适用，后面的框内必须填入数字。

3）For every quantity of items purchased（购买 X 样某商品）：表示买家一次购买多少个某商品就可以有优惠。假如设定一次购买 5 个某商品有优惠，那一次购买 5 个该商品的买家就会有优惠。

（2）Purchased Items。

卖家在这选择要参与促销的产品。当卖家只想对在售商品中的部分商品做促销时，需要先创建产品列表，以便系统可以识别出来是哪一些产品包含在促销的内容里面（见图 5－56）。可以通过给系统提供 SKU 列表、ASIN 列表、品牌名称等，从不同的角度出发来创建想做促销的产品列表。

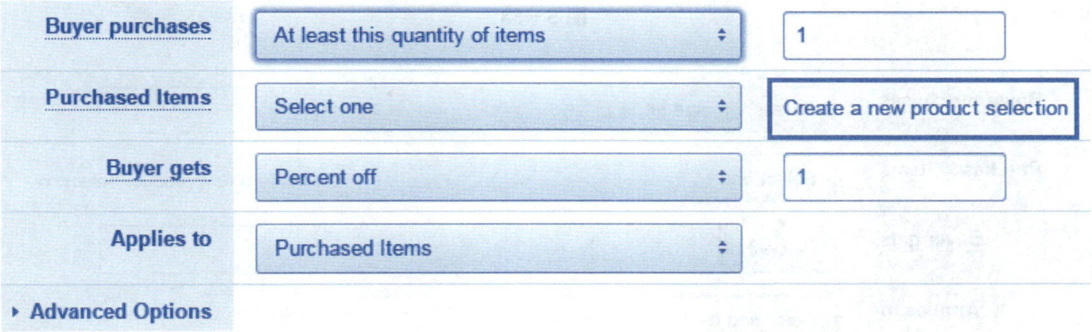

图 5－56

（3）Buyer gets。

即对买家的优惠。Percent off（打折），即享受多少折扣优惠（见图 5－57）。比如，如果卖家想打 9 折，后面框内就填上 10；想打 95 折，后面框内就填上 5。

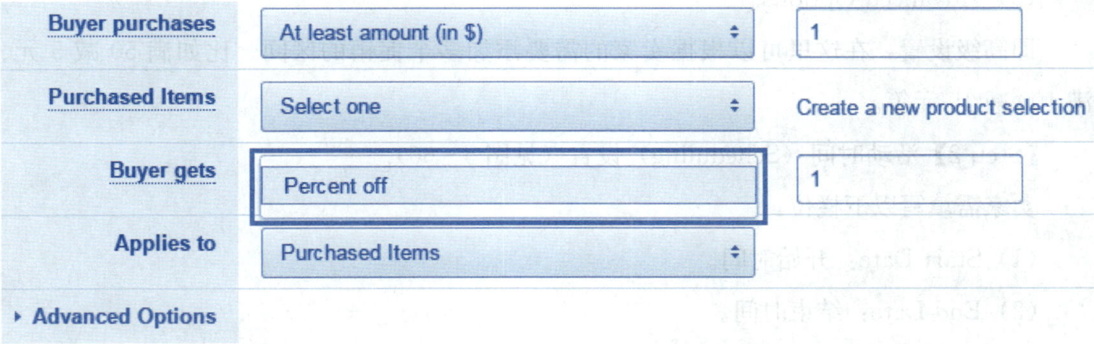

图 5－57

(4) Applies to。

选择哪些产品参与该活动，有以下两个选项：

1) Purchased Items（购买的商品），为默认选项（见图 5-58）。

2) Qualifying Item（指定的商品），如果选择了这个选项，点击“Select an ASIN”，表示当买家购买了某个指定的产品后才能享受优惠（见图 5-59）。

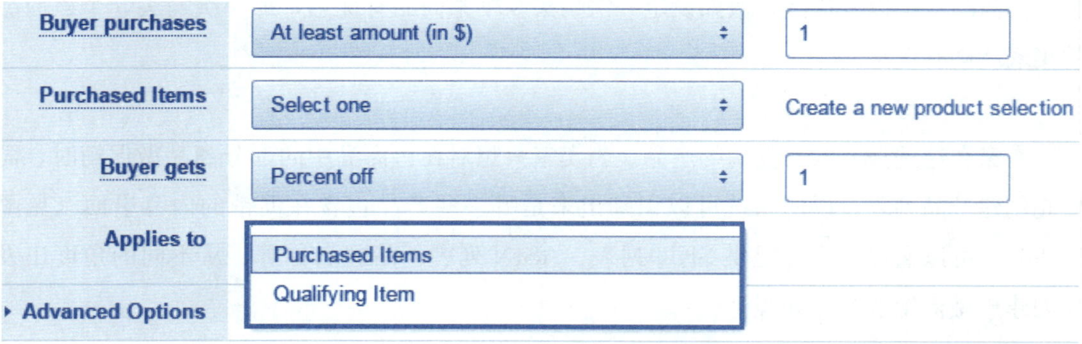

图 5-58

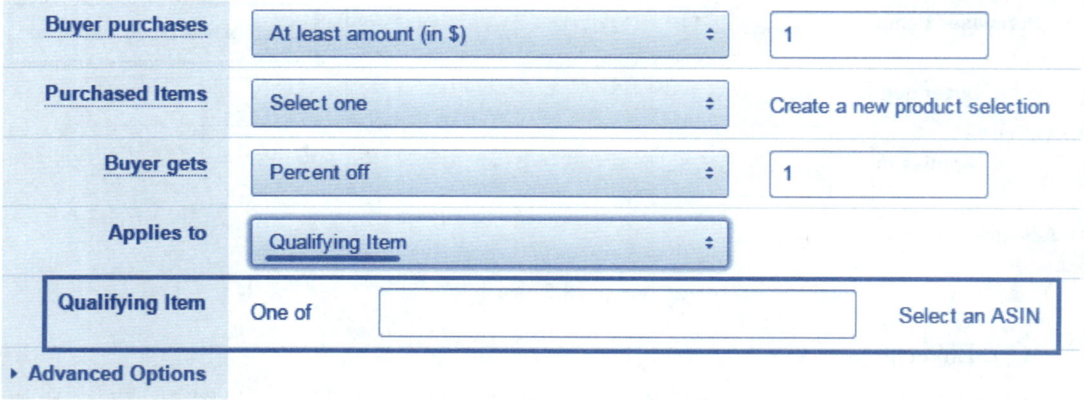

图 5-59

(5) Advanced Options。

即高级设置，在这里可以根据卖家的需要添加多个促销的区间。比如满 50 减 5 元、满 100 减 15 元等。

【Step 2】活动时间（Scheduling）设置（见图 5-60）。

卖家需填写以下栏位：

(1) Start Date：开始时间。

(2) End Date：结束时间。

(3) Internal Description：促销识别名称，用来区分促销活动。

图 5－60

（4）Tracking ID：促销追踪编码。这个不会显示给买家，仅供卖家内部使用。

这里需要注意的一点是，促销活动创建之后 4 小时才会生效，这个时间是美国太平洋时间。卖家可以到“管理促销”中查看目前这个促销是“pending”还是“active”状态。

【Step 3】附加选项（Additional Options）设置（见图 5－61）。

图 5－61

附加选项部分主要用来完善促销活动，主要内容如下（见图 5－62）：

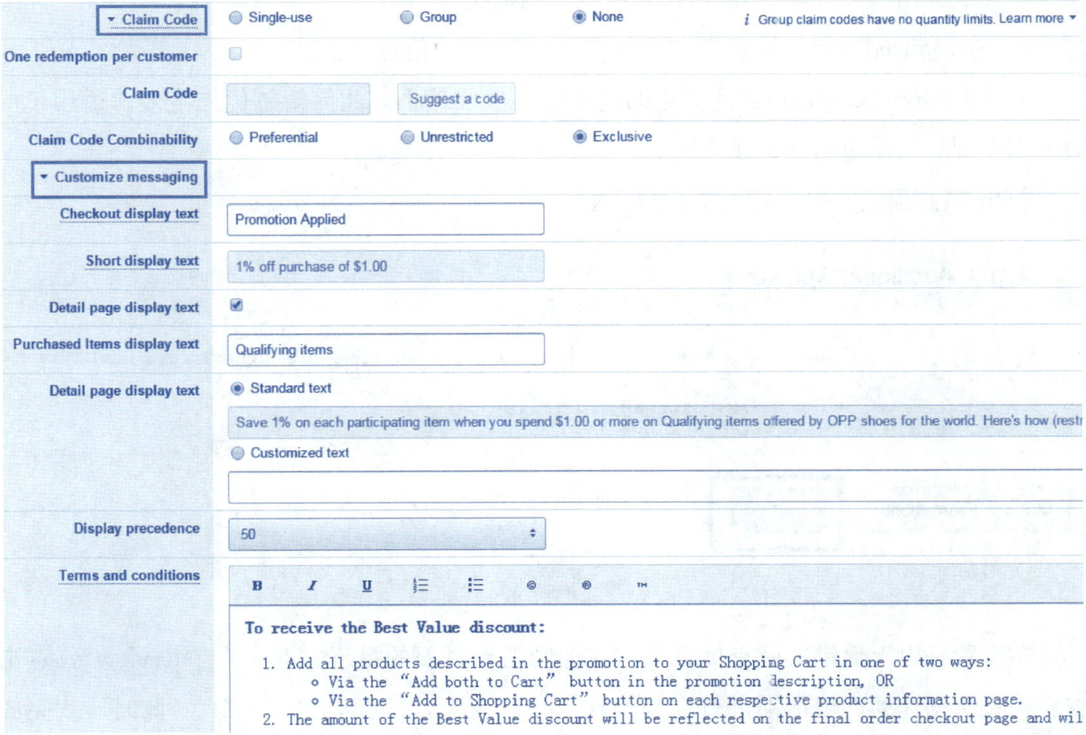

图 5－62

(1) Claim Code：促销优惠码。主要是用来限制买家使用已取得的优惠。勾选后，买家在结账时需要输入优惠码才能享受促销优惠。设置内容如下：

1) One redemption per customer：勾选后表示每位买家只能使用一次优惠码。

2) Claim Code：可以自己输入，或者由系统生成。

3) Claim Code Combinability：优惠码类型。有 3 个选项，分别是 Preferential（优先使用）、Unrestricted（无限制）及 Exclusive（排他性）。建议新手卖家选择系统默认的 Exclusive，即买家使用了这个优惠码后就不能享受其他的促销优惠了。当然，经过亚马逊培训的卖家就没有这个顾虑了。

(2) Customize messaging：自定义信息。创建给买家的信息，并设置展示的先后顺序。需要设置的内容主要包括以下几项：

1) Checkout display text：结算时显示的文字。

2) Short display text：短显示文本，即搜索页面时显示的信息。

3) Detail page display text：商品详情页面显示文本。勾选后，商品详情页里会显示促销信息，否则不显示。

4) Purchased Items display text：需购买商品显示文本，即显示需要买家购买的商品信息。

5) Detail page display text：详情页面显示出的促销信息，有 2 个选项：

- Standard text（标准文本）：系统推荐的促销文本信息；
- Customized text（自定义文本）：自己编辑促销信息。

6) Display precedence：此促销的优先级，数字越小，此促销越优先生效。适用于同时有多个促销活动进行活动排序时。

【Step 4】预览并提交（见图 5－63）。

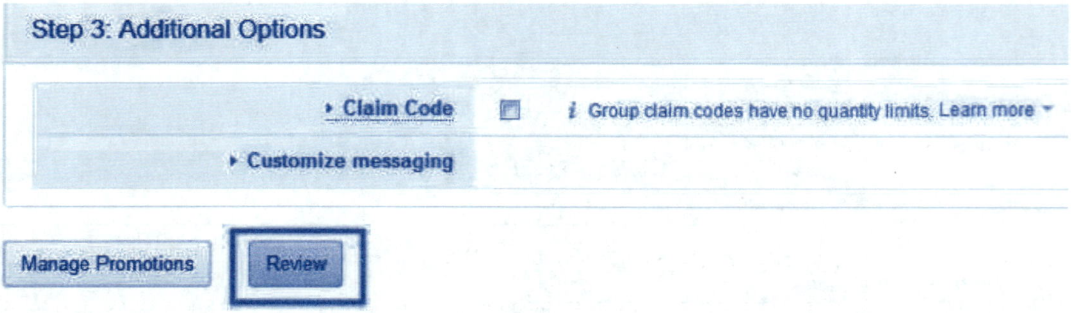

图 5－63

在设置好以上促销的所有信息后，在促销活动页面的最下方有一个“Review”，点击查看，对所创建的促销活动进行预览检查，确认无误后，点击“Submit”。此时，就完成了促销活动的创建。

（三）买赠（Buy One Get One）

进入亚马逊卖家后台，美国站点在“ADVERTISING”下拉菜单中选择“Promotions”，点击“Create”，进入Buy One Get One设置页面（见图5-64）；英国站点在“INVENTORY”下拉菜单中选择“Manage Promotion”，进入Buy One Get One设置页面。

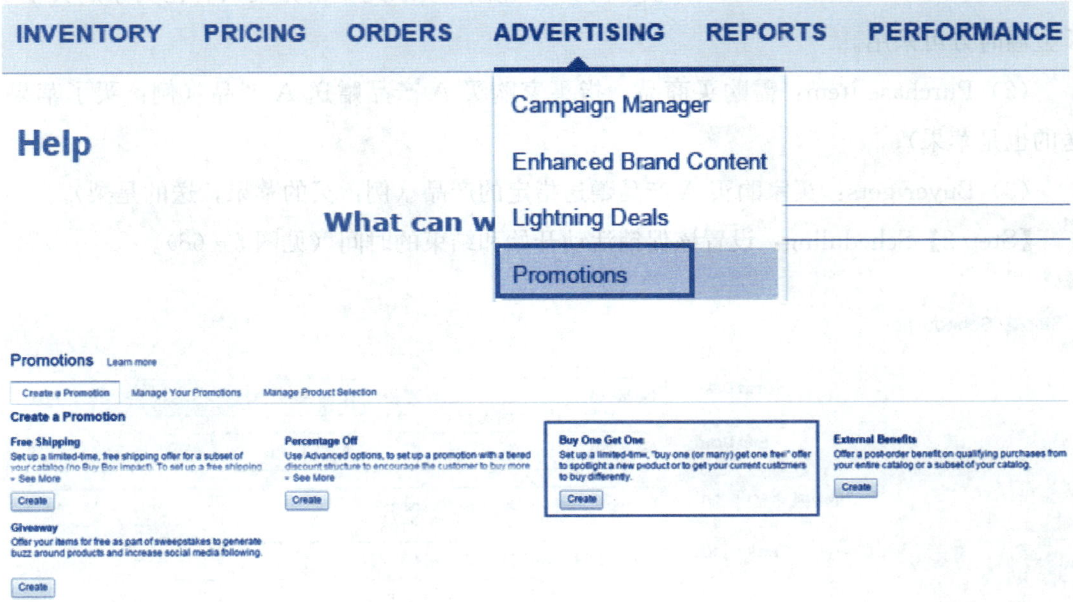

图5-64

在此介绍对整个店铺做买赠促销活动的设置。如果要对部分产品或者类目做买赠促销，则要选择“Create a new product selection”。

【Step 1】Conditions：选择促销条件（见图5-65）。

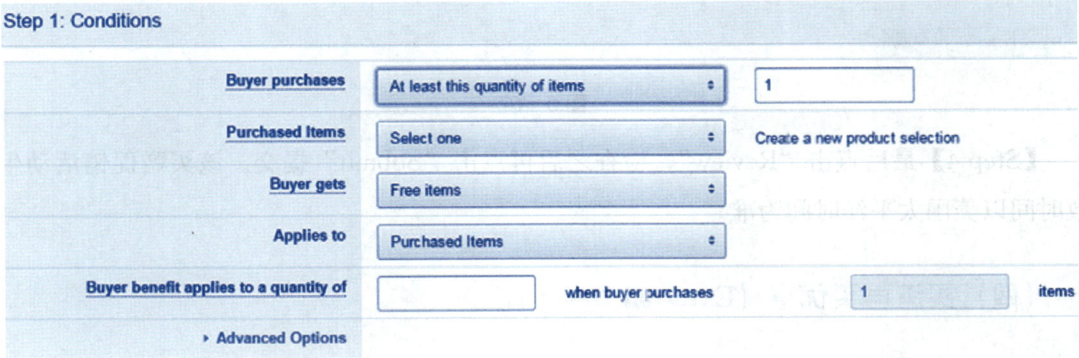

图5-65

相关选项说明：

（1）Buyer purchases：买家所购商品。

1）At least this quantity of items：至少购买数量，表示此促销方案只有在买家购买 X 件商品时方可采用，必须填入数量。

2）For every quantity of items purchased：买家每购买 X 个商品即可得到此促销方案。这个选项仅适用于满减折扣与买赠的促销类别。

3）At least amount（in \$）：至少购买 X 金额，表示此促销方案只有在买家购买至少 X 金额时方可采用。

（2）Purchase item：需购买商品，指买家购买 A 产品赠送 A 产品（例：买了苹果，送的也是苹果）；

（3）Buyer gets：买家购买 A 产品赠送指定的产品（例：买的苹果，送的是梨）。

【Step 2】Scheduling：设置该促销活动开始和结束的时间（见图 5-66）。

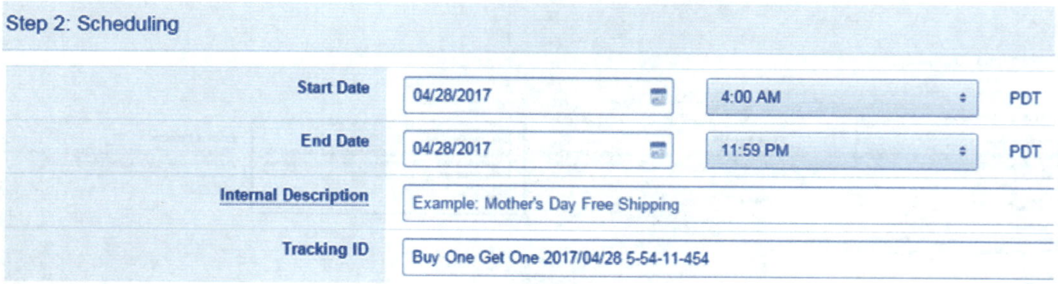

图 5-66

【Step 3】Additional Options：这里使用亚马逊的默认设置即可（见图 5-67）。

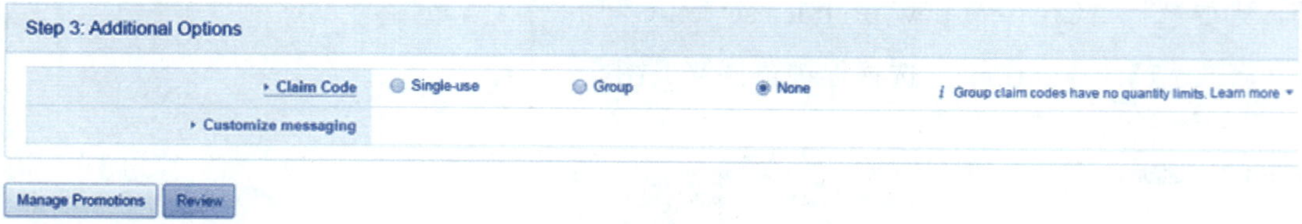

图 5-67

【Step 4】最后点击“Review”，检查之后再点击“Submit”提交。该买赠促销活动生效时间以美国太平洋时间为准。

（四）买满再买优惠（External Benefits）

首先登录亚马逊后台，点击进入“Promotions”页面（见图 5-68）。

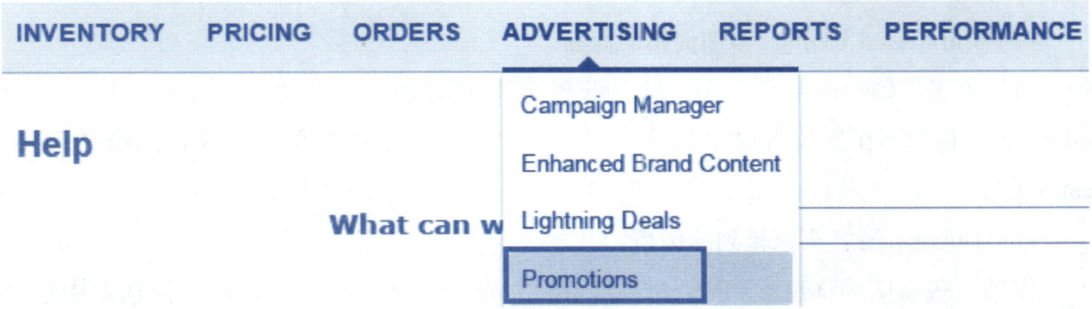

图 5-68

然后点击“Create”，进入 External Benefits 的设置页面（见图 5-69）。

图 5-69

【Step 1】Conditions：促销方式设置（见图 5-70）。

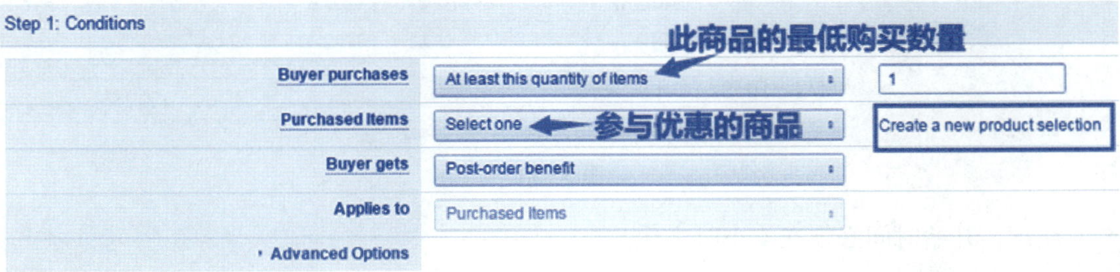

图 5-70

相关选项说明：

（1）Buyer purchases。

1）At least this quantity of items：至少买 X 个商品，表示此促销方案只有在买家购买 X 个商品时才能有效，必须填入数字。

2）At least amount（in ＄）：至少购买 X 金额，表示此促销方案只有在买家购买至少 X 金额时有效。

3）For every quantity of items purchased：买家每购买 X 个某商品即可得到此促销

优惠。

（2）Purchased Items：参加促销的商品。

可以点击“Create a new product selection”，创建新的商品清单，或是点击“Select another”，挑选不在下拉选单中的清单。若想要在库存中选择单个产品，点击“Entire catalog”。

（3）Buyer gets：买家得到的优惠。

促销一般有两种优惠：“Percent off”和“Amount off（in \$）”，从下拉选单中选择一项；而当你在上面选择“For every quantity of items purchased”时，就会多一项：Fixed price for all items（in \$），此选项表示买家每购买X个商品，将可享有固定金额的折扣。

买满再买优惠的优惠默认选项是Post-order benefits，即总订单优惠。

（4）Applies to：优惠适用于的商品。

买满再买优惠使用默认设置的Purchased Items。

（5）Advanced Options：高级设置，即在前面的基础上添加一些得到促销优惠的条件。

【Step 2】Scheduling：活动时间设置（见图5－71）。

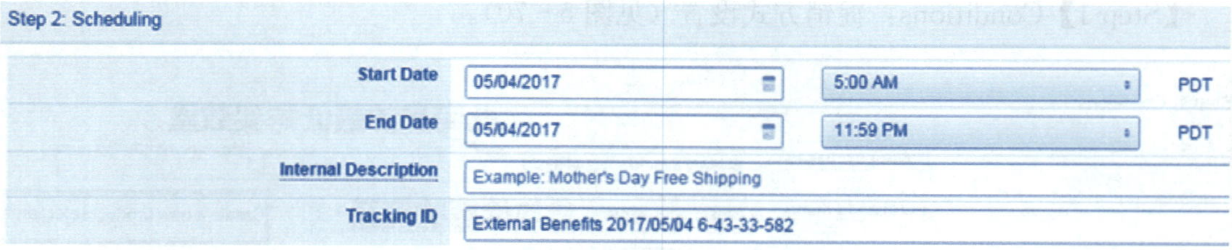

图5－71

注意：开始时间必须在4小时之后。

【Step 3】Additional Options：附加选项设置（见图5－72）。

图5－72

这里基本上是默认设置，可以不用修改。

（1）Claim Code：限制买家取得优惠。点击“Claim Code”来展开设定。

（2）Customize messaging：自定义信息。创建给客户的讯息，并设置展示的先后顺序。

【Step 4】设定完以上内容，预览没有问题之后，点击“Submit”提交。

（五）抽奖（Giveaway）

亚马逊抽奖让卖家可以针对其商品发起传统抽奖或即抽即中式抽奖活动，可以起到推广作用。例如，卖家可以利用抽奖来吸引买家，然后通过“查看视频”分享卖家的品牌故事，或者通过“问卷调查”获取买家信息。卖家可以向买家分享抽奖，也可以公开分享抽奖，以此来扩大影响力并将品牌介绍给更多买家。公开的抽奖通过“今日抽奖”进行推广，这是一种订阅电子邮件，注册获取新商品信息并参与抽奖的订阅者会收到这一电子邮件（见图 5－73）。

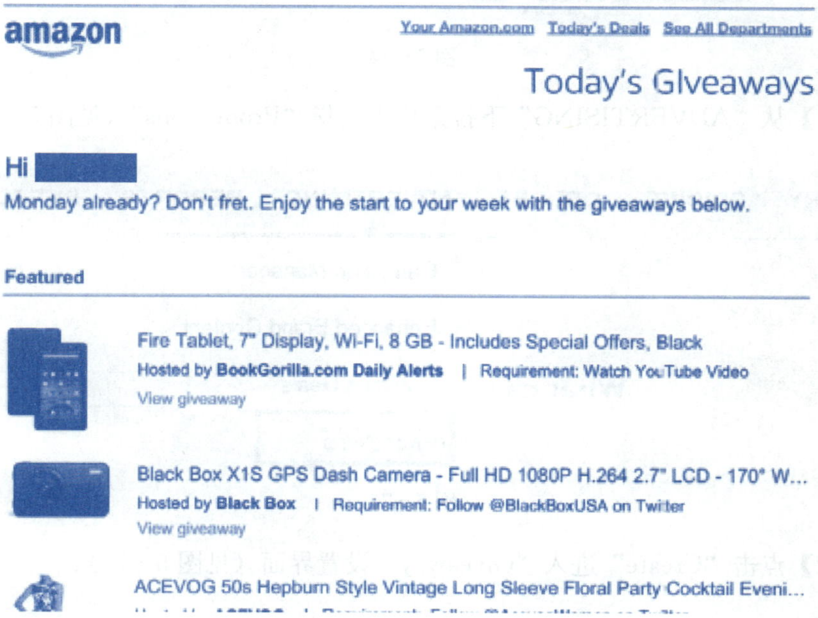

图 5－73

亚马逊不对抽奖活动收取费用。除了常规的“我要开店”和/或亚马逊物流费用，只需支付奖品的费用、运费和税费（如有需要）。

注意：目前只有使用亚马逊物流的卖家可以通过卖家平台将 ASIN 注册加入抽奖计划。

使用抽奖的优势：

（1）提高浏览量和销量；

（2）建立商品和品牌的口碑；

（3）提高流量和知名度；

（4）营造存在感：利用抽奖吸引参与者关注 Twitter 或观看 YouTube 视频，从而增加曝光并营造知名度。

抽奖设置步骤如下：

设置抽奖前，应在设置页面上将库存加入抽奖计划：点击“设置”—“亚马逊物流”—“抽奖设置”—“启用”（见图 5-74）。

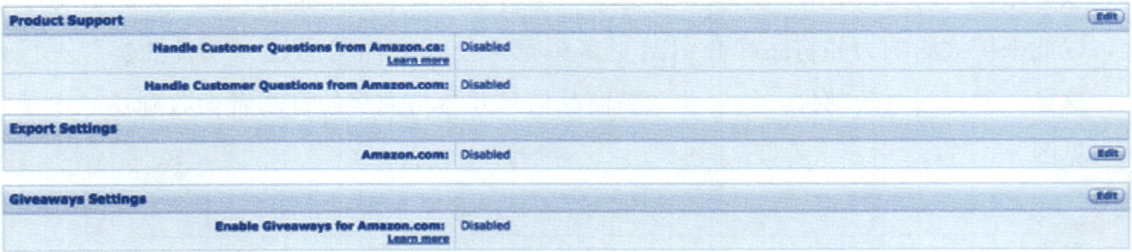

图 5-74

【Step 1】从“ADVERTISING”下拉菜单中选择“Promotions”（见图 5-75）。

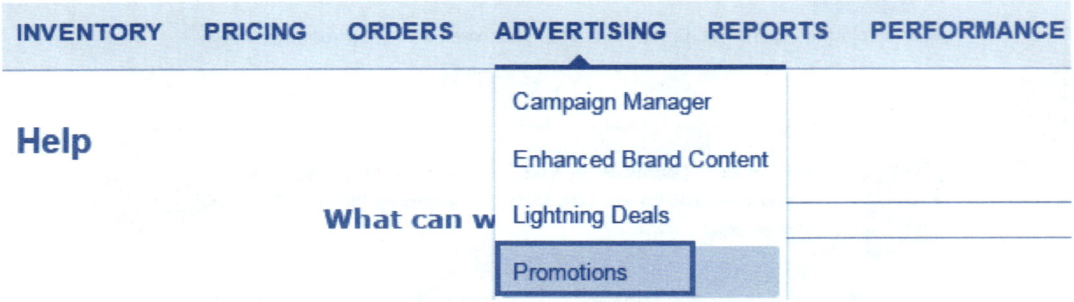

图 5-75

【Step 2】点击“Create”进入“Giveaway”设置界面（见图 5-76）。

图 5-76

【Step 3】选择商品并点击“设置抽奖”，将再次来到“设置您的抽奖”页面（见图 5-77）。

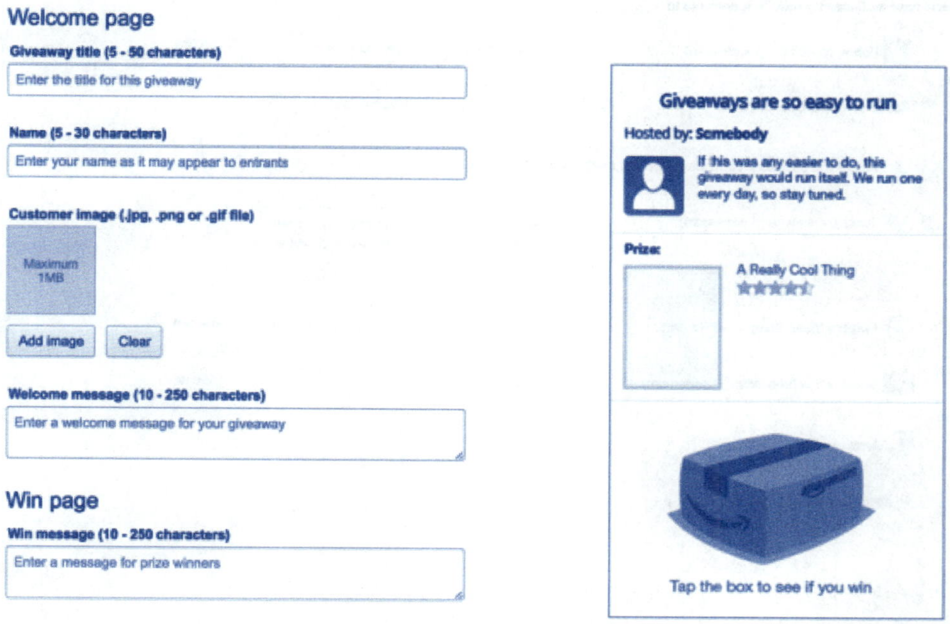

图 5－77

【Step 4】选择“设置抽奖类型”，有三种即抽即中模式（见图 5－78）。

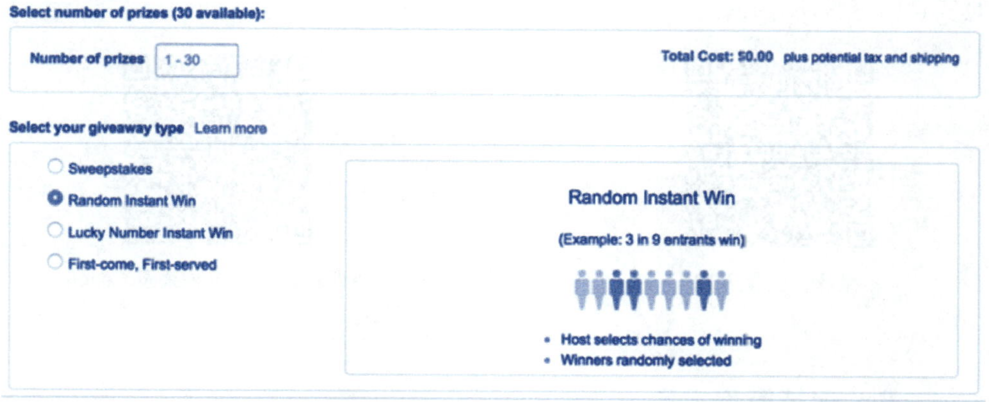

图 5－78

【Step 5】设置要求：在参与抽奖之前，希望参与者做什么（见图 5－79）。

【Step 6】设置完成后，会收到一封电子邮件，其中包含有关如何选择参与者的指导（例如 Twitter、Facebook、电子邮件）。也可以选择“公开我的奖品”，这样卖家的奖品就会在“今日抽奖”等面向亚马逊买家的计划中公开。

使用抽奖的注意事项如下：

（1）选择适合的商品和品牌的抽奖。根据卖家的活动目标来设置中奖概率、入门要求和奖品数量。

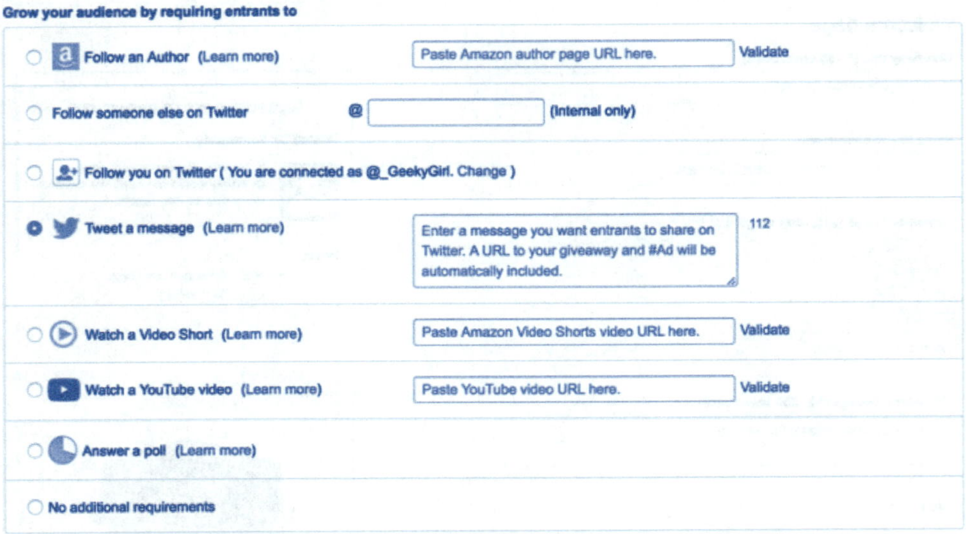

图 5－79

（2）选择新的或有趣的商品作为奖品。买家希望抽到他们一般不会购买的商品。请选择买家乐于拥有的、有趣的并且能够吸引大量受众的商品作为奖品。

（3）重视买家。创建抽奖时，请考虑买家如何与商品互动以及如何抽奖，应保持中奖概率真实且内容激动人心。

微课：流量入口

微课：如何设置秒杀及 Coupon

二、 eBay 促销管理工具

eBay 平台上的促销主要有五种，具体为扩大订单、优惠通道、运费折扣、降价活动及捆绑销售。平台卖家可针对不同情况采用合适的促销手段。

eBay 促销管理工具能更好地化繁为简，让卖家轻松呈现需推出的促销活动，不仅可助卖家扩大订单，也能让买家享受更多优惠和折扣。

eBay 促销管理工具的优势如下：

（1）提升订单和收入。

（2）鼓励买家购买更多物品，而不转向其他店铺。

（3）通过促销相关物品，获得更多曝光机会。

（4）整合捆绑订单，可以有效降低运费并提高利润空间。

（一）eBay 促销管理工具的优惠类型

1. 扩大订单（order discount）

用于促销整个店铺、一个物品分类或者一组物品。扩大订单是一种操作简单的促销方式，可为买家在购买多件物品（或在每笔交易中消费超过一定金额）时提供一定的金额或百分比的折扣，还可附赠赠品或以赠品加折扣的方式（例如：买一送一，再优惠 50%）促进买家购买多件物品。

2. 优惠通道（codeless coupon）

通过优惠券吸引买家。优惠券可通过电子邮件以链接方式发送给买家，也可在社交媒体网站和店铺中发布等。优惠不会出现在自然搜索中，只有点击链接的买家才会看到。

3. 运费折扣（shipping discounts）

用于推广设置免运费规则的所有物品。通过提供促销运费规则（如：购买 2 件以上免运费等），可推广符合条件的物品以扩大订单。

4. 降价活动（sale event）

用于推广所有的打折物品，方便买家购买。可选择价格优惠的物品，将其自动显示在打折页面，同时每件物品在主要的购物页面上都有链接，吸引买家访问此页面。可将通常会一起购买的产品作为补充产品进行分组促销。

5. 捆绑销售（accessory discount）

用于激励买家购买经常会一起购买的特定物品。将关联物品捆绑在一件主要物品上，只要买家购买主要物品，每种关联物品即可按不同百分比的折扣购买。

（二）eBay 促销管理工具的操作步骤

在店铺管理页面中会有一个专门的促销管理选项，可通过此选项进入“促销管理”页面，进行促销设置，按照如下步骤进入 eBay 促销管理工具：

【Step 1】以 eBay 美国站点为例，完成登录，进入“My eBay”页面。

【Step 2】点击“My eBay”页面左侧边栏中的“Selling Manager Pro”，进入“专业版售卖专家”页面。提示：请先开通“Selling Manager Pro”，即“专业版售卖专家”，才能进行此步骤。如果已登记使用“精选商店”或“超级店铺”，可免费使用“专业版售卖专家”。

【Step 3】在“Selling Manager Pro Summary”页面右下方的“Manage My Store”模块中点击“Manage My Store”，进入“管理店铺”页面，如图 5－80 所示。

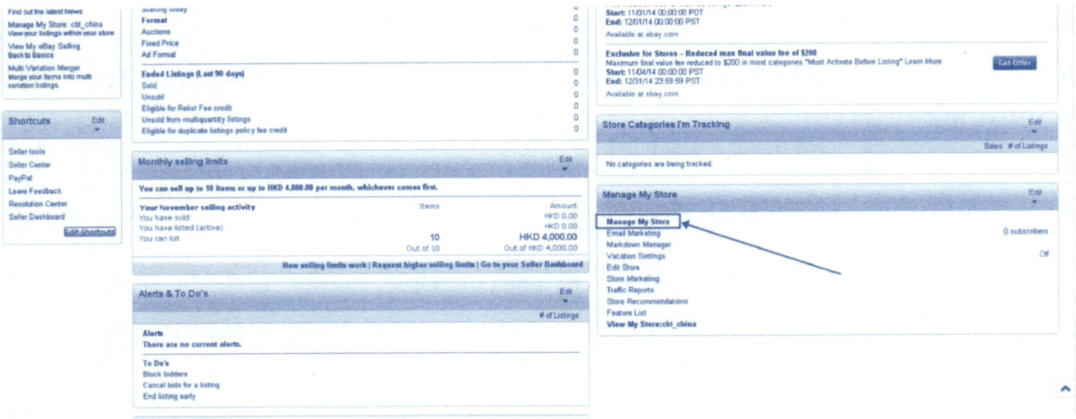

图 5－80

【Step 4】如未开通“Selling Manager Pro”，可在“My eBay”页面下点击“Account”，进入“账户”页面，在左侧边栏中点击“Subscriptions”进入“订阅”页面。如已开通“eBay 店铺”，可在“Active subscriptions”模块中找到当前开通的店铺级别（“Basic Store”或“Premium Store”或“Anchor Store”）。以下仅以“Basic Store”为例进行介绍，点击“Basic Store”对应的“Manage My Store”，进入“管理店铺”页面，如图 5－81 所示。

【Step 5】在“Manage My Store”页面中点击左侧边栏的“Manage Promotions”，进入“促销管理”页面，开始设置并管理店铺促销信息，如图 5－82 所示。

【Step 6】在“Manage Promotions”页面中点击左侧边栏“Dashboard”下的“Promotions”进入“促销活动管理”页面。点击“Promotions”下的“Order discount”进入“扩大订单”页面；点击“Codeless coupon”进入“优惠通道”页面；点击“Shipping Discounts”进入“运费折扣”页面；点击“Sale event”进入“降价活动”页面；点击“Accessory discount”进入“捆绑销售”页面；点击“Reports”下的“Promotions”进入“销售报告管理”页面。如图 5－83 所示。

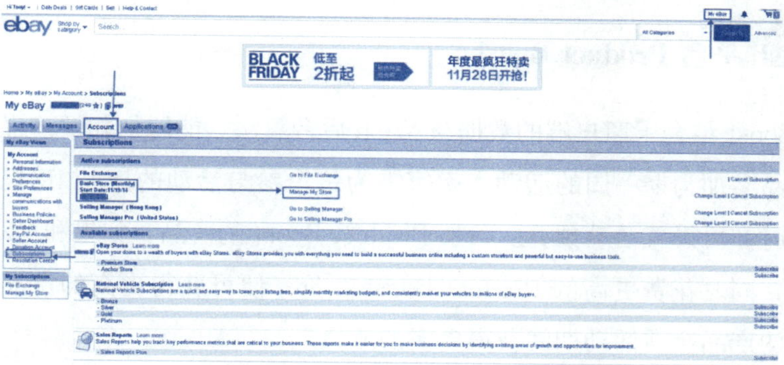

图 5－81

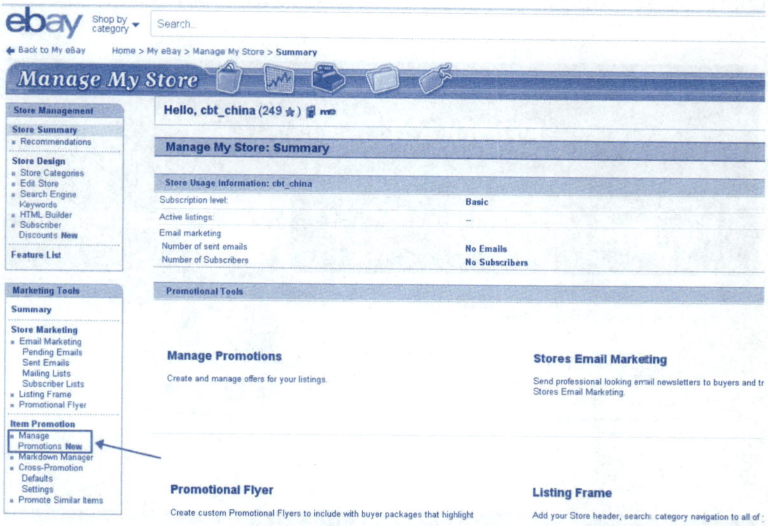

图 5－82

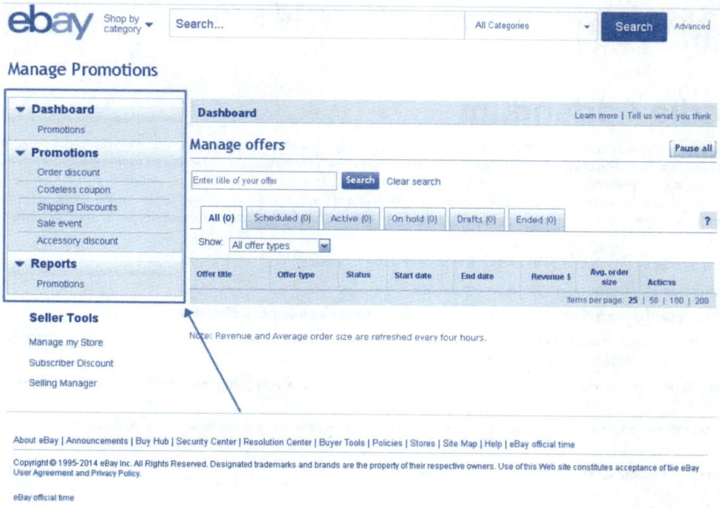

图 5－83

三、 Wish 平台 Product Boost

Product Boost 结合了商户端的数据与 Wish 后台算法，能增加相关产品的流量。商户需提交相关产品参加为期一周的活动。卖家需为每个参与活动的产品 ID 提供相关的关键词和竞价，同时亦可设置活动预算。参加 Product Boost 的产品，如果和 Wish 消费者有着高度的关联性，同时花费更高的 Product Boost 竞价，便可获得更高的产品排名。高质量和极具吸引力的产品会在活动期间获得更多的流量。

【Step 1】店铺加入 Product Boost。

登录 merchant. wish. com/product-boost 网址，点击“现在加入”按钮（见图 5 - 84）。

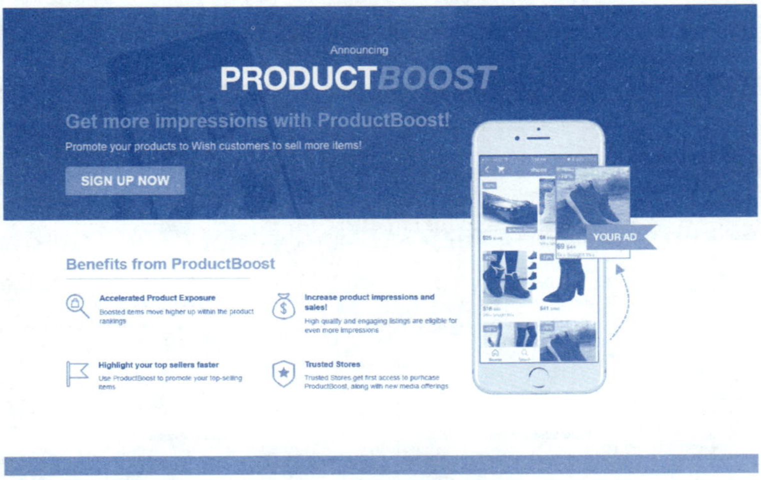

图 5 - 84

【Step 2】阅读并同意 WishMedia 服务条款（见图 5 - 85）。

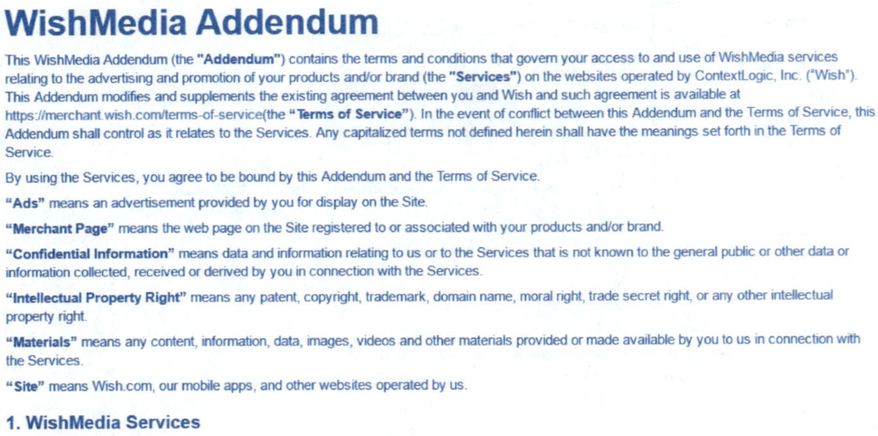

WishMedia Addendum

This WishMedia Addendum (the **"Addendum"**) contains the terms and conditions that govern your access to and use of WishMedia services relating to the advertising and promotion of your products and/or brand (the **"Services"**) on the websites operated by ContextLogic, Inc. ("Wish"). This Addendum modifies and supplements the existing agreement between you and Wish and such agreement is available at https://merchant.wish.com/terms-of-service(the **"Terms of Service"**). In the event of conflict between this Addendum and the Terms of Service, this Addendum shall control as it relates to the Services. Any capitalized terms not defined herein shall have the meanings set forth in the Terms of Service.

By using the Services, you agree to be bound by this Addendum and the Terms of Service.

"Ads" means an advertisement provided by you for display on the Site.

"Merchant Page" means the web page on the Site registered to or associated with your products and/or brand.

"Confidential Information" means data and information relating to us or to the Services that is not known to the general public or other data or information collected, received or derived by you in connection with the Services.

"Intellectual Property Right" means any patent, copyright, trademark, domain name, moral right, trade secret right, or any other intellectual property right.

"Materials" means any content, information, data, images, videos and other materials provided or made available by you to us in connection with the Services.

"Site" means Wish.com, our mobile apps, and other websites operated by us.

1. WishMedia Services

图 5 - 85

【Step 3】卖家将被重新导向商户后台首页，并将看到如图 5-86 所示信息。

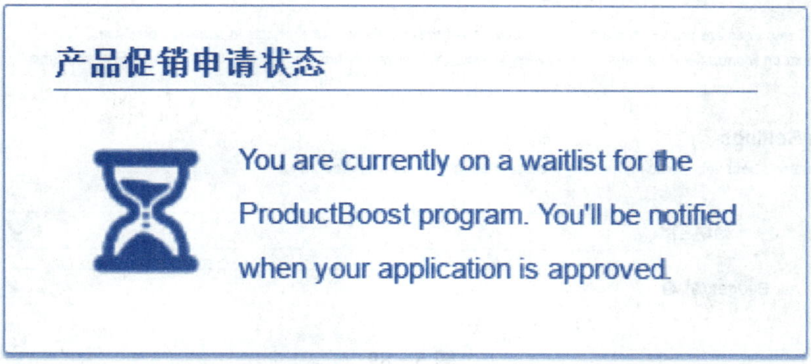

图 5-86

【Step 4】申请得到批准后，卖家将会在导航栏看到“Product Boost”（产品促销）标签（见图 5-87）。

图 5-87

【Step 5】创建活动。

从 Product Boost 菜单栏中选择“创建活动”选项（见图 5-88）。

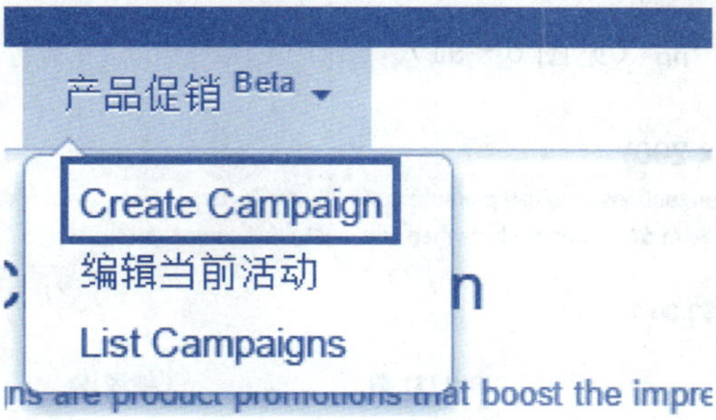

图 5-88

【Step 6】进行活动设置（见图 5-89）。

（1）活动名称：这是卖家识别活动的方式。请注意：所有的活动都有唯一的活动 ID，卖家可通过活动链接地址找到。

（2）预算：活动期间卖家同意支付的最大流量购买金额。如果卖家希望取消活动预算上限（不限制预算），请输入“0”。

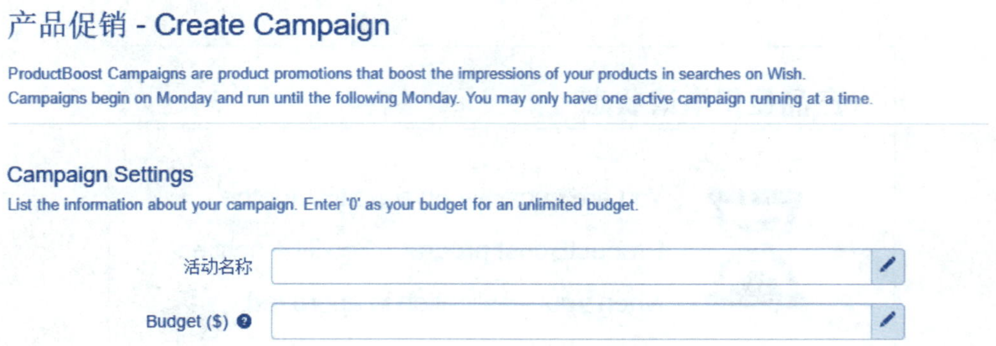

图 5-89

【Step 7】设置活动计划（见图 5-90）。

活动起止时间：显示活动计划进行的周期。活动于每周一 00：00 开始，并持续一周。提交活动的时间需在活动开始前的周五 23：59 之前（均为美国太平洋时间）。

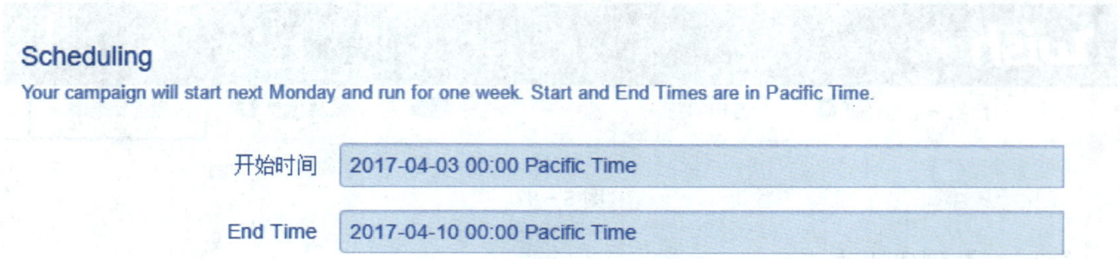

图 5-90

【Step 8】设置促销产品（见图 5-91）。

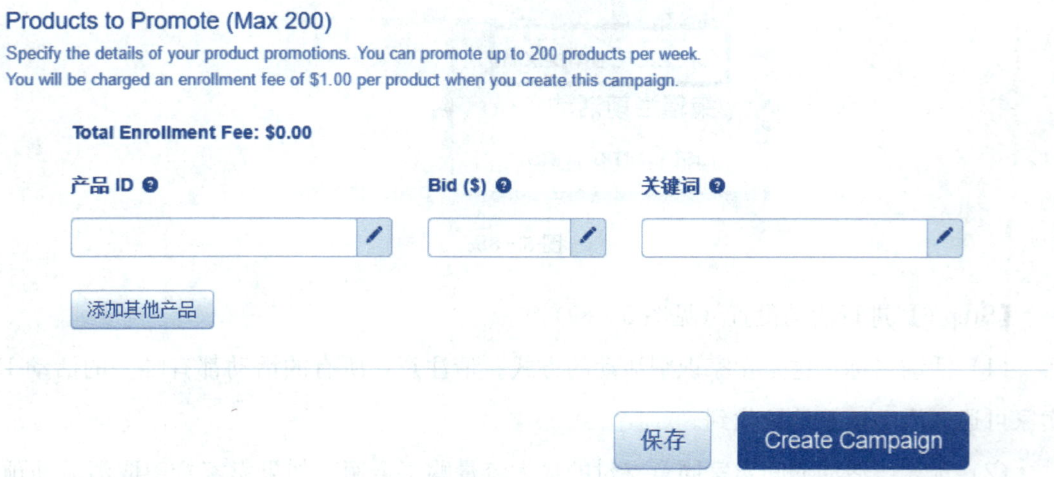

图 5-91

（1）产品 ID：卖家希望参与 Product Boost 的产品。每行仅限输入一个产品 ID。如需添加更多产品，请点击“添加其他产品”。每次活动中最多可提交 200 个产品 ID。卖家将为每个参与活动的产品支付＄1 报名费。

（2）竞价：卖家同意为该活动产品的每 1 000 流量所支付的费用。最低竞价为＄0.1/1 000 流量。

（3）关键词：与卖家的产品相关的关键词。请使用逗号分隔关键词，例如：“fashion，summer dress，striped dress”。每个产品最多提交 20 个关键词。

【Step 9】保存并提交。

点击“保存”，储存填写的活动内容；点击“保存并提交”，提交设置完成的活动。

成功创建活动后，可导航至“Product Boost”标签下的“List Campaigns”页面查看正在进行中的活动（见图 5－92），也可点击查看“Product Boost 活动结果”。

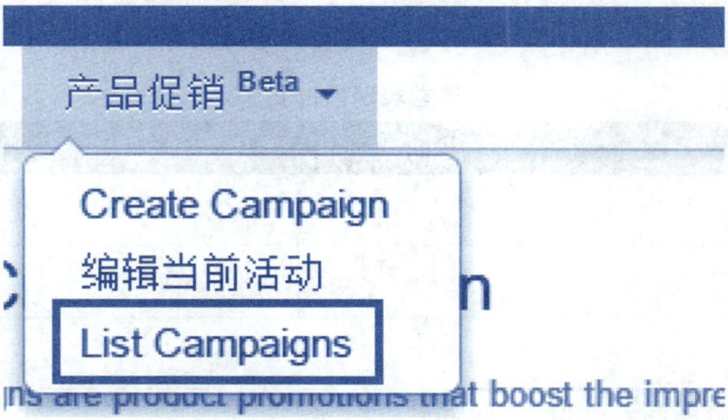

图 5－92

实战演练

1. 请合理运用站内推广手段，为思拓跨境电商科技有限公司的亚马逊店铺进行站内推广。

2. 请合理运用站内推广手段，为思拓跨境电商科技有限公司的 eBay 店铺进行站内推广。

3. 请合理运用站内推广手段，为思拓跨境电商科技有限公司的 Wish 店铺进行站内推广。

项目学习成果评价

一、课堂表现评价

重点考查学生到课情况、回答问题情况、小组合作情况。将全班同学分成若干小组来组织教学，每个小组需要设计队名，每次课在黑板上画出下表。每次课都有评价，评价内容包括：只要本组同学回答问题并回答正确，就给全组加分；每组同一个人不能连续回答问题，必须换人回答才能给本组加分；如果回答错误，其他小组可以回答；小组讨论表现最好的（一组）和较好的（两组）加分；当堂课小组全勤的加分。每项分值由教师指定，每次课堂结束后由学习委员在分数记录册上进行记录，最终形成该小组分数。

课堂表现评价表

小组	回答或解决问题	小组讨论表现	小组全勤	合计
小组一				
小组二				
小组三				
小组四				
小组五				
小组六				
小组七				
小组八				
小组九				
小组十				

二、任务实战演练评价

重点考查学生每个实战演练任务是否能按时全面完成、完成质量如何、是否提交可视化学习成果。任务实战演练的评价将作为项目学习成果评价的重要内容。

任务实战演练评价量表

评价标准	完全符合（90～100 分）	基本符合（70～89 分）	基本不符合（60～69 分）	完全不符合（59 分及以下）
任务全面完成，步骤无遗漏				
任务成果装订整齐，排版规范，无错别字				
任务完成步骤正确，逻辑清晰				
按时上交任务可视化成果（文档、照片、视频等）				
方案可实际操作				
演示陈述思路清晰、有条理				
符合法律与平台政策				
符合道德伦理要求				
成本较低				
有创新				
合计				

三、项目学习成果评价

项目学习成果评价汇总表分数将作为学生项目学习成果得分，每个小组完成项目学习的可视化学习成果将会存档。

项目学习成果评价汇总表

小组	任务一	任务二	任务三	课堂表现	总评
小组一					
小组二					
小组三					
小组四					
小组五					
小组六					
小组七					
小组八					
小组九					
小组十					

项目六

站外引流

项目背景

除了运用各跨境电商平台店铺推广工具及平台活动开展站内推广，小李及思拓跨境电商科技有限公司其他跨境电商营销推广专员们还同时积极开展了基于Google的搜索引擎营销，基于Facebook、Twitter、YouTube、Pinterest等国外买家常用社交软件的社交媒体营销，及效果直接有效的电子邮件营销等站外引流工作。

学习目标

◎ 知识目标

1. 说明搜索引擎营销（SEM）常用工具及技巧；
2. 说明社交媒体营销（SNS）常用工具及技巧；
3. 说明电子邮件营销（EDM）方法与技巧。

◎ 技能目标

1. 能运用搜索引擎实现站外引流；
2. 能运用社交媒体实现站外引流；
3. 能运用电子邮件实现站外引流。

◎ 素养目标

1. 能够利用计算机等工具进行日常办公和信息收集处理；
2. 能合理运用翻译、视频编辑等相关工具辅助工作；
3. 具备一定的创新能力和学习能力，善于发现和解决问题；
4. 遵守职业道德，服从公司规章制度；
5. 具备创新意识、思路开阔；
6. 能主动表达意愿、沟通想法、协调关系；
7. 能吃苦耐劳、承受压力。

◎ 预期学习成果及支撑CLO

项目预期学习成果	课程预期学习成果（CLO）	参考学时
1. 能通过搜索引擎营销（SEM）开展站外引流	CLO 8	4
2. 能通过社交媒体营销（SNS）开展站外引流	CLO 8	4
3. 能通过电子邮件营销（EDM）开展站外引流	CLO 8	4

任务一 搜索引擎营销

知识储备

搜索引擎营销（search engine marketing，简称SEM），即基于搜索引擎平台的营销活动，利用人们对搜索引擎的依赖和使用习惯，在人们检索信息时将信息传递给目标客户。搜索引擎营销的基本思想是让用户发现信息，并通过点击进入网站或网页，进一步了解所需要的信息。目前，全球主流搜索引擎有Google、Yahoo、MSN、Bing等。

搜索引擎营销的目标即以最小的投入在搜索引擎中获得最大的访问量并产生商业价值，包括四个层次的具体目标：

第一层目标，在主要的搜索引擎/分类目录中获得被收录的机会。这是搜索引擎营销的基础，离开这个层次，搜索引擎营销的其他目标也就不可能实现。本层目标的含义就是让网站中尽可能多的网页被搜索引擎收录，即增加网页的搜索引擎可见性。

第二层目标，尽可能获得好的排名，即在搜索结果中有良好的表现。由于大多数买家的检索习惯是仅关注搜索结果的前几页，如果产品信息出现的位置比较靠后，则被买家发现的机会就会很小，因此跨境电商卖家需尽量让产品信息出现在搜索结果比较靠前的位置。如果利用主要的关键词检索时网站在搜索结果中的排名靠后，那么还有必要利用竞价广告等形式作为补充手段来实现这一目标。同样，如果在分类目录中的位置不理想，则需要同时考虑在分类目录中利用付费等方式使排名靠前。

第三层目标，网站访问量指标，也就是通过搜索结果点击率的增加来达到提高网站访问量的目的。由于只有受到用户关注，经过用户选择后的信息才可能被点击，从搜索引擎的实际情况来看，仅仅做到被搜索引擎收录并且在搜索结果中排名靠前是不够的，这样并不一定能增加用户的点击率，更不能保证将访问者转化为顾客。要通过搜索引擎营销实现访问量增加的目标，则需要从整体上进行网站优化设计，并充分利用关键词广告等有价值的搜索引擎营销专业服务。

第四层目标，通过访问量的增加转化为企业最终收益的提高。本层次是前面三个目标层次的进一步提升，是各种搜索引擎方法所实现效果的集中体现，但并不是搜索引擎营销的直接效果。从各种搜索引擎策略到产生收益，中间效果表现为网站访问量的增加，网站的收益是由访问量转化所形成的，从访问量转化为收益则是由网站的功能、服务、产品等多种因素共同作用而决定的。因此，第四层目标在搜索引擎营销中属于战略层次的目标。其他三个层次的目标则属于策略范畴，具有可操作性和可控制性的特征，实现这些基本目标是搜索引擎营销的主要任务。

SEM 的具体方法主要包括搜索引擎优化及付费推广两大部分，作为跨境电商卖家应将搜索引擎优化与付费推广结合在一起，形成互补，则可以达到搜索引擎营销的最大效果。

一、搜索引擎优化

搜索引擎优化（search engine optimization，简称 SEO），指为了从搜索引擎中获得更多的流量，从网站结构、网页布局、网站内容等角度进行合理规划设计，增加网站对搜索引擎的友好性，使网站中更多的网页被搜索引擎收录，并获得较好的排名，从而通过搜索引擎的自然搜索尽可能多地获得潜在用户。

知识链接

跨境电商卖家发布信息到买家基于搜索引擎获取信息的过程

- 跨境电商卖家将信息发布在网站上，成为以网页形式存在的信息源；
- 搜索引擎将网站或网页信息收录到搜索引擎数据库；
- 跨境电商买家根据自身需要利用关键词在搜索引擎进行查询检索；
- 检索结果罗列相关的索引信息及 URL 链接；
- 买家选择感兴趣的信息并点击 URL 进入信息源所在页面。

不同的搜索引擎对网页的抓取、索引和排序规则各有差异，同时也存在一定的共性。一般情况下，搜索引擎倾向于与关键词匹配程度高的内容、原创及具有特色的内容、持续更新的网页、受到其他有价值网站推荐的网站。因此，跨境电商卖家开展搜索引擎优化可从网站及页面优化、关键词优化、标签优化、内容优化、链接优化几方面着手。

（一）网站及页面优化

网站及页面优化主要包括如下几方面：

（1）合理的域名设计、服务器选择；

（2）方便的网站栏目规划；

（3）遵循 HTML 结构化标准的设计；

（4）注重网页代码简洁，以提升页面打开速度及方便蜘蛛程序抓取；

（5）尽量使用静态网址，若不得已使用动态网址，尽可能只带有一个参数，以降低搜索引擎的抓取难度；

（6）导航系统清晰，可建立展示网站所有内容的网站地图；

（7）使用加粗、加大字体等方式突出关键词；

（8）远离搜索引擎不友好因素，如 Flash、JavaScript 等。

（二）关键词优化

1. 关键词选择

跨境电商买家在搜索引擎查询感兴趣的内容，即需要搜索关键词，因此，关键词分析及选择是搜索引擎优化最重要的工作之一。关键词的选择需要对产品特性及消费者特点充分了解，站在用户的角度思考，分析用户搜索习惯，并结合对竞争对手的关键词分析，选择出适合的关键词。同时，一个网站的关键词不易太多，通常五个左右较为适宜，并针对这些关键词持续优化。

研究关键词可借助一些付费及免费的工具，如 Google 趋势，Google 趋势可以清晰地看到最近几年的热门关键词，关键词在哪些国家热门；Google 关键词工具 AdWords，可展现关键词搜索热度、每月点击率，并列出相对的长尾关键词和类似关键词。

2. 关键词布局

在网站建设中，可为不同关键词设置专门的登录页面。如果不同关键词都在一个登录页面，对访问者来说没有针对性，他可能要在浩如烟海的信息中寻找他感兴趣的东西。所以有必要针对不同的客户群设计不同的登录页面，如用户搜索“打折数码相机”，那么你的某个子页面重点做“打折数码相机”这个关键词，用户进来一看就看到自己感兴趣的信息，就会好好去了解这个页面传达给他的信息。如果不专门设计这个登录页面，客户搜索“打折数码相机”就会进入的一个综合页面，或者进入“高端数码相机”的页面，这样也许你网站排名很靠前，流量很多，但是并不能带来高的转化率，无形中降低了 SEO 的效率。

如果不设计专门的登录页面，多个关键词混用，有的时候可能会遇到不晓得搜索哪个关键词会出现哪个页面，会很混乱。如果一个关键词设计一个登录页面，做 SEO 则会很有条理，做外链的时候会很轻松。今天做哪几个关键词，明天会根据公司情况重点推那几个页面，如果临时进行打折促销活动，也不会和平时做的页面冲突，可以放心地加大力度去推这个页面。所以为各个想优化的关键词设计不同的登录页面是非常重要的。

3. 关键词密度

关键词密度，也叫关键词频率，用来衡量关键词在网页上出现的次数与其他文字的比率，用百分比表示。关键词密度计算公式为：关键词密度＝页面关键词数量/页面所有词汇数量。关键词密度并不是越高越好，跨境电商卖家需注意避免造成毫无意义的关键词堆砌，一般认为关键词密度以 2%～8%为宜。

4. 关键词位置

根据搜索引擎自身工作特点，会特别关注网页中的某些特定位置，因此，在这些位置布置关键词将起到事半功倍的效果，主要包括：

（1）URL 统一资源定位符；

（2）Title、Description、Keywords 标签；

（3）网站导航、栏目名称、文章标题；

（4）网页顶部、底部、段首；

（5）链接锚文本；

（6）文章。

（三）标签优化

1. Title 标题标签

反映一个网页的主题，由单词、短语组成；尽可能为网站的每一个网页创建唯一的 Title；Title 不宜太长，否则搜索引擎只会在搜索结果中显示其部分内容；若为长标题可包含 1～2 个关键词，且关键词不宜靠得太近。

2. Keywords 关键词标签

通常情况下一个网站以 5 个左右关键词为宜；多个关键词以逗号隔开。

3. Description 描述标签

提供网页总括性的描述，由一两个语句或段落组成；可在描述中合理加入关键词。

4. Heading 标签

即 H 标签，在 HTML 语言中共包括 H1～H6 六种 H 标签。H1 代表大标题，H2 代表小标题，以此类推。H1 标签一般一个页面中出现一次，最重要的关键词设置在 H1 标签中。

5. Alt 标签

相比文字，搜索引擎读取图片较为困难，因此尽量为网站内每张图片编辑 Alt 属性。Alt 属性编写应使用简短且描述性强的 Alt 文本。

（四）内容优化

内容是一个网站/网页的灵魂，网站的实质内容是搜索引擎优化的本质因素。对于内容优化方面，需站在客户的角度思考，根据目标客户需要的内容确定网站明确的主题。围绕主题开展创新特色、形式丰富、结合热点、持续更新的内容建设。同时，在内容建设中，需特别注意不时将关键词以合理的方式点缀其中。

（五）链接优化

1. 内链优化

良好的内部链接结构，不仅方便跨境电商买家浏览，也为搜索引擎索引页面提供方便。内链优化需注意如下几点：

（1）网站内部所有子页面均有指向首页的链接；

（2）尽量将站内所有重要页面之间进行两两互联；

（3）页面出现关键词文字，可用来链接相关主题的页面；

（4）尽量使用文字链接，少用图片、Flash 链接；

（5）保存链接的稳定性和持久性，当有链接更新时，注意保留原页面，并做好链接转向，以保存内容的连续性；

（6）清除网站中的死链。

2. 外链优化

在外链优化上，跨境电商卖家需重视外部链接的质量，而不仅仅是数量。外链优化主要包括以下三种途径：

（1）自建链接。

可在重要行业网站发表带有网站链接的软文，也可发表评论。这种方法看似简单，但贵在坚持，如果能持之以恒效果非常明显。

（2）交换链接。

友情链接即属于此类，企业可以找一些与本网站内容相关、搜索引擎收录良好的网站进行链接交换。并注意链接的稳定性，可不定期回访友情链接网站，以确认对方网站是否正常运行、自身网站链接是否被取消、是否有链接错误等可能出现的问题。

（3）购买链接。

很多网站在 PR 即将更新的时候购入大量高质量的外链，PR 更新会变得更高，这也是一种见效较快的方法。当然，是否需要购买外链，可先确定自己的盈利点，不要为了单纯的排名而去买。如果仅仅排名提高并不能带来真实的转化则没有必要购买。

知识链接

企业营销型官网建设步骤

企业营销型官网是指以现代网络营销理念为核心，具有良好搜索引擎表现和良好用户体验，能够更好地将访客转化为实际买家的企业官方网站。一个网站，如果一开始服务器、平台选择不好，或者关键词、页面设计不当，那么后期无论如何优化，还是会问题一堆，严重的可能要推倒重来。而如果从网站建设规划之初就充分考虑 SEO 的各项要素，则会起到事半功倍的效果。企业营销型官网建设步骤如下：

- 设计与注册网站域名；
- 租用服务器、空间；
- 规划网站模块与内容；

- 规划网站首页；
- 设计网站客户体验；
- 设计网站后台；
- 安装网站流量统计软件。

知识链接

跨境电商平台店铺 SEO

开展各跨境电商平台店铺 SEO，即将店铺看作一个独立的网站，通过优化网站的思路来优化各平台店铺及产品，从而达到站外引流的效果。具体针对跨境电商平台店铺的 SEO 主要包括如下几方面内容：

1. 优化标题

商品标题是商品刊登最显著的部分，对于 SEO 来说也是至关重要的。通常在所有电商平台上，这个数据点都能够成就或摧毁一件商品，因此一定要花时间来创建一个恰当的、具有丰富关键词的标题。如在 eBay 平台上，要使用其为你提供的所有空间，即 80 个字符；而对于亚马逊平台，则需要使用符合其方针的较短标题，才能获得更好的结果。

2. 优化商品分类

大部分跨境电商卖家把商品分类值与那些深挖其商品分类树形结构的买家相关联，但是所选择的电商平台商品分类是一个有效的数据点。如销售鸡尾酒所使用的小纸伞，那么把产品归到厨具或酒吧酒具类别，将比归入服饰与配件类别中更有成效。

3. 优化搜索词条

在考虑 SEO 时，搜索词条有可能是最流行的数据点。可以把搜索词条当作添加到标题中的不可见关键词。可以使用多个词组成一个搜索词条，应该使用标题中还没有的关键词。同时，替代拼写和同义词也是非常好的搜索词条。

4. 优化商品属性

许多电商平台使用商品定义特征，来帮助顾客细化搜索结果。在 eBay 平台，这些特征被称作物品属性。在亚马逊平台，被称作商品属性。它们不仅非常适用于搜索细化，也能被跨境电商平台搜索算法用来匹配搜索查询，以便展示相关性更强的结果。例如为浴室设备添加“铜”的金属类型，当顾客使用这个搜索词条时，能够支持适当的匹配。商品属性为卖家提供双倍的影响力，因为它们在浏览和搜索活动中有助于商品细化。

5. 优化详情描述

确保商品描述是完整的、丰富的，并且带有关于产品的描述性文本。

二、付费推广

在 SEO 的基础上，跨境电商卖家还需根据需要合理选择及运用相关付费推广方式，以达到搜索引擎营销的最大效果。目前，全球主流搜索引擎付费推广方式主要包括如下几种。

（一）目录索引

目录索引，就是将网站分门别类地存放在相应的目录中，当用户查询信息时，可选择关键词搜索，也可按分类目录逐层查找。根据各目录索引的不同要求，有些目录索引可以采用付费的方式使自身网站被其收录。

（二）竞价排名

关键词排名是一种在搜索引擎搜索结果中以字、词、词组的相关性体现网页排名的方式，可分为关键词自然排名和关键词付费排名服务两种。关键词自然排名一般是搜索引擎对所有相关网页抓取结果自动分析、自动排名的体现，一般可以通过 SEO 来达到关键词自然排名的提升。关键词付费排名服务是由各搜索引擎提供的一种有偿排名服务。

竞价排名是一种按效果付费的网络推广方式，包括两个关键点，即按竞价排名及按效果付费。排名顺序主要由两个因素决定，即出价及质量得分。出价即广告主愿意为该广告位所付出的最高费用，由广告主自行设置。质量得分由搜索引擎系统自动根据广告主的网站表现做出判断，包括历史数据、账户质量、点击率、相关性、网站质量等方面。竞价排名公式为：竞价排名＝出价×质量得分。

（三）固定排名

固定排名是一种收取固定费用的推广方式，企业在搜索引擎购买固定位置，当用户进行关键词检索时，企业的推广内容即会出现在搜索结果的固定位置上。

固定排名是相对于竞价排名而言的，区别就在于固定排名的费用一定，位置固定。固定排名和竞价排名都是关键词广告的一种形式。不同的搜索引擎服务商会采用不同的付费排名模式，有的采用固定排名模式，有的采用竞价排名模式，有的两种模式都采用。一般来说，市场占有率高、企业广告资源丰富的搜索引擎服务商采用竞价广告排名模式；而市场占有率低、企业广告资源匮乏的搜索引擎服务商采用固定广告排名模式。

（四）关键词广告

关键词广告，是当用户利用某一关键词在搜索引擎进行检索时，在检索结果页面会出现与该关键词相关的广告内容。由于关键词广告是在特定关键词的检索时才出现在搜索结果页面的显著位置，所以其针对性非常高，是一种性价比较高的网络推广方式。不同搜索引擎的关键词广告显示位置各不相同，有些出现在搜索结果最前面，有些出现在搜索页右侧等专用位置。关键词广告为点击付费广告，即按用户点击次数收取广告费。

运用Google查询企业网站排名的方法

实战演练

1. 请为思拓跨境电商科技有限公司进行搜索引擎营销情况分析。
2. 请为思拓跨境电商科技有限公司进行搜索引擎营销整体方案设计。

任务二 社交媒体营销

知识储备

传统营销是销售导向的，即“将产品/服务信息传播给潜在的消费者”；现代营销是关系导向的，强调的是“与消费者的互动”。通过电视、广播、报纸等媒体广告，企业无法与消费者互动；通过搜索引擎营销、电子邮件，企业同样无法与消费者互动。或许，企业可以组织一些线下推广活动，实现面对面的互动。然而，这种线下营销不仅费用高，而且辐射面窄。目前，随着 Facebook、Twitter 等社交媒体的繁荣发展，跨境电商企业开始踏入互动式的关系导向型营销时代。

社交媒体（social network site，简称 SNS），也称为社会化媒体、社会性媒体，指允许人们撰写、分享、评价、讨论、相互沟通的网站和技术。常见的社交媒体营销方式包括社交网站、论坛、博客、问答社区四大类。其中运用论坛、博客及问答社区开展营销推广较适合电子类、硬件类等专业化程度较高的产品，而社交网站营销则普遍适用于绝大多数产品。

社交媒体营销，即利用相关网站、社区论坛等社交媒体进行推广，提升产品销售及品牌影响力的营销方式。

一、国外客户常用社交媒体

国外客户常用的社交媒体主要分为以下两大类：

一是基于熟人之间强关系的社交媒体，通常为实名社交，这类社交媒体将用户线下真实的社交关系通过平台实现线上链接，常用的包括 Facebook、LinkedIn 等。

二是基于共同兴趣爱好关系的社交媒体，通常为非实名社交，这类社交媒体最看重的是“内容”，即建立内容与人的关系，主要包括 YouTube、Pinterest、Twitter、专业论坛等。

目前国外客户常用社交媒体及其主要特点如下：

（1）Facebook：全球最大社交网站；支持功能包括官方专页、付费广告；营销转化率 1.08%、平均客单价 53 美元。

（2）Google+：全球第二大社交网站，将社交与搜索紧密结合。

（3）LinkedIn：全球最大的商务社交网站，用户为毕业生及职场人士。

（4）YouTube：全球最大的视频网站，适合开展病毒营销。

（5）Vine：Twitter 旗下的短视频分享应用，可发布长达 6 秒的短视频，并可添加一点文字说明。

（6）Pinterest：全球最大的图片分享网站；支持功能包括品牌主页、广告业务、精准营销；营销转化率 0.36%、平均客单价 123 美元。

（7）Instagram：用户群为青少年；支持功能包括广告、话题标签。

（8）Twitter：全球最大微博网站，每条推文限制在 140 个字符以内；用户群为职场用户、青少年用户；支持功能包括购物功能键、话题标签；营销转化率 0.22%、平均客单价 70 美元。

（9）Tumblr：全球最大轻博客网站。轻博客即介于传统博客与微博之间的媒体形态，比博客更注重社交，比微博更注重内容表达。

Social Media Examiner 于 2017 年 1 月开始对全球 5 710 个从事跨境电商 B2B 及 B2C 平台的营销人员实施一项调查，调查结果显示：94%的受访者使用 Facebook 作为营销推广方式，68%的受访者使用了 Twitter、56%的受访者使用了 LinkedIn、54%的受访者使用了 Instagram、45%的受访者使用了 YouTube、30%的受访者使用了 Pinterest 作为营销推广方式。大部分 B2C 营销人员使用 Facebook、Instagram 和 Pinterest 作为营销渠道；大部分 B2B 营销人员使用 LinkedIn 和 Twitter 作为营销渠道。

（一）Facebook

网址：www.facebook.com。

Facebook 是全球最大的社交网站，其上线之初主要为了满足大学生之间的相互交流，以及日常生活的娱乐休闲体验。随着注册人数的增加，Facebook 已发展成为一个为任何用户间进行对话、展现自我、表达自己个性化需求而提供平台的门户网站。随着 Facebook 用户的不断增加，它的用途已不再局限于纯粹提供社交服务，越来越多的企业已经开始通过 Facebook 来吸引客户，并推销自己的品牌。Facebook 能帮助企业在用户搜寻企业产品或服务时更容易被找到，与客户及潜在客户更紧密地联系在一起，为企业创造一个交流社区，以及更直接地推广企业所创造的资源。

1. 个人用户注册步骤

【Step 1】注册账号。

登录 www.facebook.com 并申请一个免费账号（见图 6-1）。

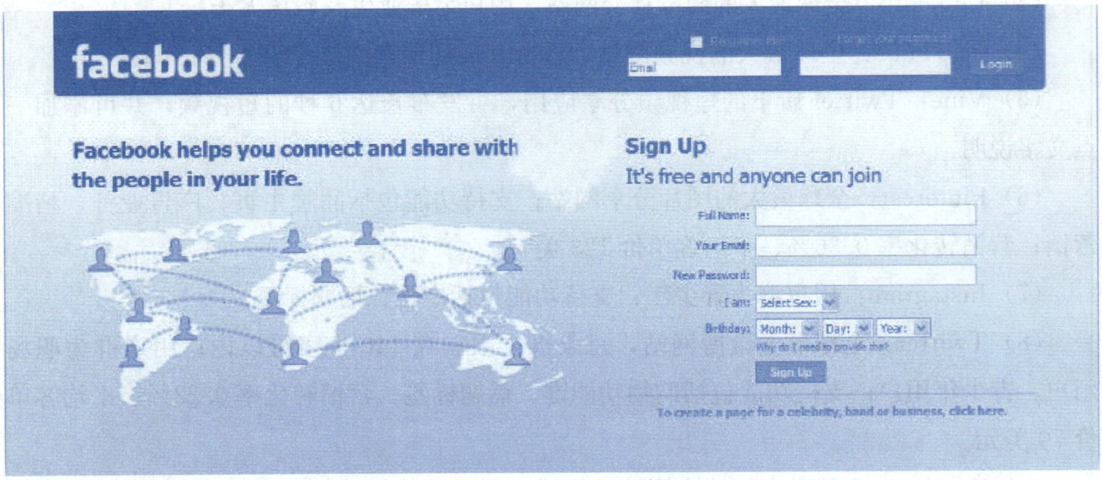

图 6-1

【Step 2】编辑个人信息。

点击页面左上方的“个人简介”(Profile) 链接（见图 6-2）。

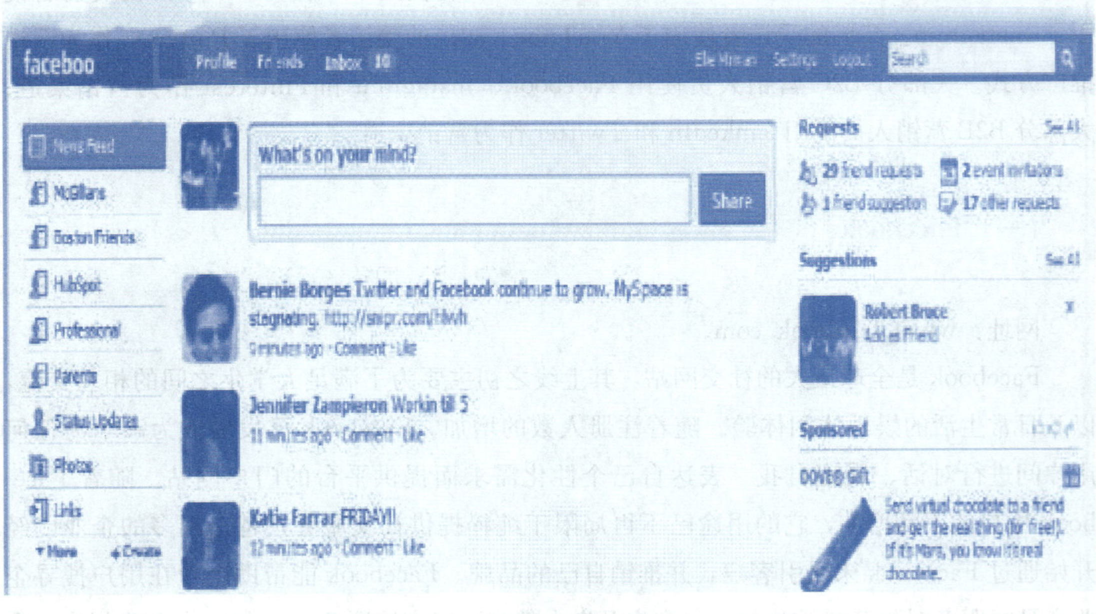

图 6-2

点击“信息”(Info) 标签下的“编辑”(Edit Information)（见图 6-3）。

按自己的情况填写基本信息、联系方式、工作/教育经历等（见图 6-4）。所提供的资料越全面、越友好，将越容易被检索到，也会越容易通过好友申请。

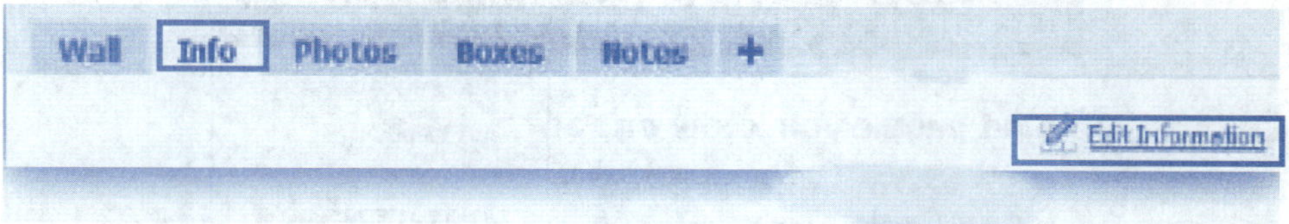

图 6-3

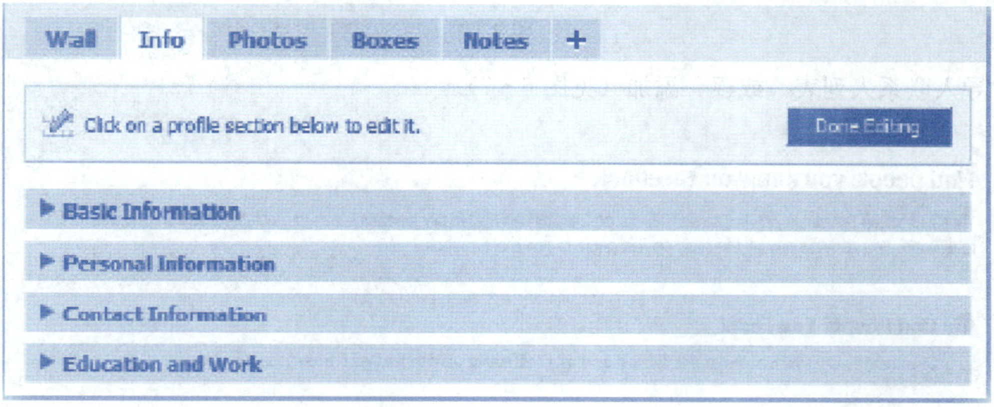

图 6-4

【Step 3】加入网络。

点击页面右上方“设置”（Settings）链接，然后按顺序选择“账户设置”（Account Setting）和“网络”（Networks）（见图 6-5）。

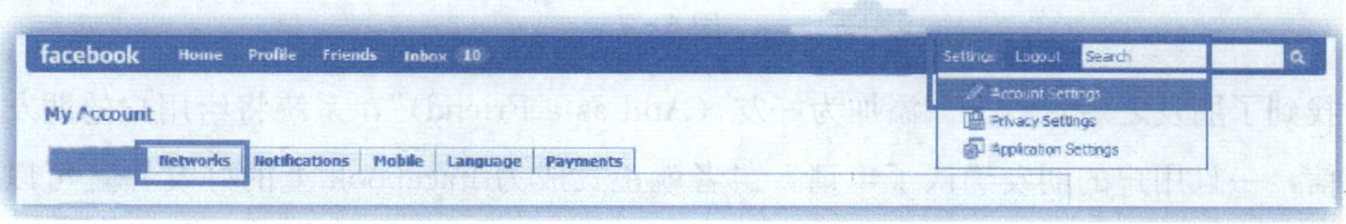

图 6-5

加入自己感兴趣的网络可能会认识更多志同道合的朋友。用户可以且只能加入一个区域网络和最多五个学校或公司的网络，且每一个都要求有相应的邮箱地址。此外，加入网络也能方便对用户的检索。

【Step 4】联系朋友。

Facebook 成立之初的目的就是更好地联系朋友、家人及同事，因此，网站为用户与用户之间建立初步联系提供了不少途径。

点击页面左上方的“好友”（Friends）链接，再选择“寻找好友”（Find Friends）（见图 6-6）。

图 6-6

导入联系人列表，或逐一添加（见图 6-7）。

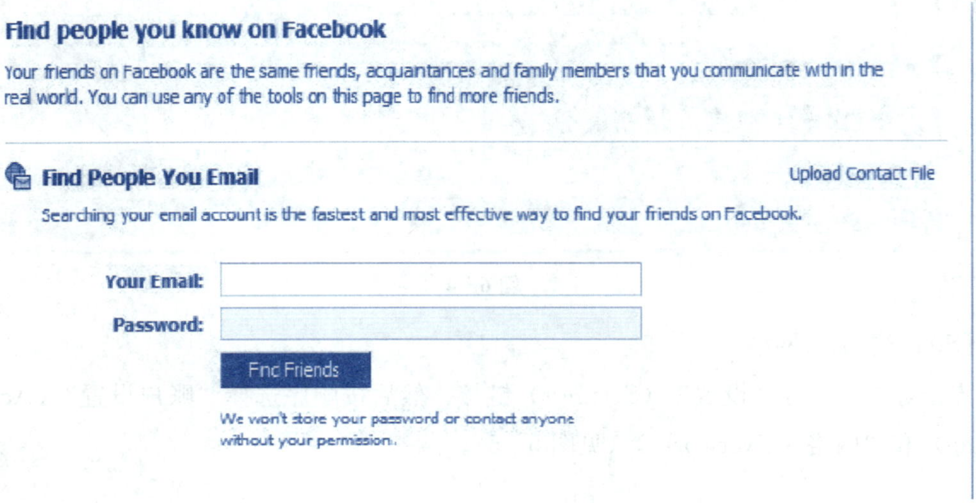

图 6-7

找到了朋友之后，点击“添加为好友（Add as a Friend)”，系统将给用户的朋友发送确认信，一旦用户的朋友确认了申请，二者就正式成为 Facebook 上的好友并且可以开始信息共享了。

【Step 5】信息共享。

Facebook 为用户进行信息共享提供了一个广阔的平台。用户可打开 Facebook 个人主页或者资料页，然后在页面上面的小方框里输入想与好友分享的内容（见图 6-8)。

图 6-8

用户输入的内容会立即发布到个人页面的“墙”（Wall）标签当中，并且以“新鲜事”（News Feed）的形式显示在好友页面中。

【Step 6】使用应用程序。

在完成了以上所有步骤之后，即可使用 Facebook 各种各样的程序了，其中包括“相册”“事件”“电影”等。点击个人页面底部栏左上方的“应用程序”（Applications），可选择用户感兴趣的一项开始与好友进行互动。

2. 隐私设置

Facebook 提供用户不同程度的隐私设置，无论是个人账户还是企业账户，用户都能对每一部分内容进行隐私设置（见图 6－9）。这样就能保障用户在管理企业账户时个人资料得到保护。

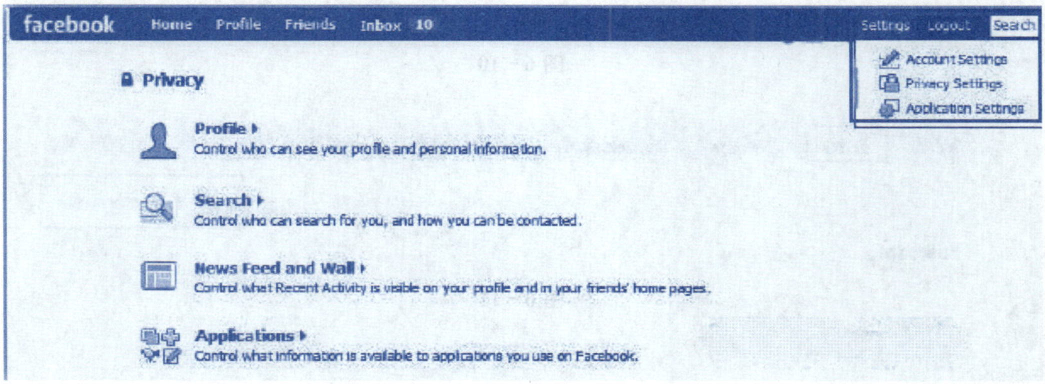

图 6－9

3. 企业用户注册及营销推广流程

【Step 1】打开 www. facebook. com/pages/create. php，选择“为品牌或产品建立一个页面”，并填写公司名称。大部分公司会选择为品牌或产品创建页面，选择这一类别使企业容易出现在同类型搜索当中，也能为企业提供更多相关的信息（见图 6－10）。

【Step 2】找到“信息”（Info）标签，点击“编辑”（Edit Information），并填写企业的相关信息（见图 6－11），如网站、描述、产品等。

【Step 3】完成所有准备工作之后，点击“发布”（publish the Page）来公开页面（见图 6－12）。

【Step 4】制作广告。

Facebook 允许企业通过宣传吸引更多粉丝及为销售部门赢得潜在客户。制作广告的方

图 6－10

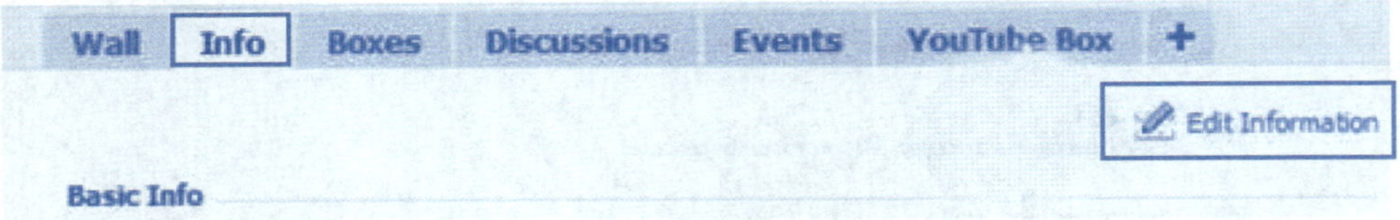

图 6－11

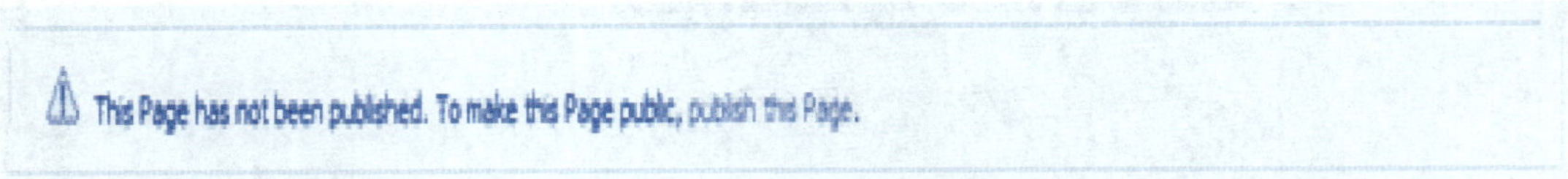

图 6－12

法如下：

打开 http：//www. facebook. com/advertising 页面，登录后点击“创建广告”（Create an Ad），根据广告内容填入外部链接、标题、广告词，还可选择载入图片。如果要对 Facebook 上的内容做广告，可点击图片方框内的链接，然后选择广告内容并填上相应信息即可。

按需求填写目标用户和计费方式。目标用户可根据地点、年龄、性别及兴趣来划分（见图 6－13、图 6－14）；计费方式则可选择按点击率或浏览率来计算。通常情况下建议按点击率计费。虽然广告的浏览量很大，但真正的点击率并不高，因此选择按点击率计费一方面能达到做广告的初步效果，另一方面也降低了广告成本。点击页面最下方的“预览广告（Review Ad）”，并把制成的广告合理排序（见图 6－15）。

图 6－13

图 6－14

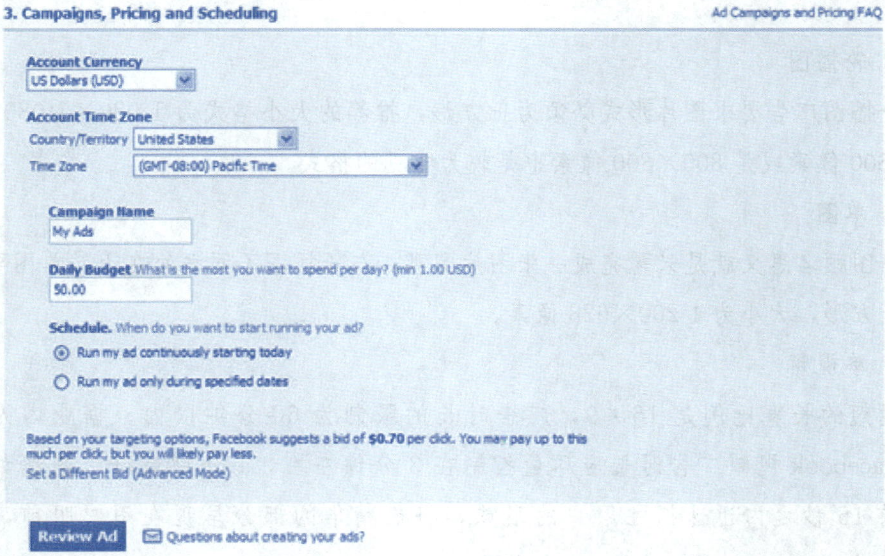

图 6－15

Facebook 有一个内置的系统对广告展示次数、点击率和通过点击率进行分析（见图 6-16），这样可以帮助用户判断哪个广告的投资率最高、最适合企业页面。

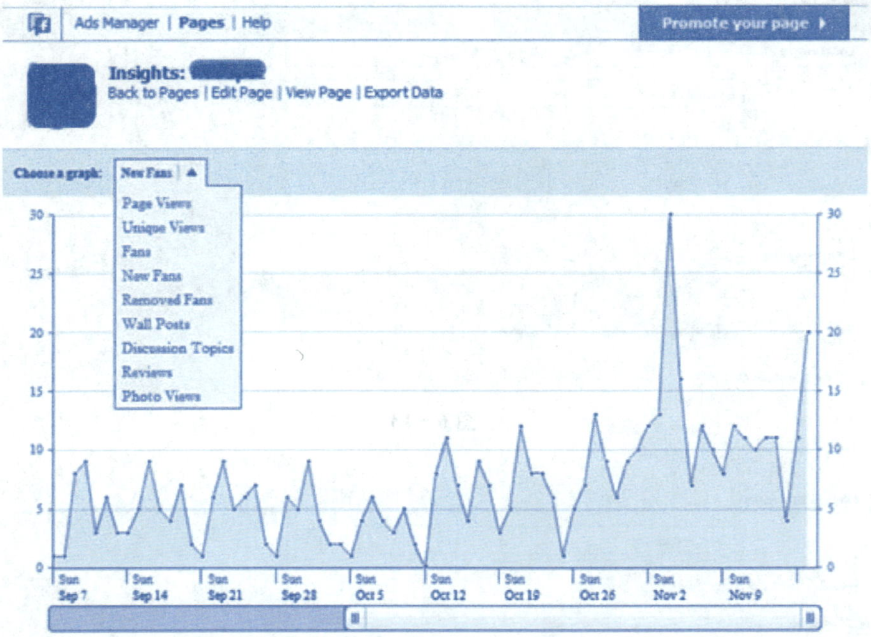

图 6-16

知识链接

Facebook 的 6 种广告格式

1. 轮播图

轮播图广告要求图片形式必须为正方形，推荐的大小格式为 1 080×1 080 像素，600×600 像素或是 800×800 像素也是较为常见的格式。

2. 单图

单图顾名思义就是只需完成一张图片即可，与轮播图不同之处在于，单图要求图片是长方形，大小为 1 200×628 像素。

3. 单视频

视频的长宽比例是 16∶9，广告时长的限制为 60 分钟以内。据业内人士分析，Facebook 视频广告时长应尽量控制在 3 分钟左右，1 分钟最好，当然如果能够在前 15 秒之内迅速抓住用户的眼球，将最精华的部分呈现在用户眼前，是再好不过的。

4. 幻灯片

幻灯片上传图片的数量控制在3～10张，正方形的图片即可。

5. 精品栏

精品栏指的是用图片、视频、幻灯片呈现出来的一幅画面，同时在画面的下方放上图片、视频或是幻灯片里的模特身上穿的某件衣服或是首饰的产品详情链接呈现给用户，简言之就是图片/视频/幻灯片＋商品目录的形式。

6. 全屏格式

是图片＋视频＋按钮＋文本块＋商品系列的组合形式。这种广告形式仅支持Facebook移动端使用。需要注意的是，全屏格式只支持Facebook动态（移动版）版位，且至少使用两张轮播图或视频。

（二）YouTube

YouTube，国内俗称“油管”，是全球最大的视频网站，流量全球排名第三，仅次于Facebook和Google，而且YouTube是全球第二大搜索引擎，是可以利用的跨境电商营销推广平台。

YouTube 的推广优势包括：引入外部流量，提升 SEO 排名；直观展示产品；买家推荐效应；传播速度快；效果持续时间长；成本低廉，操作简单易行。

YouTube 的推广形式包括：拍客推广，在 YouTube 上寻找大的拍客与之合作；鼓励真实买家拍视频；卖家自己或请专业人士拍摄视频等。

1. 拍客推广

微课：YouTube 网红引流方式

拍客推广的实质就是利用大拍客的力量，将他的粉丝转化成买家。步骤如下：

（1）寻找拍客。

寻找拍客有两个主要的途径：第一，搜索关键字。在 YouTube 顶部的搜索框中输入想要推广的产品的名称，例如，要推广手机，就搜索 cellphone review、Samsung galaxy S5 review 等；要推广假发，就搜索 hair review、wig review 等；要推广珠宝，就搜索 jewelry review、necklace review 等。根据不同的行业、不同的产品，搜索最贴合自己产品名称或特性的关键词。第二，在同类视频右侧的相关视频中查找符合要求的视频。例如，在观看一个 cellphone review 的视频时，在这个视频的右侧会出现一列同类视频，这些视频所属的频道就很有可能是卖家需要找的频道。

（2）联系拍客。

当卖家发现一个视频中拍的产品与卖家想要推广的产品吻合时，就可点击这个拍客的频道名，进入他的频道主页，在顶部导航条中最后一项是“about”，有一些拍客会把他的联系信息放在这里边，可能是邮箱，或者是 Facebook、Twitter、Google+链接，卖家可以通过这些联系方式联系他。如果他在“about”里没有留下任何的联系信息，卖家可以通过站内“message”联系他。同样是在“about”页面，有一个“Send message”按钮，点进去，就可以给拍客发站内信，当他登录他的 YouTube 频道的时候，会有相关提示。建议找 subscriber 数比较多的拍客合作，subscriber 数至少要在 1 000 以上，这样视频拍出来效果会比较好。

（3）向拍客发开发信。

给拍客发的开发信是合作的敲门砖，建议简明扼要地说明来意，篇幅不宜过长，否则会让对方没有耐心读下去。内容要突出合作，给他发免费的产品，他只需要帮卖家拍个视频，产品便归他所有。卖家可以把店铺链接放到开发信里，如拍客点进去看到有自己感兴趣的产品，会大大增加合作的可能。如果是通过发邮件联系拍客，邮件标题也很重要，建议可以突出“合作”“免费产品”这样的关键字，标题不宜过长，6～8 个单词比较适宜。

(4) 拍客选品及发货。

在卖家发了相当数量的开发信之后，会有一些拍客给卖家回复，表明他们愿意合作。这时候，建议先问一下拍客有没有在线聊天的联系方式，现在比较常用的是 Skype、Kik、WhatsApp、Aol 等。如果拍客告诉了卖家他的在线聊天联系方式，卖家一定要及时添加，因为在线聊天的沟通方式比邮件沟通要方便得多。

然后让拍客在卖家的店铺里挑产品，把产品链接及对应的尺码、颜色等信息发给卖家，还有拍客的"shipping address"。注意向拍客要电话号码，因为有的物流方式电话是必填项。即使物流用不到，卖家将来也可能给拍客打电话或者发短信。对于第一次合作的拍客，建议少发产品，试一下效果，然后再决定是否继续合作或者是否增加产品量。拍客选好产品之后，及时给拍客发货，并告知对方"tracking number"。在此有一点需要指出，在拍客选产品的时候，卖家尽量推荐对方选新品，或者当下热卖的产品，这样产品比较有卖点，视频拍出来效果会更好。

(5) 提醒拍客拍视频，并加入店铺或产品链接。

在卖家发货之后，要保存"tracking number"并在 3～5 天之后跟踪包裹，有的时候会出现未妥投的情况，这时要及时联系拍客让他取包裹或者联系物流公司。如果卖家跟踪到拍客已经收到包裹，这时候卖家要向拍客询问对产品的看法，并问一下什么时候可以把视频上传上去。让拍客不要忘记添加产品链接，产品链接要带上"tracking number"，这样卖家可以查询得到哪个拍客带来了多少订单，对好的拍客将来要继续合作，并且可以多发产品。

(6) 追踪视频效果。

对于拍摄视频效果好的拍客，继续联系他再让他选新产品。如果有拍客制作了很好的视频，画质清晰、产品展示非常详细等，卖家可以把视频嵌入到所在平台产品最终页的产品描述里。

2. 买家推广

如果卖家店铺已经有一定的成交量，则那些买家也是非常好的资源。买家收到产品后，卖家可以联系买家，问他对产品有什么评价，如果他喜欢卖家的产品，可请他帮卖家做一个 YouTube 视频 review，卖家可以给他一些优惠券或者其他的奖励形式，卖家可以自定。

如果有买家帮卖家拍了正面的视频，要建议买家提交到产品 review 里，这样这个买家的视频 review 会展示在 Customer Reviews 中（见图 6－17）。

图 6－17

展示效果如图 6－18 所示。当其他买家点开视频按钮的时候，产品的视频 review 就会在弹出的窗口中展示，其他买家就可以看到产品的细节以及此买家对产品的评论，从而大大提高该页面的转化率。

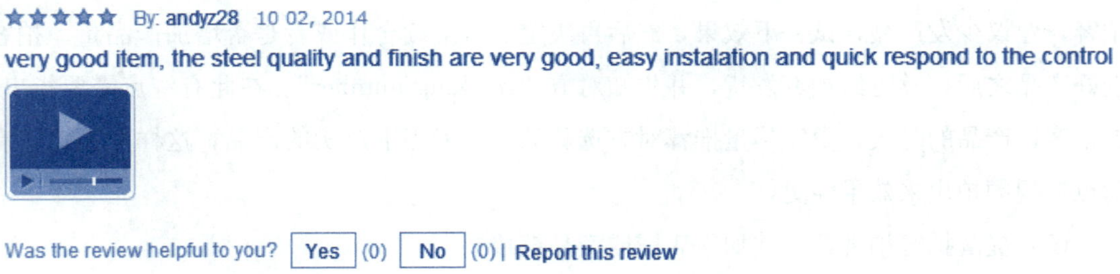

图 6－18

3. 自拍视频

卖家可以建立自己的 YouTube 频道，为一些热卖的产品拍摄视频，这样当有买家想看产品细节的时候，可以把视频链接发给他。视频放在 YouTube 上，总会有人通过某些关键词或者 YouTube 的相关视频推荐功能找到卖家的视频，这样就可以把 YouTube 上的流量引到卖家的店铺。卖家同样也可以将自己拍的视频嵌入到产品描述里，方法和拍客视频嵌入是一样的。

卖家通过以上方法得到视频之后，不仅可以嵌入到产品描述中，让买家提交到产品 review 里，还可以用卖家的社交账号分享出去，比如卖家可以将视频贴到自己的 Facebook、Twitter、Google＋上。

4. YouTube 视频营销策略

(1) 制作频道介绍短片。

许多 YouTube 自频道在页面顶部会有一个介绍短片，访客到来时自动播放，也可以截取过去视频短片中较精彩的部分拼接在一起。制作这样一个介绍视频，放置在首页展示，能让新访客快速了解你的频道主旨。

（2）为 YouTube 介绍短片想一段广告词。

可以在视频的简介部分、结尾部分等使用广告词，进行简单的频道介绍，大多数 YouTube 网红会在视频结束后说：“如果你喜欢这个视频，可以点赞、发表评论并订阅。”但这个做法已经脱离了视频本身，远没有用户观看视频内容时出现广告词有说服力，而如：“我通常在每周三下午发布视频，下一个视频将介绍……”用几秒钟的时间简单概括了频道的信息，能吸引新观众点击订阅。

（3）视频缩略图要符合频道主题。

在某些方面，视频缩略图比标题更能吸引人们点击视频，请确保它们与主题内容的一致性，因为这会让卖家的频道看起来条理更清晰。

（4）与其他具有类似观众群的 YouTube 视频发布者合作。

这是吸引新观众的绝佳方式，一个常见的做法是视频发布者相互出现在对方的视频中，这样双方都有在其他创作者的观众面前获得认可的机会。

（5）借助“热点”获取关注。

可以考虑制作一些与热点新闻、名人、流行趋势相关的视频，因为这些新闻已经有了一定的受众，能为卖家吸引到新的订阅。

（6）在利基网络社区分享视频。

Reddit、Facebook 和论坛上的利基网络社区都有可能存在欣赏卖家的视频的受众，当卖家要把视频发布到其他子板块或者 Facebook 群组时，需按照视频内容相关性发布，而不只是考虑社区的大小。通常，社区用户非常注重社区讨论主题的一致性，需确保一开始发布的内容具有足够的价值和相关性。

（7）创建播放列表。

播放列表是用户整理 YouTube 播放内容的好方法，这些列表将有机会出现在 YouTube 的搜索结果中，如果卖家有足够的内容可考虑将它们组成播放列表。这不仅能将视频进行有效分类，还能选择下一个播放给观众的视频，而不是随着 YouTube 自动播放其他创作者的视频。

（8）使用 YouTube“资讯卡”推荐其他视频。

YouTube 关闭了注释功能，而注释功能可以把观众引导到其他网页，此举招来了很多创作者的不满。于是 YouTube 推出了“资讯卡”，相当于强化版的注释功能。所以，建议卖家使用这些卡片在视频中推荐其他视频、播放列表或者能获得更多观众观看的特定视频。此外，卖家需要建立自己的追随者，通过“购买用户”获得订阅的快速增长从长远来看并没有实际效用，卖家不需要一百万订阅者来吸引观众，需要的是一群拥护你的粉丝，他们热爱频道里上传的所有东西。

知识链接

联系拍客电子邮件模板

● 首次联系

Inquiry of creating a review video (over 10,000 subscribers).

Dear ×××,

This is ××× of the buyer marketing division of ×××, a leading international e-commerce marketplace based in China.

After careful consideration, we would like to invite you to be part of an exclusive group of participants for a new beta program designed to assist us in our market research efforts. To participate, you simply need to provide us with thoughtful, unbiased video reviews of one of our products; in return for your participation, you will be compensated the sum of ＄100, plus the product will be yours to keep.

We thank you for your time and look forward to your reply.

Sincerely,

×××

● 解释合作过程

The process of our collaboration is like this:

(1) We settle down the product you'd like to review.

(2) You give us your address, and we'll send you the product you choose.

(3) You upload the video you make for our products, put the product link and similar products link (I will give you) in the description box and then give us the link.

(4) We pay you ＄100 after you upload the video. (对于粉丝数量较多的拍客可以给予一定的金钱奖励)

● 询问产品偏好（以假发为例）

What kind of hair interests you most? Brazilian or Peruvian? Body wave or deep wave?

We can recommend some of our top-quality products to you based on your preference. You can also visit our site: http: //www. ×××. com, and send us a list of links to the products you'd like to review (It would be much better if you can select products from the top sellers or sponsors with many transactions, as we know them well and can guarantee the quality of the product).

● 挑选产品价值过高

We'd like to send you those original phones, but we're supposed to send free samples under ＄300 for the first time of our collaboration because of the budget. I hope you can understand.

● 提供地址

I'll tell our seller to send you the product via DHL ASAP, and let you know and give you the track number when it is shipped out.

● 告知发货并提供拍视频指导

I'm glad to tell you that the gear was shipped out via DHL, and the track number is ××××.

Here are a few tips when you make the video:

(1) If you haven't reviewed any product from ×××, please briefly introduce ××× to your audience.

(2) Please include ××× in the title of the video, and put the product link in the front of the description box, so that the audience can see it without clicking "show more".

(3) Please remind the viewers to click the link in the description box and buy the product if they are interested!

My boss pays close attention to the orders the video may bring to our seller, so it would be great if the video could display the information that a potential buyer may want to know and gets them interested.

Thanks.

(三) Pinterest

网址：www. pinterest. com。

Pinterest 是为用户提供在线收藏和分享图片的网站，每天都有上千万图片被分享，允许商家将其网上商店的产品链接植入相关图片，回报则是给予这些网站销售分成。Pinterest 主要是追求美、享受美，因此对于在 Pinterest 开展营销推广的跨境电商卖家，需要的就是建立一个美丽而有价值的形象。所上传的产品图片需要抓住用户的情感，引起共鸣，商家需了解买家的需求，并将此融入产品图片中，使买家看到产品图片时有愉悦的感觉，从而吸引买家对产品的关注。

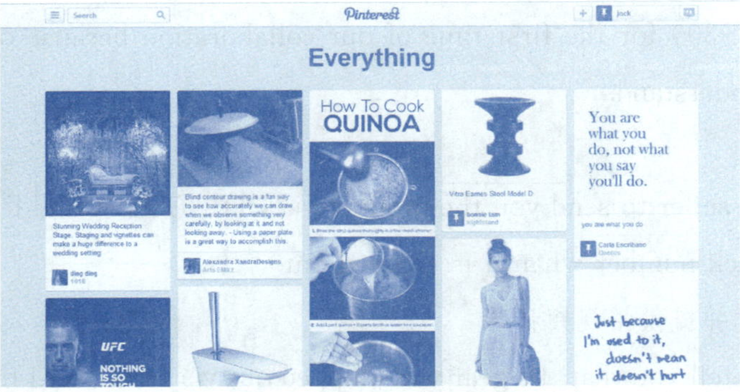

Pinterest 具体注册及操作流程如下：

（1）注册账号。

登录官网进行账号注册。

（2）上传图片。

点击“upload a pin”“Add from website”或者“Create a board”上传店铺产品的图片（见图 6-19）。

图 6-19

（3）图片描述。

卖家仅仅把图片上传上去是不够的，要让用户知道在看完图之后他们要有什么举动，也就是说，卖家要让他们干什么，而这个就显示在卖家的图片描述当中。要知道，用户往往关注的不仅仅是图片，还有图片的描述。在卖家的图片描述中增加一个号召性动作说明，吸引用户点开卖家的图片。这些号召性动作的说明包括：“你不得不看的……”“点击图片看怎么……”“看看这几种方式……”等。但是在此之前，卖家要确认这张图片拥有足够引人注目的魅力，让人有非转不可的冲动，并且它要满足人们的消费需求。

(4) 功能设置。

通过设置画板、寻找朋友和关注其他画板等方式使图片的浏览量增多（见图 6-20)。

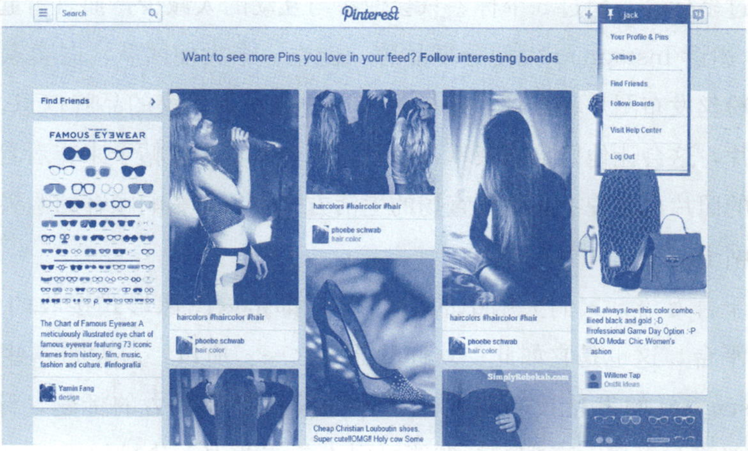

图 6-20

(四) Instagram

网址：www.instagram.com。

Instagram 里有海量的美图，每个人都能时刻分享自己的随拍。对于跨境电商卖家来说，Instagram 更是一个免费的营销推广工具，如果在 Instagram 中发布合适的产品图片，顾客不知不觉就会被你的产品吸引，从而借助 Instagram 提升店铺浏览量，提升产品销售。

Instagram 的注册及运用步骤如下：

(1) 下载并安装 App，注册企业账户。

填写信息，设置密码，上传头像资料，并撰写简介。填写注册信息时需注意选择一个与品牌相关的账户名，保持店铺形象的一致性，并确保头像专业而具有辨识度。账户简介中需简要地介绍店铺和店铺名，避免推销性的语言，介绍简短而有趣。撰写一个能吸引目标顾客的简介，展现你的品牌形象。简介撰写公式：你是谁＋你是做什么的＋个性化表述。必要时，可以在简介中添加标签。可以随时随地修改简介来推广活动或者推销产品，并注意添加链接。

(2) 关注好友，获得粉丝。

好友可以从通讯录中找，也可以从 Facebook 上找。关注好友，可以看到他/她的分享。

Instagram 的“涨粉”技巧包括：1）添加标签让卖家更容易被发现，标签是提高帖子曝光率的方法，利用一个关键词总结帖子主题，让它容易被发现。大多数帖子只使用一个标签，不要用过多标签，超过 5 个标签只会使参与互动的人减少，而且看起来很凌乱，推销性太强。2）邀请 Instagram 大使分享品牌，创立一个大使团队，向卖家的粉丝传播品牌福利，鼓励粉丝发布图片和点评，这样更多用户能看到卖家的品牌信息。3）在账号上分享粉丝的照片，这会让他们倍感荣幸，而且粉丝会一直关注帖子来查看自己和朋友的信息，这些粉丝的照片也展现了品牌所宣扬的生活方式，从而影响顾客的购买行为。

（3）发布帖子。

图片胜过千言万语，人们大脑中的信息 90%都是以图像形式接收的。Instagram 是个分享图片的平台，这也是它如此受欢迎的原因之一。所以，应发布一些能增加销量的产品图片。Instagram 的发帖技巧主要包括：编辑具有吸引力的标题，标题不宜过长，否则会被用户忽略，直接、有趣的标题能吸引人的注意力，让粉丝思考，让他们参与进来；避免强行推销，产品图片应运用更多创造力来对粉丝施加影响却又不咄咄逼人；努力与粉丝建立关系，塑造品牌文化，这样他们会乐于来卖家的店铺购物；使用高质量的图片，产品图片能反映出卖家的专业性，为了保证高质量的图片，可以将它保存为两倍分辨率；Instagram 里有各种滤镜来改善图片的色调，合理运用编辑软件，用颜色和图案创造独特而有艺术感的品牌形象；给产品添加背景和情景；标签可以帮卖家吸引到新粉丝和买家。

从发帖时间来看，工作日的下午 5～6 点和 8 点 Instagram 上的活跃度较高，周一下午 6 点达到顶峰。但是，不同的粉丝会在不同的时间参与互动。如果卖家的粉丝大多是家庭主妇，下午 6 点的时候她们多半在做家务和准备晚餐。据调查，在深夜发帖，不容易被一大波帖子淹没。大多数用户暂停更新的时候，会有更多人关注到卖家的帖子。所以，知道什么时间粉丝最活跃，能帮助卖家制定最优时间表，以获得最多点赞和评论。从发帖频率来看，各类品牌每周发布 6 张图片。分析卖家的数据，选择与粉丝互动的最佳时间，并在这时间段发布 1～2 条动态。

（4）社区互动。

注重回复粉丝的评论，感谢粉丝，尤其为了持续吸引品牌大使，跨境电商卖家需要认识互动最多的粉丝，并重点关注与这些消费者的关系。加入一些社区，多结交朋友，最好这个社区的用户跟卖家有相同的爱好，或者卖类似的产品，这样才有话题可聊，也可以给卖家的创作和销售带来灵感。多参与一些热门话题，时不时地推荐好友、点赞及发表评论。

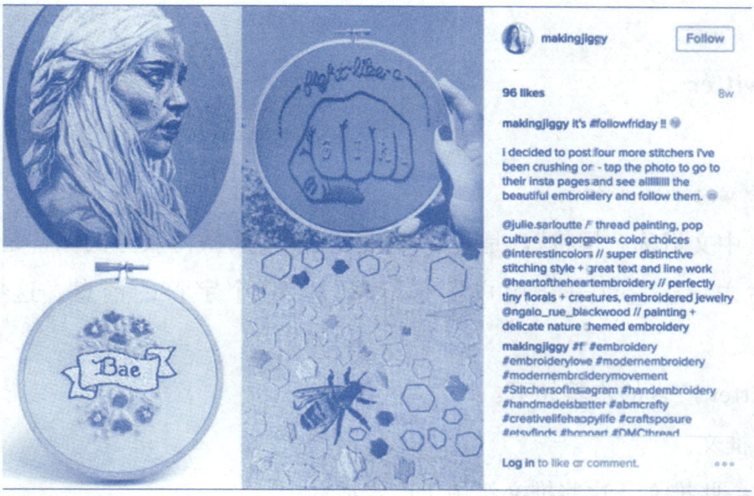

（5）数据统计，分析优化。

使 Instagram 账户不断优化的方法是分析过去成果，调查受众，再次发布有成效的内容。看一下什么时间段在线的用户最多、用户给的评论和赞是多少、卖家的图片受欢迎的程度是怎样的。关注互动程度最高的帖子，在收到好评的帖子中寻找共性，这样卖家会知道应该和粉丝分享哪些内容。也可以借助第三方 App 来监控数据。

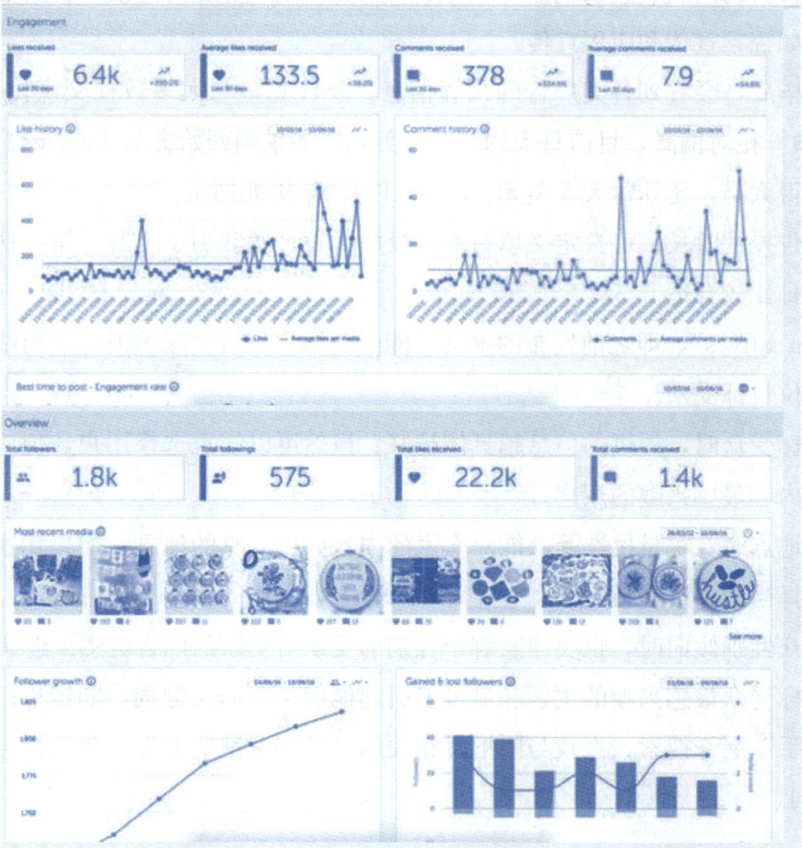

（五）Twitter

网址：www. twitter. com。

Twitter，中文俗称“推特”，是一家美国社交网络及微博服务网站，是全球访问量最大的十个网站之一。它可以让用户发布不超过 140 个字符的消息，这些消息被称作“Tweet”（推文）。

设置 Twitter 广告的步骤如下：

（1）发布推文。

按时发布一些推文，这些推文将用于广告活动中。

（2）创建广告。

登录 Twitter，点击个人资料照片，选择“Twitter Ads”打开新页面。在页面右上角“Create Campaign”中选择一个想要尝试的付费广告类型。

如果卖家刚建立 Twitter 账户，建议尝试“Followers”关注广告项目。如果卖家想吸引用户访问自己的网站、查看内容，请选择“Website”点击或转化。当然还有其他更高级的选项，如视频宣传和应用宣传。

选择完毕后，会看到各类广告的预算信息。要注意，与大多数社交媒体一样，Twitter 给出的预算相对偏高，目前每天约 127. 5 美元。如果刚开始尝试 Twitter 广告，建议不要把预算订得太高，比如每天 5 美元、5 个工作日 25 美元即可。

选择广告投放时长。可自定义填写广告投放时长，通常为 1 个月。第一次可先尝试投放 5 个工作日比较合适。

选择“creatives”，即之前发布的推文，能吸引用户查看卖家的内容或网站。

（3）定位目标受众。

定位目标受众时，提供的信息越具体越好。虽然可以随意选择用户，但应尽量定位那些对卖家的内容最感兴趣的用户。

在选择地点时，尽量挑选受众能对卖家的内容产生共鸣的地方。如果卖家的业务在当地进行，选择当地推广是最好的。

选择受众性别倾向时，也要注意哪个性别的受众对卖家的广告更感兴趣。

选择目标受众最感兴趣的主题和最可能引起他们关注的关键词。如销售门把手，可以输入“门把手”展开搜索，查找与门把手相关的主题。关键词方面，要选择与内容相关的 Twitter 热词。

（4）广告组报价。

点击“ next”，进入广告组报价页面，有两个选择：一个是“target bid”目标竞价，另一个是自动出价。若选择目标竞价，则可以指定自己的目标成本，Twitter 广告平台将优化卖家的广告活动，同时保证不超出目标成本。点击“next”完成设置。

最 In 的新社交媒体

（5）跟踪效果。

广告投放结束后，可以查看投放效果。广告获得的点击次数越多，需要支付的费用越多。与其他渠道的广告相比，Twitter 广告的收费比较低。

知识链接

Deal 站引流

在站外引流的渠道上，跨境电商卖家还可以考虑通过 Deal 站为店铺及产品进行引流。做 Deal 站引流需要考虑以下几个方面。

1. 产品评估

并不是每个类别的产品都适合做促销、都适合用 Deal 站来做引流，所以卖家必须对产品有充分的把握和认识，再判断能不能做促销、要不要做促销。

2. 做哪些网站的促销

促销网站的类型是不一样的，受众群体和常用人群也是有差异的，有的科技类产品居多，有的服装类产品是主流，有的只做母婴产品等。虽然每个促销网站在短期内都会给产品带来比较多的流量，但是否选择了合适的渠道，决定了卖家产品的转化率和销售额的高低。

3. 深入了解网站规则

每个国家都有很多本土的促销折扣网，即便是同一个国家的促销折扣网在政策和流程上也有差异。所以中国卖家一定要在了解其规则的基础上进行营销，不要一上来就狂轰滥炸或是进行违规操作，否则被封了账号和 IP 就得不偿失了。

4. 耐得住寂寞

做好 Deal 站绝不是一朝一夕的事，需要的是耐心和细心，产生稳定的收益可能历时较长，工作内容也较烦琐，开发出一个优质的红人或网站资源也需要几个月的时间。不要想着一个月的时间就能在多个 Deal 站上做得风生水起，或是拥有大量磨合程度非常好的红人资源，这是不切实际的。这些都需要积累，有几千个 Deal 站的网址或几千个红人的联系方式，那不是资源，只是名单。

Deal 站举例：Slickdeals

Slickdeals 网址：www. slickdeals. net。目前，Slickdeals 是美国流量最大、忠实用户最多的 Deal 站，它的特点是允许社区成员发布自己所找到的好的促销信息，再通过其他成员的投票结果判定这条信息的好坏，优质的促销信息将有机会得到更多的曝光。

二、 社交媒体营销步骤

跨境电商企业开展社交媒体营销，可按以下步骤逐渐展开。

（一）选择合适的社交媒体

跨境电商企业开展社交媒体营销并不需要基于全部社交媒体平台，而应从客户喜好及自身资源两方面综合考虑，合理进行社交媒体的选择。不同的社交媒体拥有自身独特的风格和用户群，跨境电商企业需要找到其潜在客户熟悉及使用的社交媒体，即哪个社交媒体聚集了本企业的客户群。所销售产品的行业不同也决定着对不同社交媒体的适应性，如时尚、彩妆等靠视觉驱动的行业，Instagram、Pinterest 等图片分享平台较为适用，而 3C 产品等适合采用以文字为主的方式进行推广的产品，则更适合 Twitter。同时，不同社交媒体的运营需要不同的专业人才开展相关的资源设计，如 Pinterest 的运营基于优美图片，Google＋则更侧重于高品质的内容，企业需考虑自身人员的业务水平来选择。另外，全球知名社交媒体是跨境电商企业开展社交媒体营销的首选，但同时也不能忽略一些小众平台的优势。如目标市场本地网站、相关专业论坛，由于用户属性集中，更容易进行针对性推广，且竞争也相对不那么激烈。

（二）注册并完善信息

跨境电商企业需注册适合的社交媒体，并不断完善及优化企业信息。一个完整、优质的资料会显示企业的专业性和品牌一致性，它向访客说明了企业参与社交媒体的认真度。因此企业应定期检查社交媒体上的简介，确保头像、企业简介等信息的完整并及时更新。

信息资料包括两个部分：视觉和文字。视觉部分需要达到的目标是一致性和熟识度，如 Twitter 头像要与 Facebook 头像相一致，Google＋和 LinkedIn 的封面图最好也保持一致。文字部分需注重如下规则：展示而非说教，展示“我做了什么”往往比介绍“我是谁”效果更好；确定明确的品牌及产品关键词，并向用户不断强调；保持语言的新鲜度，但避免过于时髦的用词；回答潜在用户的问题，告诉他们“我有什么”；保持个性化的风格。

（三）确定企业个性及营销基调

确定企业的个性及营销基调需要仔细考虑企业自身特点、营销任务和客户基础等方面。具体包括品牌及产品性格、与客户的关系、哪些公司与本企业个性相似、竞争者的定位、希望客户如何看待本企业。据此，总结出关于本企业市场策略的形容词，它们就是企业在社交媒体营销互动中应该保持的基调，跨境电商企业需时刻保持用一致的基调发布信息及回应客户。

在社交媒体营销中，无论媒体如何发展、变革，也都只是信息的传播渠道与手段，对于跨境电商企业来说，最重要的始终都是营销内容的策划，在设计出吸引客户的内容之后，再考虑以适合的渠道、方式传播出去。粗制滥造的内容即使使用再多种类的社交媒体也少有分享，而高品质的内容则会广泛、迅速地传播。

（四）确定发帖策略

跨境电商企业需确定受众接受效果最佳的发帖策略，包括每天理想的发帖量、发帖频率、发帖时间、发帖内容等。

社交媒体中的发帖内容包括五种基本类型，即链接、图片、引用、转发和纯文本信息。其中图片是最理想的社交媒体传播内容之一，客户在浏览 Twitter、Facebook 时很可能会把图片全部浏览一遍。图片帖子会比其他类型的帖子得到更多的浏览量、点击量和分享。有数据显示，在 Facebook 上，图片信息比文字信息多得到 53%的赞、104%的评论和 84%的点击。Twitter 也相同，通过分析来自各行各业用户的 200 万条推文，发现图片对转帖增加量的贡献最大，图片能增加 35%的转推量，高于视频（28%）、引用地址（19%）、数字（17%）、标签（16%）的转推量。跨境电商企业应根据自身特点选择一个主要类型，大部分发帖将会是此种类型的内容。可按照 4：1 的比例发帖，即在使用主要类型发送 4 篇内容之后，穿插选择其他类型作为调剂。长此以往，企业的关注者会明确知道他们能从这里得到什么，企业也可以通过这个过程逐渐打磨出自己的风格。

关于在社交媒体的发帖频率有一些经验数值，如 Facebook 每周 5～10 篇，Twitter 每天至少 5 篇，Linkedin 适合工作日每天一篇，Google+每天控制在 5 篇以下等。跨境电商企业需结合不同的平台、行业、资源、客户群、内容等不断总结，综合确定适合的发帖频率。

在发帖时间上，由于各社交媒体平台自身特点及用户特质不同，平台的活跃时间有所不同。通过数据整理，各平台的最佳发帖时间具有如下规律：

（1）Twitter 上发帖的最佳时间是周四，一天中发帖的最佳时间是下午 5 点；

（2）Facebook 上发帖的最佳时间是周四，一天中发帖的最佳时间是晚上 8 点；

（3）LinkedIn 上发帖的最佳时间是周三，一天中发帖的最佳时间是上午 9 点；

（4）Instagram 上发帖的最佳时间是周五，一天中发帖的最佳时间是晚上 7 点；

（5）Pinterest 上发帖的最佳时间是周五，一天中发帖的最佳时间是凌晨 1 点。

（五）内容发布及社区互动

在对营销策略进行系统整体规划的基础上，跨境电商企业需切实执行社交媒体营销方案，以高品质的内容、合理的频率、最适合的渠道不断向买家传递信息。同时，对比传统营销手段的单方面的信息传递，社交媒体营销的核心优势就是互动，跨境电商企业需充分发挥各平台的优势与用户深度互动，以更好地宣传推广其品牌及产品，促进销售，了解客户需求，发掘潜在关注点，以指导新产品开发。

（六）数据分析及调整优化

随着发帖增多，跨境电商企业会发现适合自己的发帖内容、时间和频率。多数主流社交媒体平台都提供数据分析功能，再加上日益丰富的相关第三方应用，这些工具可以向企业展示详细的数据，包括每个发帖所带来的浏览点击量、分享量、点赞和评论等。跨境电商企业需不断根据数据分析对自身社交媒体营销推广效果进行总结，并进行相应的调整优化。

实战演练

1. 请根据思拓跨境电商科技有限公司的产品及目标市场特点，为其营销推广选择合适的社交媒体。

2. 请为思拓跨境电商科技有限公司指定产品设计基于 Facebook 的营销推广方案。

3. 注册一个 Pinterest 账号，为思拓跨境电商科技有限公司发布产品图片。

任务三 电子邮件营销

知识储备

电子邮件在国外应用较为广泛，人们更倾向于使用电子邮件进行沟通，其发展水平大大高于国内。电子邮件是跨境电商卖家与国外买家进行交流的重要媒介，利用邮件，卖家可直接、快速地对买家进行精准营销。

电子邮件营销（email direct marketing，简称 EDM），是通过电子邮件的方式向目标用户传递有价值的信息的一种网络营销手段。电子邮件营销对于企业的价值主要体现在开拓新客户、维护老客户、品牌建设三个方面。其优势体现在：传播速度快、无时空限制、交互反馈、内容多元、可图文并茂地表现所要宣传的内容、针对性强、成本低，同时能长期与订阅用户保持联系，可增加用户黏度，提高用户忠诚度。

微课：EDM 电子邮件营销

EDM 通常包括如下四个步骤。

一、获取客户邮件地址

作为EDM营销的第一步，跨境电商卖家要收集到准客户的邮件地址。跨境电商网站的订阅用户、网站会员的邮件地址、网站上具有购买记录的邮件地址等都是企业的邮件数据来源，也可采取购买的方式获得邮件地址。

跨境电商卖家可对获取的邮件地址不断优化，形成高质量的邮件列表，做好邮件数据分类管理，删除重复数据；如果用户提交的地址有误，应尽量修复无效电邮地址；对于有购买记录的用户数据，根据用户消费习惯、消费水平、地域、性别等对邮件地址进行分类；使用跟踪工具对数据进行定期归类整理，如有打开记录的邮件地址、有转化的邮件地址、取消订阅的邮件地址等。

跨境电商卖家需注意，即使获取了很多邮件地址，也不要乱发邮件，一定要针对产品找客户，这样转化率才会高，同时也不会造成客户的反感。

二、编辑邮件内容

（一）邮件标题

邮件标题的好坏直接决定买家打开邮件的概率，需精心设计。邮件标题的编辑技巧主要包括以下几方面。

1. 简短有力

通常人们在浏览一个标题时不会花超过3秒钟的时间，另外每一个浏览器、电子邮件客户端或移动设备显示标题行字符的数量不同，50%以上的邮件都在手机上阅读。因此在保证信息有效传达的前提下，标题越短越好，不要超过50个字符。

2. 表明身份

标题可以和发件人名称相呼应，表明公司或品牌，让收件人放心打开，因为发件人信息中除了显示发件人名称和邮件地址之外，很难容纳更为详尽的信息，收件人对发件人的信任还需要通过邮件标题来进一步强化。将邮件标题的空间留出一部分来推广品牌是很有必要的，尤其在用户对企业品牌信任度不高的情况下。根据美国的一项调查显示，标题中加上发件人名称会增加至少3%的开启率。

3. 概述邮件内容

标题应概括邮件主要内容，包括产品信息、优惠活动、活动截止时间等，明确地传达能为用户带来什么。布局上应以核心关键词为先，放置最能激发用户阅读兴趣的内容，以及最能体现对用户价值的内容。

4. 体现品牌或产品信息

尽可能将有独特价值的产品、信息或者给人印象深刻的品牌放置在邮件标题中，即使用户不阅读邮件内容也会留下一定印象。

5. 包含核心关键词

关键词在用户搜索邮件时十分有用，因为很多用户在收到邮件的时候可能不会立即产生下一步的动作，而是会在收到邮件一段时间后回想起自己曾经收到过一封标题中含有自己需要的关键词的邮件，进而进行搜索。

6. 特别注意

(1) 编辑邮件标题需特别注意不要引诱用户去打开，比如“老朋友你好！这是你要的资料!”这样的标题就很不好，用户点开一看发现是垃圾邮件很容易产生反感。

(2) 不要在连续几封邮件中使用相同标题，否则易引起用户厌恶。

(3) 慎用大写字母及标点符号，标题栏内如果全部是大写字母或有太多的感叹号会让邮件看起来像垃圾邮件或病毒。

(4) 注意避免使用垃圾邮件常用的词语和符号，例如“免费”“派送”“优惠”以及其他特殊符号等。

(二) 邮件内容

跨境电商卖家开展电子邮件营销，需体现的主要内容及注意事项如下。

1. 内容有用

跨境电商卖家在编辑电子邮件内容时，需重点考虑哪些内容对买家有用，只有内容对自身有用才能激发买家打开邮件，进而提升满意度、促进销售。对买家有用的内容主要包括：折扣优惠信息、新品信息、服务通知、产品相关知识等。

2. 个性化、情感化

比如开头不要用“你好”，而是“某某你好”，能大大增强针对性和亲近感。另外，也可添加具有节日特色的图标，如圣诞树、雪花、新年生肖动物，以及在电子邮件中表达感情及对用户的重视。

3. 链接明显

确保链接清晰可见，有使用提醒或标签，使用户一眼识别出链接按钮。

4. 引起行动

在邮件内容中加上能引起用户行动的一些语句，可考虑做一个最后期限的限制，如“马上回应”“立即注册”“最后 1 天”“优惠仅在 48 小时内有效”“售完即止”等。也可强调可能让用户立即采取行动的信息，如“节省 50%”“领取免费礼品”等。

5. 具有创意

在电子邮件营销中，跨境电商卖家需注重围绕自身产品，结合相关节日、文化、事件等资源开展借势营销，创建激发用户需求、吸引用户眼球的邮件内容，将显著提升电子邮件营销的效果。具体操作包括运用多媒体展示，如 GIF、视频、H5 等，都可以成为有力的武器；设计具有特点的节日、活动邮件模板，为用户创建一套有针对性的并与品牌形象相契合的专属模板，将让卖家显著区别于竞争对手。

6. 附件简洁

如果附件较难打开，则极少会有用户继续去打开，所以电子邮件的附件要尽量简洁，能使用 TXT 发送的文字信息不要用 DOC 格式发送，能用 JPG 展示的图片不要用 PSD。

三、发送邮件

（一）分类发送

可以将用户分为已购买用户和未购买用户，并有针对性地发送不同的电子邮件。针对已购买用户，创建发送购买历史相关的产品和服务，因为消费者购买产品偏好很难改变。针对未购买用户，根据历史浏览行为和背景分析，预测用户可能感兴趣的产品，将产品清单作为邮件发送内容。而用户对哪些内容比较感兴趣可以通过观察用户点开的邮件链接来进行分析，一些第三方工具可形成详细的列表，显示哪个邮箱用户点开了邮件、点击了邮件中的哪个链接、邮件链接点击次数等，这些能帮助跨境电商卖家更好地了解用户对哪个产品或内容更感兴趣。

（二）发送时间

并不是任何时段都适合发送邮件，要抓住用户的作息时间规律，选择恰当的时间发送邮件会起到事半功倍的效果。大多数商务人士会在下班期间打开自己的邮箱。收件箱中的大部分邮件都会被一键删除，而那些刚好在下班期间发出的邮件被开启的概率会比其他邮件高很多。

（三）发送频率

用户通常不喜欢天天收到邮件，所以要科学地掌握时间，定期给他们发送邮件。

（四）发送数量

并不是发送的邮件越多越好，同一个类型的邮件最多不能发给 5 个用户，同一个用户最多收到 2 封同样模板的邮件。

四、 统计及效果分析

通过统计和分析点击率、转发分享率等，可以了解哪些类型或哪个节假日的电子邮件营销活动取得了成功，找到真正需要布局的电子邮件营销重点，以及研究如何改进营销方案。主要相关指标含义如下。

（一）送达率

即到达用户收件箱的邮件数除以邮件发送总数得到的百分比。应避免使电子邮件成为垃圾邮件或因收件人地址不详而不能成功进入买家的收件箱。

（二）打开率

即邮件打开数除以邮件发送总数得到的百分比。影响电子邮件打开率的因素主要包括：邮件是否及时发送成功、邮件主题是否引起用户兴趣。跨境电商卖家可通过设置邮件回执或通过第三方邮件跟踪网站了解邮件打开情况。

（三）点击率

即点击链接数除以邮件打开数得到的百分比。这个参数非常重要，因为电子邮件营销的最终目的就是吸引用户访问卖家的着陆页或网站。

（四）转化率

即在一个统计周期内，完成转化行为的次数占推广信息总点击次数的百分比。用户点击邮件后，跨境电商卖家的下一个目标就是让用户将点击邮件转化为实际的购买行动。

实战演练

请为思拓跨境电商科技有限公司进行电子邮件营销整体方案设计。

项目学习成果评价

一、 课堂表现评价

重点考查学生到课情况、回答问题情况、小组合作情况。将全班同学分成若干小组来组织教学，每个小组需要设计队名，每次课在黑板上画出下表。每次课都有评价，评价内容包括：只要本组同学回答问题并回答正确，就给全组加分；每组同一个人不能连续回答问题，必须换人回答才能给本组加分；如果回答错误，其他小组可以回答；小组讨论表现最好的（一组）和较好的（两组）加分；当堂课小组全勤的加分。每项分值由教师指定，每次课堂结束后由学习委员在分数记录册上进行记录，最终形成该小组分数。

课堂表现评价表

小组	回答或解决问题	小组讨论表现	小组全勤	合计
小组一				
小组二				
小组三				
小组四				
小组五				
小组六				
小组七				
小组八				
小组九				
小组十				

二、 任务实战演练评价

重点考查学生每个实战演练任务是否能按时全面完成、完成质量如何、是否提交可视化学习成果。任务实战演练的评价将作为项目学习成果评价的重要内容。

任务实战演练评价量表

评价标准	完全符合（90～100 分）	基本符合（70～89 分）	基本不符合（60～69 分）	完全不符合（59 分及以下）
任务全面完成，步骤无遗漏				
任务成果装订整齐，排版规范，无错别字				
任务完成步骤正确，逻辑清晰				
按时上交任务可视化成果（文档、照片、视频等）				
方案可实际操作				
演示陈述思路清晰、有条理				
符合法律与平台政策				
符合道德伦理要求				
成本较低				
有创新				
合计				

三、项目学习成果评价

项目学习成果评价汇总表分数将作为学生项目学习成果得分，每个小组完成项目学习的可视化学习成果将会存档。

项目学习成果评价汇总表

小组	任务一	任务二	任务三	课堂表现	总评
小组一					
小组二					
小组三					
小组四					
小组五					
小组六					
小组七					
小组八					
小组九					
小组十					

项目七

初创型企业跨境电商营销推广

任务一 基于 B2B 平台的初创型企业跨境电商营销推广

一、 教学安排表

基于 B2B 平台的初创型企业跨境电商营销推广教学安排表

任务一：基于 B2B 平台的初创型企业跨境电商营销推广 学时：8	
学习目标	1. 能运用跨境电商调研相关知识、技能开展产品及市场调研； 2. 能运用内容营销相关知识、技能开展营销推广活动策划； 3. 能运用站内引流相关知识、技能开展阿里巴巴国际站站内推广； 4. 能与团队成员顺利沟通、协作、合理分工，共同开展工作。
学习性工作任务	1. 针对指定平台及产品开展市场调研； 2. 根据产品及目标市场特点，结合具体活动及节日进行营销推广活动策划； 3. 运用阿里巴巴国际站站内营销工具，为指定店铺及产品开展站内推广； 4. 团队沟通、协作、合理分工，完成指定初创型企业跨境电商营销推广任务，并汇报。
教师教学知识与能力要求	能运用跨境电商相关知识、技能开展产品及市场调研，进行营销推广活动策划，熟练操作阿里巴巴国际站站内推广工具进行站内推广方案设计并实施，结合学情进行教学组织、学生指导及管理。
学生知识与能力储备	能运用跨境电商相关知识、技能开展产品及市场调研，进行营销推广活动策划，能操作阿里巴巴国际站站内推广工具进行站内推广方案设计并实施，与团队顺利沟通、协作、合理分工，共同开展工作。

教学材料	《跨境电商营销推广》教材、产品知识手册、学习项目授课教案、任务单、评价表。
使用工具	连接互联网的电脑及手机、阿里巴巴国际站平台及账户、翻译软件、即时通信工具、办公软件。

步骤	工作过程	教学方法与建议	学时
1. 资讯	教师将某初创型企业阿里巴巴国际站店铺任务书发给学生团队，描述学习目标与任务要求，讲解产品及平台实战相关知识；学生团队进行相关任务资料的搜集与整理。	讲授法 案例法 引导法	1
2. 计划与决策	各学生团队进行讨论，确定人员分工，制订工作计划，简单列出调研计划、活动策划、营销推广方案的主要内容；教师审核各学生团队的工作计划，引导学生确定最终实施方案。	讨论法 头脑风暴法 引导法	1
3. 实施	学生团队在教师指导下，按照任务要求为指定初创型企业阿里巴巴国际站店铺开展营销推广。	角色扮演法 讨论法	4
4. 检查与评估	学生展示营销推广成果，进行汇报及答辩。 学生自评：学生对本团队本次工作任务的实施过程及结果进行评价。 学生互评：以团队单位，对其他团队的任务完成情况进行评价，并提出建议。 教师评价：对各团队任务实施过程及结果进行评价，指出优点及不足，并提出改进建议。 企业评价：企业为任务提供方，企业专家根据学生团队任务实施过程及效果进行全面评价，对实施质量达到要求的作业予以采纳。	多媒体演示 讨论法	2

二、任务实施及学习成果评价

基于B2B平台的初创型企业跨境电商营销推广任务单

项目编号及名称：BAG0701 基于B2B平台的初创型企业跨境电商营销推广 参考课时：8	
任务描述	思拓跨境电商科技有限公司目前为初创型企业，主要销售母婴类产品，请根据目前市场现状为其阿里巴巴国际站店铺进行营销推广方案设计并实施。
任务要求	1. 针对阿里巴巴国际站平台及母婴类产品开展市场调研； 2. 根据产品及目标市场特点，结合本年度重要活动及节日进行营销推广活动策划； 3. 运用阿里巴巴国际站站内营销工具，为店铺及产品进行站内推广； 4. 团队沟通、协作、合理分工，完成初创型企业跨境电商营销推广任务，并汇报。

工作计划及实施记录表

项目编号及名称：	任务编号及名称：	参考课时：
团队名称：	团队成员：	

工作计划	负责人	完成时间
按流程依次列出工作内容： 1. 2. 3. 4. 5. 6. 7. 8.		
实施过程记录：		

学习成果评价表

序号	指标/标准	注释	指导教师评分	学生互评	结果
	可操作性				
1	目标市场的选择是否恰当				
2	产品市场调查方案是否具有针对性				
3	是否合法、清楚、有效地发布了公司和产品信息				
4	是否有效地回复了客户询盘				
5	是否接到了订单				
6	是否考虑到实践中的实施可能性				
7	是否给出了具体的操作步骤与内容				
8	是否顺利完成订单				
9	店铺运营数据分析是否达到要求				
	方案的完整性				
10	对于可能出现的情况是否考虑周全				
11	整个店铺运营是否有关联性和逻辑性				
	工作态度				
12	经营态度是否积极、不畏艰苦				
13	工作是否有耐心				
14	是否和团队成员进行了有效的沟通与协调				
	成本意识				
15	产品定价是否合理				
16	利润率是否合理				
17	财务数据分析是否合理				
	创新性				
18	是否使用了最前沿的工具及手段				
19	工作方案是否具有创意				
20	工作过程是否创造性解决问题				

任务二 基于 B2C 平台的初创型企业跨境电商营销推广

一、教学安排表

基于 B2C 平台的初创型企业跨境电商营销推广教学安排表

任务一：基于 B2C 平台的初创型企业跨境电商营销推广 学时：8	
学习目标	1. 能运用跨境电商调研相关知识、技能开展产品及市场调研； 2. 能运用内容营销相关知识、技能开展营销推广活动策划； 3. 能运用站内引流相关知识、技能开展全球速卖通、亚马逊、eBay 平台站内推广； 4. 能与团队成员顺利沟通、协作、合理分工，共同开展工作。
学习性工作任务	1. 针对指定平台及产品开展市场调研； 2. 根据产品及目标市场特点，结合具体活动及节日进行营销推广活动策划； 3. 运用全球速卖通、亚马逊、eBay 站内营销工具，为指定店铺及产品开展站内推广； 4. 团队沟通、协作、合理分工，完成指定初创型企业跨境电商营销推广任务，并汇报。
教师教学知识与能力要求	能运用跨境电商相关知识、技能开展产品及市场调研，进行营销推广活动策划，熟练操作全球速卖通、亚马逊、eBay 平台站内推广工具进行站内推广方案设计并实施，结合学情进行教学组织、学生指导及管理。
学生知识与能力储备	能运用跨境电商相关知识、技能开展产品及市场调研，进行营销推广活动策划，能操作全球速卖通、亚马逊、eBay 平台站内推广工具进行站内推广方案设计并实施，与团队顺利沟通、协作、合理分工，共同开展工作。
教学材料	《跨境电商营销推广》教材、产品知识手册、学习项目授课教案、任务单、评价表。
使用工具	连接互联网的电脑及手机，全球速卖通、亚马逊、eBay 平台及账户，翻译软件，即时通信工具，办公软件。

步骤	工作过程	教学方法与建议	学时
1. 资讯	教师将某初创型企业全球速卖通、亚马逊、eBay店铺任务书发给学生团队，描述学习目标与任务要求，讲解产品及平台实战相关知识；学生团队进行相关任务资料的搜集与整理。	讲授法 案例法 引导法	1
2. 计划与决策	各学生团队进行讨论，确定人员分工，制订工作计划，简单列出调研计划、活动策划、营销推广方案的主要内容；教师审核各学生团队的工作计划，引导学生确定最终实施方案。	讨论法 头脑风暴法 引导法	1
3. 实施	学生团队在教师指导下，按照任务要求为指定初创型企业全球速卖通、亚马逊、eBay店铺开展营销推广。	角色扮演法 讨论法	4
4. 检查与评估	学生展示营销推广成果，进行汇报及答辩。 学生自评：学生对本团队本次工作任务的实施过程及结果进行评价。 学生互评：以团队为单位，对其他团队的任务完成情况进行评价，并提出建议。 教师评价：对各团队任务实施过程及结果进行评价，指出优点及不足，并提出改进建议。 企业评价：企业为任务提供方，企业专家根据学生团队任务实施过程及效果进行全面评价，对实施质量达到要求的作业予以采纳。	多媒体演示 讨论法	2

二、任务实施及学习成果评价

基于B2C平台的初创型企业跨境电商营销推广任务单

项目编号及名称：BAG0702 基于B2C平台的初创型企业跨境电商营销推广 参考课时：8	
任务描述	思拓跨境电商科技有限公司目前为初创型企业，主要销售母婴类产品，请根据目前市场现状为其全球速卖通、亚马逊、eBay店铺进行营销推广方案设计并实施。
任务要求	1. 针对全球速卖通、亚马逊、eBay平台及母婴类产品开展市场调研； 2. 根据产品及目标市场特点，结合本年度重要活动及节日进行营销推广活动策划； 3. 运用全球速卖通、亚马逊、eBay站内营销工具，为店铺及产品进行站内推广； 4. 团队沟通、协作、合理分工，完成初创型企业跨境电商营销推广任务，并汇报。

工作计划及实施记录表

项目编号及名称：	任务编号及名称：	参考课时：
团队名称：	团队成员：	
工作计划	负责人	完成时间
按流程依次列出工作内容： 1. 2. 3. 4. 5. 6. 7. 8.		
实施过程记录：		

学习成果评价表

序号	指标/标准	注释	指导教师评分	学生互评	结果
	可操作性				
1	目标市场的选择是否恰当				
2	产品市场调查方案是否具有针对性				
3	是否合法、清楚、有效地发布了公司和产品信息				
4	是否有效地回复了客户询盘				
5	是否接到了订单				
6	是否考虑到实践中的实施可能性				
7	是否给出了具体的操作步骤与内容				
8	是否顺利完成订单				
9	店铺运营数据分析是否达到要求				
	方案的完整性				
10	对于可能出现的情况是否考虑周全				
11	整个店铺运营是否有关联性和逻辑性				
	工作态度				
12	经营态度是否积极、不畏艰苦				
13	工作是否有耐心				
14	是否和团队成员进行了有效的沟通与协调				
	成本意识				
15	产品定价是否合理				
16	利润率是否合理				
17	财务数据分析是否合理				
	创新性				
18	是否使用了最前沿的工具及手段				
19	工作方案是否具有创意				
20	工作过程是否创造性解决问题				

项目八

成熟型企业跨境电商营销推广

任务一 基于 B2B 平台的成熟型企业跨境电商营销推广

一、教学安排表

基于 B2B 平台的成熟型企业跨境电商营销推广教学安排表

任务一：基于 B2B 平台的成熟型企业跨境电商营销推广 学时：8	
学习目标	1. 能运用跨境电商调研相关知识、技能开展产品及市场调研； 2. 能运用内容营销相关知识、技能开展营销推广活动策划； 3. 能运用站内引流相关知识、技能开展阿里巴巴国际站站内推广； 4. 能运用站外引流相关知识、技能为指定店铺及产品开展站外引流； 5. 能与团队成员顺利沟通、协作、合理分工，共同开展工作。
学习性工作任务	1. 针对指定平台及产品开展市场调研； 2. 根据产品及目标市场特点，结合具体活动及节日进行营销推广活动策划； 3. 运用阿里巴巴国际站站内营销工具，为指定店铺及产品开展站内推广； 4. 运用站外引流相关知识、技能为指定店铺及产品开展站外引流； 5. 团队沟通、协作、合理分工，完成指定成熟型企业跨境电商营销推广任务，并汇报。
教师教学知识与能力要求	能运用跨境电商相关知识、技能开展产品及市场调研，进行营销推广活动策划，熟练操作阿里巴巴国际站站内推广工具进行站内推广方案设计并实施，合理运用站外引流方法开展店铺及产品的站外引流，结合学情进行教学组织、学生指导及管理。

学生知识与能力储备	能运用跨境电商相关知识、技能开展产品及市场调研，进行营销推广活动策划，能操作阿里巴巴国际站站内推广工具进行站内推广方案设计并实施，能运用站外引流方法开展店铺及产品的站外引流，与团队顺利沟通、协作、合理分工，共同开展工作。
教学材料	《跨境电商营销推广》教材、产品知识手册、学习项目授课教案、任务单、评价表。
使用工具	连接互联网的电脑及手机、阿里巴巴国际站平台及账户、翻译软件、即时通信工具、办公软件、社交软件。

步骤	工作过程	教学方法与建议	学时
1. 资讯	教师将某成熟型企业阿里巴巴国际站店铺任务书发给学生团队，描述学习目标与任务要求，讲解产品及平台实战相关知识；学生团队进行相关任务资料的搜集与整理。	讲授法 案例法 引导法	1
2. 计划与决策	各学生团队进行讨论，确定人员分工，制订工作计划，简单列出调研计划、活动策划、营销推广方案的主要内容；教师审核各学生团队的工作计划，引导学生确定最终实施方案。	讨论法 头脑风暴法 引导法	1
3. 实施	学生团队在教师指导下，按照任务要求为指定成熟型企业阿里巴巴国际站店铺开展营销推广。	角色扮演法 讨论法	4
4. 检查与评估	学生展示营销推广成果，进行汇报及答辩。 学生自评：学生对本团队本次工作任务的实施过程及结果进行评价。 学生互评：以团队为单位，对其他团队的任务完成情况进行评价，并提出建议。 教师评价：对各团队任务实施过程及结果进行评价，指出优点及不足，并提出改进建议。 企业评价：企业为任务提供方，企业专家根据学生团队任务实施过程及效果进行全面评价，对实施质量达到要求的作业予以采纳。	多媒体演示 讨论法	2

二、任务实施及学习成果评价

基于 B2B 平台的成熟型企业跨境电商营销推广任务单

项目编号及名称：BAG0801 基于 B2B 平台的成熟型企业跨境电商营销推广 参考课时：8	
任务描述	思拓跨境电商科技有限公司不断发展，目前已成长为成熟型企业，主要销售母婴类产品，请根据目前市场现状为其阿里巴巴国际站店铺进行营销推广方案设计并实施。
任务要求	1. 针对阿里巴巴国际站平台及母婴类产品开展市场调研； 2. 根据产品及目标市场特点，结合本年度重要活动及节日进行营销推广活动策划； 3. 运用阿里巴巴国际站站内营销工具，并合理运用站外引流工具，为店铺及产品进行营销推广； 4. 团队沟通、协作、合理分工，完成成熟型企业跨境电商营销推广任务，并汇报。

工作计划及实施记录表

项目编号及名称：	任务编号及名称：	参考课时：
团队名称：	团队成员：	

工作计划	负责人	完成时间
按流程依次列出工作内容： 1. 2. 3. 4. 5. 6. 7. 8.		

实施过程记录：

学习成果评价表

序号	指标/标准	注释	指导教师评分	学生互评	结果
	可操作性				
1	目标市场的选择是否恰当				
2	产品市场调查方案是否具有针对性				
3	是否合法、清楚、有效地发布了公司和产品信息				
4	是否有效地回复了客户询盘				
5	是否接到了订单				
6	是否考虑到实践中的实施可能性				
7	是否给出了具体的操作步骤与内容				
8	是否顺利完成订单				
9	店铺运营数据分析是否达到要求				
	方案的完整性				
10	对于可能出现的情况是否考虑周全				
11	整个店铺运营是否有关联性和逻辑性				
	工作态度				
12	经营态度是否积极、不畏艰苦				
13	工作是否有耐心				
14	是否和团队成员进行了有效的沟通与协调				
	成本意识				
15	产品定价是否合理				
16	利润率是否合理				
17	财务数据分析是否合理				
	创新性				
18	是否使用了最前沿的工具及手段				
19	工作方案是否具有创意				
20	工作过程是否创造性解决问题				

任务二 基于B2C平台的成熟型企业跨境电商营销推广

一、教学安排表

基于B2C平台的成熟型企业跨境电商营销推广教学安排表

任务一：基于B2C平台的成熟型企业跨境电商营销推广 学时：8	
学习目标	1. 能运用跨境电商调研相关知识、技能开展产品及市场调研； 2. 能运用内容营销相关知识、技能开展营销推广活动策划； 3. 能运用站内引流相关知识、技能开展全球速卖通、亚马逊、eBay平台站内推广； 4. 能运用站外引流相关知识、技能为指定店铺及产品开展站外引流； 5. 能与团队成员顺利沟通、协作、合理分工，共同开展工作。
学习性工作任务	1. 针对指定平台及产品开展市场调研； 2. 根据产品及目标市场特点，结合具体活动及节日进行营销推广活动策划； 3. 运用全球速卖通、亚马逊、eBay站内营销工具，为指定店铺及产品开展站内推广； 4. 运用站外引流相关知识、技能为指定店铺及产品开展站外引流； 5. 团队沟通、协作、合理分工，完成指定成熟型企业跨境电商营销推广任务，并汇报。
教师教学知识与能力要求	能运用跨境电商相关知识、技能开展产品及市场调研，进行营销推广活动策划，熟练操作全球速卖通、亚马逊、eBay平台站内推广工具进行站内推广方案设计并实施，合理运用站外引流方法开展店铺及产品的站外引流，结合学情进行教学组织、学生指导及管理。
学生知识与能力储备	能运用跨境电商相关知识、技能开展产品及市场调研，进行营销推广活动策划，能操作全球速卖通、亚马逊、eBay平台站内推广工具进行站内推广方案设计并实施，能运用站外引流方法开展店铺及产品的站外引流，与团队顺利沟通、协作、合理分工，共同开展工作。
教学材料	《跨境电商营销推广》教材、产品知识手册、学习项目授课教案、任务单、评价表。
使用工具	连接互联网的电脑及手机，全球速卖通、亚马逊、eBay平台及账户，翻译软件，即时通信工具，办公软件，社交软件。

步骤	工作过程	教学方法与建议	学时
1. 资讯	教师将某成熟型企业全球速卖通、亚马逊、eBay店铺任务书发给学生团队，描述学习目标与任务要求，讲解产品及平台实战相关知识；学生团队进行相关任务资料的搜集与整理。	讲授法 案例法 引导法	1
2. 计划与决策	各学生团队进行讨论，确定人员分工，制订工作计划，简单列出调研计划、活动策划、营销推广方案的主要内容；教师审核各学生团队的工作计划，引导学生确定最终实施方案。	讨论法 头脑风暴法 引导法	1
3. 实施	学生团队在教师指导下，按照任务要求为指定成熟型企业全球速卖通、亚马逊、eBay店铺开展营销推广。	角色扮演法 讨论法	4
4. 检查与评估	学生展示营销推广成果，进行汇报及答辩。 学生自评：学生对本团队本次工作任务的实施过程及结果进行评价。 学生互评：以团队为单位，对其他团队的任务完成情况进行评价，并提出建议。 教师评价：对各团队任务实施过程及结果进行评价，指出优点及不足，并提出改进建议。 企业评价：企业为任务提供方，企业专家根据学生团队任务实施过程及效果进行全面评价，对实施质量达到要求的作业予以采纳。	多媒体演示 讨论法	2

二、任务实施及学习成果评价

基于B2C平台的成熟型企业跨境电商营销推广任务单

项目编号及名称：BAG0802 基于B2C平台的成熟型企业跨境电商营销推广 参考课时：8	
任务描述	思拓跨境电商科技有限公司不断发展，目前已成长为成熟型企业，主要销售母婴类产品，请根据目前市场现状为其全球速卖通、亚马逊、eBay店铺进行营销推广方案设计并实施。
任务要求	1. 针对全球速卖通、亚马逊、eBay平台及母婴类产品开展市场调研； 2. 根据产品及目标市场特点，结合本年度重要活动及节日进行营销推广活动策划； 3. 运用全球速卖通、亚马逊、eBay站内营销工具，并合理运用站外引流工具，为店铺及产品进行营销推广； 4. 团队沟通、协作、合理分工，完成成熟型企业跨境电商营销推广任务，并汇报。

工作计划及实施记录表

项目编号及名称：	任务编号及名称：	参考课时：
团队名称：	团队成员：	
工作计划	负责人	完成时间
按流程依次列出工作内容： 1. 2. 3. 4. 5. 6. 7. 8.		
实施过程记录：		

学习成果评价表

序号	指标/标准	注释	指导教师评分	学生互评	结果
	可操作性				
1	目标市场的选择是否恰当				
2	产品市场调查方案是否具有针对性				
3	是否合法、清楚、有效地发布了公司和产品信息				
4	是否有效地回复了客户询盘				
5	是否接到了订单				
6	是否考虑到实践中的实施可能性				
7	是否给出了具体的操作步骤与内容				
8	是否顺利完成订单				
9	店铺运营数据分析是否达到要求				
	方案的完整性				
10	对于可能出现的情况是否考虑周全				
11	整个店铺运营是否有关联性和逻辑性				
	工作态度				
12	经营态度是否积极、不畏艰苦				
13	工作是否有耐心				
14	是否和团队成员进行了有效的沟通与协调				
	成本意识				
15	产品定价是否合理				
16	利润率是否合理				
17	财务数据分析是否合理				
	创新性				
18	是否使用了最前沿的工具及手段				
19	工作方案是否具有创意				
20	工作过程是否创造性解决问题				

项目九

创新型企业跨境电商营销推广

任务一　基于 B2B 平台的创新型企业跨境电商营销推广

一、教学安排表

基于 B2B 平台的创新型企业跨境电商营销推广教学安排表

任务一：基于 B2B 平台的创新型企业跨境电商营销推广 学时：8	
学习目标	1. 能运用跨境电商调研相关知识、技能，通过创新的途径、方法开展产品及市场调研； 2. 能运用内容营销相关知识、技能，通过创新的途径、方法开展营销推广活动策划； 3. 能运用站内推广相关知识、技能，通过创新的途径、方法开展阿里巴巴国际站站内推广； 4. 能与团队成员顺利沟通、协作、合理分工，共同开展工作。
学习性工作任务	1. 针对指定平台及产品，通过创新的途径、方法开展市场调研； 2. 根据产品及目标市场特点，结合具体活动及节日，通过创新的途径、方法进行营销推广活动策划； 3. 运用阿里巴巴国际站站内营销工具，通过创新的途径、方法为指定店铺及产品开展站内推广； 4. 团队沟通、协作、合理分工，完成指定创新型企业跨境电商营销推广任务，并汇报。
教师教学知识与能力要求	能运用跨境电商相关知识、技能开展产品及市场调研，进行营销推广活动策划，能熟练操作阿里巴巴国际站站内推广工具进行站内推广方案设计并实施，结合学情进行教学组织、学生指导及管理，具备创新思维。

学生知识与能力储备	能运用跨境电商相关知识、技能开展产品及市场调研，进行营销推广活动策划，能操作阿里巴巴国际站站内推广工具进行站内推广方案设计并实施，与团队顺利沟通、协作、合理分工，共同开展工作，具备创新思维。
教学材料	《跨境电商营销推广》教材、产品知识手册、学习项目授课教案、任务单、评价表。
使用工具	连接互联网的电脑及手机、阿里巴巴国际站平台及账户、翻译软件、即时通信工具、办公软件。

步骤	工作过程	教学方法与建议	学时
1. 资讯	教师将某创新型企业阿里巴巴国际站店铺任务书发给学生团队，描述学习目标与任务要求，讲解产品及平台实战相关知识；学生团队进行相关任务资料的搜集与整理。	讲授法 案例法 引导法	1
2. 计划与决策	各学生团队进行讨论，确定人员分工，制订工作计划，简单列出调研计划、活动策划、营销推广方案的主要内容；教师审核各学生团队的工作计划，引导学生确定最终实施方案。	讨论法 头脑风暴法 引导法	1
3. 实施	学生团队在教师指导下，按照任务要求为指定创新型企业阿里巴巴国际站店铺开展营销推广。	角色扮演法 讨论法	4
4. 检查与评估	学生展示营销推广成果，进行汇报及答辩。 学生自评：学生对本团队本次工作任务的实施过程及结果进行评价。 学生互评：以团队为单位，对其他团队的任务完成情况进行评价，并提出建议。 教师评价：对各团队任务实施过程及结果进行评价，指出优点及不足，并提出改进建议。 企业评价：企业为任务提供方，企业专家根据学生团队任务实施过程及效果进行全面评价，对实施质量达到要求的作业予以采纳。	多媒体演示 讨论法	2

二、任务实施及学习成果评价

基于 B2B 平台的创新型企业跨境电商营销推广任务单

项目编号及名称：BAG0901 基于 B2B 平台的创新型企业跨境电商营销推广 参考课时：8	
任务描述	思拓跨境电商科技有限公司为创新型企业，主要销售母婴类产品，请根据目前市场现状为其阿里巴巴国际站店铺进行营销推广方案设计并实施。
任务要求	1. 针对阿里巴巴国际站平台及母婴类产品，通过创新的途径、方法开展市场调研； 2. 根据产品及目标市场特点，结合本年度重要活动及节日，通过创新的途径、方法进行营销推广活动策划； 3. 运用阿里巴巴国际站站内营销工具，通过创新的途径、方法为店铺及产品进行站内推广； 4. 团队沟通、协作、合理分工，完成创新型企业跨境电商营销推广任务，并汇报。

工作计划及实施记录表

项目编号及名称：	任务编号及名称：	参考课时：
团队名称：	团队成员：	
工作计划	负责人	完成时间
按流程依次列出工作内容： 1. 2. 3. 4. 5. 6. 7. 8.		
实施过程记录：		

学习成果评价表

序号	指标/标准	注释	指导教师评分	学生互评	结果
	可操作性				
1	目标市场的选择是否恰当				
2	产品市场调查方案是否具有针对性				
3	是否合法、清楚、有效地发布了公司和产品信息				
4	是否有效地回复了客户询盘				
5	是否接到了订单				
6	是否考虑到实践中的实施可能性				
7	是否给出了具体的操作步骤与内容				
8	是否顺利完成订单				
9	店铺运营数据分析是否达到要求				
	方案的完整性				
10	对于可能出现的情况是否考虑周全				
11	整个店铺运营是否有关联性和逻辑性				
	工作态度				
12	经营态度是否积极、不畏艰苦				
13	工作是否有耐心				
14	是否和团队成员进行了有效的沟通与协调				
	成本意识				
15	产品定价是否合理				
16	利润率是否合理				
17	财务数据分析是否合理				
	创新性				
18	是否使用了最前沿的工具及手段				
19	工作方案是否具有创意				
20	工作过程是否创造性解决问题				

任务二 基于 B2C 平台的创新型企业跨境电商营销推广

一、教学安排表

基于 B2C 平台的创新型企业跨境电商营销推广教学安排表

任务一：基于 B2C 平台的创新型企业跨境电商营销推广 学时：8	
学习目标	1. 能运用跨境电商调研相关知识、技能，通过创新的途径、方法开展产品及市场调研； 2. 能运用内容营销相关知识、技能，通过创新的途径、方法开展营销推广活动策划； 3. 能运用站内推广相关知识、技能，通过创新的途径、方法开展全球速卖通、亚马逊、eBay 平台站内推广； 4. 能与团队成员顺利沟通、协作、合理分工，共同开展工作。
学习性工作任务	1. 针对指定平台及产品，通过创新的途径、方法开展市场调研； 2. 根据产品及目标市场特点，结合具体活动及节日，通过创新的途径、方法进行营销推广活动策划； 3. 运用全球速卖通、亚马逊、eBay 站内营销工具，通过创新的途径、方法为指定店铺及产品开展站内推广； 4. 团队沟通、协作、合理分工，完成指定创新型企业跨境电商营销推广任务，并汇报。
教师教学知识与能力要求	能运用跨境电商相关知识、技能开展产品及市场调研，进行营销推广活动策划，能熟练操作全球速卖通、亚马逊、eBay 平台站内推广工具进行站内推广方案设计并实施，结合学情进行教学组织、学生指导及管理，具备创新意识。
学生知识与能力储备	能运用跨境电商相关知识、技能开展产品及市场调研，进行营销推广活动策划，能操作全球速卖通、亚马逊、eBay 平台站内推广工具进行站内推广方案设计并实施，与团队顺利沟通、协作、合理分工，共同开展工作，具备创新意识。
教学材料	《跨境电商营销推广》教材、产品知识手册、学习项目授课教案、任务单、评价表。
使用工具	连接互联网的电脑及手机，全球速卖通、亚马逊、eBay 平台及账户，翻译软件，即时通信工具，办公软件。

步骤	工作过程	教学方法与建议	学时
1. 资讯	教师将某创新型企业全球速卖通、亚马逊、eBay店铺任务书发给学生团队，描述学习目标与任务要求，讲解产品及平台实战相关知识；学生团队进行相关任务资料的搜集与整理。	讲授法 案例法 引导法	1
2. 计划与决策	各学生团队进行讨论，确定人员分工，制订工作计划，简单列出调研计划、活动策划、营销推广方案的主要内容；教师审核各学生团队的工作计划，引导学生确定最终实施方案。	讨论法 头脑风暴法 引导法	1
3. 实施	学生团队在教师指导下，按照任务要求为指定创新型企业全球速卖通、亚马逊、eBay店铺开展营销推广。	角色扮演法 讨论法	4
4. 检查与评估	学生展示营销推广成果，进行汇报及答辩。 学生自评：学生对本团队本次工作任务的实施过程及结果进行评价。 学生互评：以团队为单位，对其他团队的任务完成情况进行评价，并提出建议。 教师评价：对各团队任务实施过程及结果进行评价，指出优点及不足，并提出改进建议。 企业评价：企业为任务提供方，企业专家根据学生团队任务实施过程及效果进行全面评价，对实施质量达到要求的作业予以采纳。	多媒体演示 讨论法	2

二、任务实施及学习成果评价

基于B2C平台的创新型企业跨境电商营销推广任务单

项目编号及名称：BAG0902 基于B2C平台的创新型企业跨境电商营销推广 参考课时：8	
任务描述	思拓跨境电商科技有限公司为创新型企业，主要销售母婴类产品，请根据目前市场现状，通过创新的途径、方法为其全球速卖通、亚马逊、eBay店铺进行营销推广方案设计并实施。
任务要求	1. 针对全球速卖通、亚马逊、eBay平台及母婴类产品，通过创新的途径、方法开展市场调研； 2. 根据产品及目标市场特点，结合本年度重要活动及节日，通过创新的途径、方法进行营销推广活动策划； 3. 运用全球速卖通、亚马逊、eBay站内营销工具，通过创新的途径、方法为店铺及产品进行站内推广； 4. 团队沟通、协作、合理分工，完成创新型企业跨境电商营销推广任务，并汇报。

工作计划及实施记录表

项目编号及名称：		任务编号及名称：	参考课时：
团队名称：	团队成员：		
工作计划		负责人	完成时间
按流程依次列出工作内容： 1. 2. 3. 4. 5. 6. 7. 8.			
实施过程记录：			

学习成果评价表

序号	指标/标准	注释	指导教师评分	学生互评	结果
可操作性					
1	目标市场的选择是否恰当				
2	产品市场调查方案是否具有针对性				
3	是否合法、清楚、有效地发布了公司和产品信息				
4	是否有效地回复了客户询盘				
5	是否接到了订单				
6	是否考虑到实践中的实施可能性				
7	是否给出了具体的操作步骤与内容				
8	是否顺利完成订单				
9	店铺运营数据分析是否达到要求				
方案的完整性					
10	对于可能出现的情况是否考虑周全				
11	整个店铺运营是否有关联性和逻辑性				
工作态度					
12	经营态度是否积极、不畏艰苦				
13	工作是否有耐心				
14	是否和团队成员进行了有效的沟通与协调				
成本意识					
15	产品定价是否合理				
16	利润率是否合理				
17	财务数据分析是否合理				
创新性					
18	是否使用了最前沿的工具及手段				
19	工作方案是否具有创意				
20	工作过程是否创造性解决问题				

参考文献

[1] 速卖通大学．跨境电商营销：阿里巴巴速卖通宝典．北京：电子工业出版社，2016.

[2] 海猫跨境编委会．大卖家．武汉：华中科技大学出版社，2016.

[3] 丁晖，等．跨境电商多平台运营．北京：电子工业出版社，2015.

[4] 李鹏博．揭秘跨境电商．北京：电子工业出版社，2015.

[5] 周安宁，戈雪梅．跨境电子商务网络营销．北京：中国商务出版社，2015.

[6] 张劲松．金牌外贸业务员找客户：跨境电商时代开发客户的9种方法．3版．北京：中国海关出版社，2016.

[7] 陈祎民．跨境电商运营实战：思路、方法、策略．北京：中国铁道出版社，2016.

[8] 全球速卖通卖家：http：//seller. aliexpress. com/.

[9] eBay 卖家：http：//www. ebay. cn/.

[10] 敦煌卖家：http：//seller. dhgate. com/＃hp1507-seller.

[11] Wish 商户平台：https：//www. merchant. wish. com/policy/home.

[12] 阿里巴巴卖家帮助中心：https：//service. alibaba. com/hc/supplier/detail/20140978. htm.

[13] 雨果网：http：//www. cifnews. com/.

[14] 阿里巴巴外贸圈：https：//waimaoquan. alibaba. com/.

[15] 阿里研究院：http：//www. aliresearch. com/.

[16] Wish 圈：http：//wishquan. com/.

图书在版编目（CIP）数据

跨境电商营销推广/周佳明主编．—北京：中国人民大学出版社，2018.10
跨境电子商务专业（方向）成果导向·行动学习系列教材
ISBN 978-7-300-26188-1

Ⅰ.①跨… Ⅱ.①周… Ⅲ.①电子商务-商业经营-高等学校-教材 Ⅳ.①F713.365.2

中国版本图书馆 CIP 数据核字（2018）第 202084 号

普通高等职业教育“十三五”规划教材
跨境电子商务专业（方向）成果导向·行动学习系列教材
跨境电商营销推广
主　编　周佳明
副主编　杨　兴　黄夏舒
Kuajing Dianshang Yingxiao Tuiguang

出版发行	中国人民大学出版社		
社　　址	北京中关村大街 31 号	**邮政编码**	100080
电　　话	010－62511242（总编室）		010－62511770（质管部）
	010－82501766（邮购部）		010－62514148（门市部）
	010－62515195（发行公司）		010－62515275（盗版举报）
网　　址	http://www.crup.com.cn		
	http://www.ttrnet.com(人大教研网)		
经　　销	新华书店		
印　　刷	北京昌联印刷有限公司		
规　　格	185 mm×260 mm　16 开本	**版　　次**	2018 年 10 月第 1 版
印　　张	15.25	**印　　次**	2018 年 10 月第 1 次印刷
字　　数	300 000	**定　　价**	35.00 元

图书在版编目（CIP）数据

会计信息系统原理与应用：基于用友 ERP－U8V10.1 版/毛华扬，刘红梅，邓茗丹编著. --3 版. --北京：中国人民大学出版社，2024.1
新编 21 世纪会计系列教材
ISBN 978-7-300-32432-6

Ⅰ.①会… Ⅱ.①毛… ②刘… ③邓… Ⅲ.①会计信息-财务管理系统-高等学校-教材 Ⅳ.①F232

中国国家版本馆 CIP 数据核字（2024）第 013442 号

新编 21 世纪会计系列教材
会计信息系统原理与应用（第 3 版）
——基于用友 ERP－U8V10.1 版
毛华扬　刘红梅　邓茗丹　编著
Kuaiji Xinxi Xitong Yuanli yu Yingyong——Jiyu Yongyou ERP－U8V10.1 Ban

出版发行	中国人民大学出版社		
社　　址	北京中关村大街 31 号	**邮政编码**	100080
电　　话	010－62511242（总编室）		010－62511770（质管部）
	010－82501766（邮购部）		010－62514148（门市部）
	010－62515195（发行公司）		010－62515275（盗版举报）
网　　址	http://www.crup.com.cn		
经　　销	新华书店		
印　　刷	中煤（北京）印务有限公司	**版　　次**	2018 年 2 月第 1 版
开　　本	787 mm×1092 mm　1/16		2024 年 1 月第 3 版
印　　张	27.5 插页 1	**印　　次**	2025 年 1 月第 3 次印刷
字　　数	628 000	**定　　价**	69.00 元

中国人民大学出版社　管理分社

教师教学服务说明

中国人民大学出版社管理分社以出版工商管理和公共管理类精品图书为宗旨。为更好地服务一线教师，我们着力建设了一批数字化、立体化的网络教学资源。教师可以通过以下方式获得免费下载教学资源的权限：

★ 在中国人民大学出版社网站 www.crup.com.cn 进行注册，注册后进入“会员中心”，在左侧点击“我的教师认证”，填写相关信息，提交后等待审核。我们将在一个工作日内为您开通相关资源的下载权限。

★ 如您急需教学资源或需要其他帮助，请加入教师 QQ 群或在工作时间与我们联络。

中国人民大学出版社　管理分社

教师 QQ 群：648333426（工商管理）　114970332（财会）　648117133（公共管理）
教师群仅限教师加入，入群请备注（学校 + 姓名）

联系电话：010-62515735，62515987，62515782，82501048，62514760

电子邮箱：glcbfs@crup.com.cn

通讯地址：北京市海淀区中关村大街甲 59 号文化大厦 1501 室（100872）

管理书社　　人大社财会　　公共管理与政治学悦读坊